Studienskripten zur Soziologie

Reihe herausgegeben von
H. Sahner, Halle (Saale), Deutschland
M. Bayer, Nürnberg, Deutschland
R. Sackmann, Halle, Deutschland

Die Bände „Studienskripten zur Soziologie" sind als in sich abgeschlossene Bausteine für das Bachelor- und Masterstudium konzipiert. Sie umfassen sowohl Bände zu den Methoden der empirischen Sozialforschung, Darstellung der Grundlagen der Soziologie als auch Arbeiten zu so genannten Bindestrich-Soziologien, in denen verschiedene theoretische Ansätze, die Entwicklung eines Themas und wichtige empirische Studien und Ergebnisse dargestellt und diskutiert werden. Diese Studienskripten sind in erster Linie für Anfangssemester gedacht, sollen aber auch dem Examenskandidaten und dem Praktiker eine rasch zugängliche Informationsquelle sein.

Weitere Bände in der Reihe http://www.springer.com/series/12699

Christian Papilloud · Alexander Hinneburg

Qualitative Textanalyse mit Topic-Modellen

Eine Einführung
für Sozialwissenschaftler

Christian Papilloud
Martin-Luther Universität
Halle-Wittenberg
Halle, Deutschland

Alexander Hinneburg
Martin-Luther Universität
Halle-Wittenberg
Halle, Deutschland

Studienskripten zur Soziologie
ISBN 978-3-658-21979-6   ISBN 978-3-658-21980-2   (eBook)
https://doi.org/10.1007/978-3-658-21980-2

Die Deutsche Nationalbibliothek verzeichnet diese Publikation in der Deutschen Nationalbibliografie; detaillierte bibliografische Daten sind im Internet über http://dnb.d-nb.de abrufbar.

Springer VS
© Springer Fachmedien Wiesbaden GmbH, ein Teil von Springer Nature 2018
Das Werk einschließlich aller seiner Teile ist urheberrechtlich geschützt. Jede Verwertung, die nicht ausdrücklich vom Urheberrechtsgesetz zugelassen ist, bedarf der vorherigen Zustimmung des Verlags. Das gilt insbesondere für Vervielfältigungen, Bearbeitungen, Übersetzungen, Mikroverfilmungen und die Einspeicherung und Verarbeitung in elektronischen Systemen.
Die Wiedergabe von Gebrauchsnamen, Handelsnamen, Warenbezeichnungen usw. in diesem Werk berechtigt auch ohne besondere Kennzeichnung nicht zu der Annahme, dass solche Namen im Sinne der Warenzeichen- und Markenschutz-Gesetzgebung als frei zu betrachten wären und daher von jedermann benutzt werden dürften.
Der Verlag, die Autoren und die Herausgeber gehen davon aus, dass die Angaben und Informationen in diesem Werk zum Zeitpunkt der Veröffentlichung vollständig und korrekt sind. Weder der Verlag noch die Autoren oder die Herausgeber übernehmen, ausdrücklich oder implizit, Gewähr für den Inhalt des Werkes, etwaige Fehler oder Äußerungen. Der Verlag bleibt im Hinblick auf geografische Zuordnungen und Gebietsbezeichnungen in veröffentlichten Karten und Institutionsadressen neutral.

Gedruckt auf säurefreiem und chlorfrei gebleichtem Papier

Springer VS ist ein Imprint der eingetragenen Gesellschaft Springer Fachmedien Wiesbaden GmbH und ist ein Teil von Springer Nature
Die Anschrift der Gesellschaft ist: Abraham-Lincoln-Str. 46, 65189 Wiesbaden, Germany

Geleitwort

Dieses Buch ist das Ergebnis einer Begegnung zweier Wissenschaftler, die in ihrem Bereich Topic-Modell-Verfahren konzipieren und anwenden, um Textquellen unterschiedlicher Art zu analysieren. In der Praxis der Forschung hat uns die Tatsache überrascht, dass Kollegen diese Verfahren in unseren Bereichen wenig benutzen, und dass sie unseren Studenten meistens nicht bekannt waren. Die Literatur zu Topic-Modell-Verfahren ist im Vergleich zu anderen Methoden der qualitativen Sozialforschung überschaubar. Ein Hindernis bilden die statistischen und mathematischen Grundlagen dieses Verfahrens, weshalb Topic-Modelle nicht leicht zugänglich erscheinen. Schließlich erfordern Anwendungen, die es erlauben, solche Verfahren anzupassen und umzusetzen, oft technische Kenntnisse, die meistens neben dem klassischen Curriculum im Studium oder neben der Haupttätigkeit in der Forschung erworben werden sollten. Das waren für uns genügend Gründe, eine Einführung zu Topic-Modell-Verfahren zu schreiben, die das Ziel hat, die praktischen Schritte zum Aufbau und zur Anwendung von solchen Verfahren zu beschreiben und sie anhand von einigen Beispielen zu illustrieren. Das ist das Ziel dieses Buches.

Die Beispiele, die es enthält, kommen aus unserer eigenen empirischen Forschung. Sie sollen den Vorteil haben, unterschiedliche Konstellationen vorzustellen, in denen verschiedene Textquellen aufbereitet werden, die dann anhand von Topic-Modell-Verfahren analysiert werden. Wir beschreiben in jedem Beispiel die einzelnen Schritte und Techniken, die wir benutzt haben, um solche Verfahren zu konzipieren und sie einzusetzen. Wir stellen auch einen Link bereit, mit dessen Hilfe die Programmskripte heruntergeladen werden können, die wir für die Umsetzung unserer Verfahren benutzt haben. Weiterhin kontrastieren wir in der Einleitung Topic-Modell-Verfahren mit zwei bekannten qualitativen Methoden aus den Geistes- und Sozialwissenschaften – der objektiven Hermeneutik und der qualitativen Inhaltsanalyse – um deutlich zu machen, wie Topic-Modell-Verfahren im Rahmen von qualitativen Methoden verstanden werden können. Ebenfalls beschreiben wir die Grundlagen und die wichtigsten Schritte, die zur Anwendung und zum Gebrauch von Topic-Modell-Verfahren notwendig sind. Wir schließen das Buch mit einem kritischen Blick auf Topic-Modell-Verfahren und diskutieren deren Schwächen, um es Anwendern zu ermöglichen, dieses Werkzeug effizient und reflektiert benutzen zu können.

Halle, 2. Mai 2018

Christian Papilloud
Alexander Hinneburg

Dank

Wir bedanken uns bei den Personen, die diese Veröffentlichung unterstützt haben. Zuerst bei den Herausgebern der Reihe „Studienskripten zur Soziologie" Heinz Sahner, Michael Bayer, und Reinhold Sackmann. Wir danken ebenfalls unseren Mitarbeitern Christian Biedermann, Nadine Frei, Andreas Hübner, Eva-Maria Schultze, die uns geholfen haben, das Manuskript zu korrigieren. Unser Dank geht auch an die Institutionen, die unsere Forschungen unterstützt haben, mit deren Hilfe wir die Daten gewinnen konnten, um unsere Topic-Modell Verfahren aufzubauen und anzuwenden, nämlich die *Deutsche Forschungsgemeinschaft* und den *Labex ICCA industries culturelles et créations artistiques* (Paris).

Inhaltsverzeichnis

1	**Einleitung**		1
	1.1 Objektive Hermeneutik, qualitative Inhaltsanalyse und Topic-Modell		2
		1.1.1 Lebenspraxis und objektive Sinnstruktur	3
		1.1.2 Der methodologische Rahmen der objektiven Hermeneutik	5
		1.1.3 Die Sequenzanalyse als Grundlage der Fallrekonstruktion	7
	1.2 Unterschiede zwischen objektiver Hermeneutik und Topic-Modell-Verfahren		9
	1.3 Qualitative Inhaltsanalyse und Topic-Modell-Analyse		10
	1.4 Struktur des Bandes		13
	Literaturverzeichnis		14
2	**Topic-Modelle für qualitative Textanalysen**		19
	2.1 Grundlage von Topic-Modellen		20
	2.2 Topic-Modelle und Cluster-Analyse		24
	2.3 Faktorenanalyse		26
	2.4 Analyseprozess mit Topic-Modellen		28
	2.5 Datenvorverarbeitung und Datentransformation von Textquellen		29
		2.5.1 Bereinigung der Textquellen	29
		2.5.2 Termhäufigkeit-Inverse Dokumenthäufigkeit oder *TF-IDF*-Score	31
		2.5.3 Bestimmung von Wortarten	32
		2.5.4 Lemmatisierung, Named Entity Recognition und Wortphrasen	33
		2.5.5 Meta-Daten	34
	2.6 Schlussbetrachtung		35
	Literaturverzeichnis		36
3	**Durchführung von Topic-Modell-Analysen**		43
	3.1 LDA Topic-Modelle		43
	3.2 NMF Topic-Modelle		46

	3.3	Evaluation von Topic-Modellen	48
		3.3.1 Generalisierung auf nicht verwendete Daten	48
		3.3.2 Kohärenz von Topic-Modellen	49
		3.3.3 Modellselektion	50
	3.4	Umsetzung von Topic-Modell-Verfahren	51
	3.5	Schlussbetrachtung	56
	Literaturverzeichnis		56
4	**Interviews in zwei Sprachen. Ein Beispiel aus der Kunstsoziologie**		**63**
	4.1	Die Befragten: Künstler, Vermittler und Förderer	65
	4.2	Topic-Modell-Verfahren – Vorbereitung und Anwendung	66
		4.2.1 Leitfaden	67
		4.2.2 Bereinigung der Interviews	68
		4.2.3 Forschungsstrategie	69
	4.3	Ergebnisse	70
		4.3.1 Kunstmarkt	71
		4.3.2 Wirtschaftliche Märkte der digitalen Ökonomie	75
	4.4	Schlussbetrachtung	79
	Literaturverzeichnis		80
5	**Postkarten. Topic-Modell-Analyse von freien Texten**		**83**
	5.1	Topic-Modell-Verfahren – Vorbereitung und Anwendung	86
		5.1.1 Vorbereitung	86
		5.1.2 Anwendung	87
	5.2	Erste Gruppe von Postkarten	88
	5.3	Zweite Gruppe von Postkarten	93
	5.4	Dritte Gruppe von Postkarten	98
	5.5	Schlussbetrachtung	100
	Literaturverzeichnis		103
6	**Textsammlung. Ein Beispiel aus der Geschichte der Soziologie**		**105**
	6.1	Topic-Modell-Verfahren – Vorbereitung und Anwendung	107
		6.1.1 Vorbereitung	107
		6.1.2 Anwendung	108
	6.2	Ergebnisse	109
		6.2.1 Themen im Werk Richards, die mit dem Konzept Solidarität verbunden sind	109
		6.2.2 Die inneren Kontexte der Solidarität	115
	6.3	Diskussion	120
	6.4	Schlussbetrachtung	123
	Literaturverzeichnis		124

7 Semantische Indikatoren in quantitativen Umfragen. Ein Beispiel aus der Nanomedizin 129
- 7.1 Kontext der Befragung 131
- 7.2 Topic-Modell-Verfahren – Vorbereitung und Anwendung 132
- 7.3 Ergebnisse 134
  - 7.3.1 Kerntätigkeit 135
  - 7.3.2 Zukünftige Entwicklung 140
  - 7.3.3 Zusammenarbeit in Hinblick auf die Ziele von *ETPN* 143
- 7.4 Diskussion 146
- 7.5 Schlussbetrachtung 147
- Literaturverzeichnis 149

8 Rück- und Ausblick 151

A Interviews in zwei Sprachen – Leitfaden 155

Kapitel 1
Einleitung

Dieses Buch ist eine Einführung in die semi-automatisierte Analyse von Textquellen anhand von Topic-Modell-Verfahren für Sozialwissenschaften. Topic-Modelle stellen ein quantitativ basiertes Werkzeug für die Textanalyse dar, das bei der praktischen Anwendung zu einer Klassifikation sowohl von Begriffen in Texten als auch zwischen Texten in Relation zueinander führt, indem es diese Begriffe und diese Texte nach typischen thematischen Strukturen – in der Literatur als *topics* benannt – sortiert. Diese thematischen Strukturen ergeben dadurch ein Bild der wichtigsten semantischen Strukturen eines Textes oder einer Textsammlung. In diesem Buch stellen wir Topic-Modell-Verfahren anhand praktischer Beispiele aus der Forschung mit vier unterschiedlichen Textquellen vor, die insbesondere in den Geistes- und Sozialwissenschaften häufig vorkommen. Hierzu zählen

- die Analyse von einzelnen Begriffen und kurzen offenen Textstellen;
- die Zusammenstellung von Begriffen in Form von semantischen Indikatoren;
- die Analyse von transkribierten Interviews;
- die Analyse von *corpora* oder großen Sammlungen von Texten.

Semi-automatisierte bzw. computergestützte Text-Mining Verfahren werden in den Bereichen quantitativer Sprachwissenschaften regelmäßig angewendet – z.B. in der Form von *Machine-Learning Software* für die Analyse von Spracheigenschaften, die *Natural Language Processing* Verfahren (*NLP*) genannt wird. In den Geistes- und Sozialwissenschaften werden sie dagegen noch relativ selten benutzt.[1] Die seltene Verwendung dieser Methoden in diesen Disziplinen führt dazu, dass die einschlägigen Anwendungen meistens auf die Bedürfnisse von Sprachwissenschaftlern ausgerichtet werden. Dabei werden die Anforderungen anderer Geistes- und Sozialwissenschaftler – etwa der Vergleich von Texten in ihren Zeit-, Raum- und Sozialdimensionen bzw. in ihrem gesellschaftlichen Akteurs- und Gruppenbezug – oft außer Acht gelassen. Dies ist eine erste Lücke, die durch die weitere Entwicklung

---

[1] Eine Ausnahme ist die Strömung der *Digital Humanities* oder *eHumanities* (Terras, Nyhan und Vanhoutte 2013), die eine Benutzung von computergestützten Text-Mining Verfahren in der Forschungsarbeit propagiert – darunter auch Topic-Modell-Verfahren (Blei 2012).

von qualitativen Analyseverfahren geschlossen werden soll, die auf dem Gebrauch von Topic-Modellen beruhen.

Eine zweite Lücke ergibt sich aus den bisherigen Anwendungen, die für den Einsatz derartiger analytischen Verfahren zur Verfügung stehen. In dieser Einführung werden wir uns insbesondere mit der Sprachumgebung *R* auseinandersetzen und es werden auch zwei Anwendungsbeispiele mit der Programmiersprache *Python* vorgestellt. *R* und *Python* sind zur Zeit zwei der interessantesten Lösungen, die für den Einsatz von Topic-Modellen zur Entwicklung von semi-automatisierten Verfahren für die Analyse von Textquellen zur Verfügung stehen. *R* wie *Python* weisen viele Vorteile auf, die wir im Kapitel 3 beschreiben werden. Aber *R* und *Python* – wie andere flexible Werkzeuge für die semi-automatisierte Analyse von Textquellen (z.B. *Mallet* oder *Rapidminer*) – haben auch den Nachteil, dass sie Kompetenzen in Programmiersprachen erfordern, die in den Geistes- und Sozialwissenschaften bisher meistens nicht vermittelt werden. Diese zweite Lücke möchte dieses Buch zum Teil schließen, um Geistes- und Sozialwissenschaftlern sowie Studenten fächerübergreifend und textspezifisch eine Grundlage für die Durchführung von automatischen qualitativen Textanalysen mit Topic-Modellen zu ermöglichen. Zusätzlich dazu stellen wir die interaktive Web-Applikation *Topic-Explorer* vor, die für Anwendergruppen ohne Programmierkenntnisse an unserem Forschungsstandort in Halle entwickelt wurden.

Topic-Modell-Verfahren sind zwar quantitativ basiert, aber sie dienen der qualitativen Forschung – eine Aussage, die nicht sofort einleuchten mag. Es gibt jedoch grundsätzliche Ähnlichkeiten zwischen Topic-Modell-Verfahren und klassischen qualitativen Verfahren, die in den Bereichen der Geistes- und Sozialwissenschaften oft auf die Methoden der objektiven Hermeneutik und/oder die der qualitativen Inhaltsanalyse zurückgreifen. Aber es gibt auch entscheidende Unterschiede, die nicht nur die Techniken betreffen, die bei diesen Verfahren benutzt werden, sondern auch die Grundannahmen beinhalten, die mit diesen Methoden verbunden sind. Das ist der Grund, weshalb in dieser Einleitung zuerst die Grundzüge einer Fassung der objektiven Hermeneutik Ulrich Oevermanns und der qualitativen Inhaltsanalyse nach Philipp Mayring betrachtet werden sollen, um dann das Topic-Modell-Verfahren mit beiden Methoden zu kontrastieren. Dieser Kontrast soll helfen, den Typus von qualitativer Analyse besser zu verstehen, der für die Anwendung von Topic-Modellen besonders geeignet ist.

1.1 Objektive Hermeneutik, qualitative Inhaltsanalyse und Topic-Modell

Die objektive Hermeneutik, die qualitative Inhaltsanalyse und das Topic-Modell-Verfahren gehören aufgrund der folgenden drei grundsätzlichen Gemeinsamkeiten zum Methodenarsenal der qualitativen Analyse von Textquellen:

1.1 Objektive Hermeneutik, qualitative Inhaltsanalyse und Topic-Modell

- alle drei Methoden setzen voraus, dass Begriffe nicht zufällig gebraucht werden und dass die daraus resultierenden Sätze und Textquellen nicht zufällig aufgebaut sind; anders gesagt gehen alle drei Methoden davon aus, dass Sinn kein zufälliges Ergebnis von zusammengestellten Begriffen ist, sondern durch die Benutzung dieser Begriffe bestimmt wird;
- alle drei Methoden geben wichtige Hinweise für die Rekonstruktion des Sinns von Textquellen; sie setzen voraus, dass diesem Sinn Strukturen zugrunde liegen, deren Analyse die speziellen Eigenschaften einer Textquelle wiedergeben;
- bei allen drei Methoden spielt die Deutung – und daher der Forscher/die Forscherin – eine Rolle bei der Organisation des analytischen Verfahrens und für die Interpretation der Ergebnisse.

Diese grundsätzlichen Gemeinsamkeiten schließen Unterschiede nicht aus. Hier zeichnet sich die objektive Hermeneutik im Vergleich zu den beiden anderen Methoden dadurch aus, dass sie die Methode in Verbindung mit einer spezifischen Theorie entwickelt hat. Es ist die Theorie der Lebenspraxis von Einzelakteuren, zu der Ulrich Oevermann wesentlich beigetragen hat. Die „Lebenspraxis" wird als Sequenz von Entscheidungen verstanden, in denen Sinnstrukturen gebildet werden, die die Äußerungen und die Handlungen von Akteuren prägen. Diese Theorie betrachten wir in den folgenden Abschnitten näher um zu zeigen, wie sich das Topic-Modell-Verfahren davon unterscheidet.

1.1.1 Lebenspraxis und objektive Sinnstruktur

Die Lebenspraxis wird als das Zusammenwirken physischer, psychischer, sozialer und kultureller Potentiale verstanden, die dem Einzelakteur die Gestaltung seines eigenen Lebens erlauben (Oevermann 2004, 157). In der Theorie der Lebenspraxis konstruiert jeder Einzelakteur „grundsätzlich an jeder Sequenzstelle seines Lebens hypothetische Welten und [...] Möglichkeiten der Zukunftsentwicklung" (Oevermann 1996, 6). Er eröffnet sich Handlungsspielräume in der Praxis, „die durch Entscheidung [und Begründung] geschlossen werden müssen" (ebd.) und die sich „durch sprachlich konstituierte Bedeutung und durch Reflexion" (Oevermann 1995, 37) offenbaren.[2] Jede Entscheidungssituation, die neue Handlungskriterien und Handlungsregeln sowohl anregt als auch hervorbringt und bei der erst retrospektiv eine Begründung geliefert wird, wird als Krise bezeichnet (Oevermann 1996, 6).

In der Abfolge von Krisen bilden sich rationale Argumente und Wertpräferenzen, und der Einzelakteur bildet dabei seine persönliche „Lebensgesetzlichkeit" bzw. seine „Fallstrukturgesetzlichkeit" aus (Oevermann 1995, 40 97, Anm. 7). Erst in der Krise formiert und manifestiert sich also die Lebenspraxis, verstanden als antago-

---

[2] In der Vorstellung Oevermanns gibt es eine zeitliche Diskrepanz zwischen einer bestimmten Entscheidung in einer gegebenen unbekannten Situation und der Generierung der Begründung, weshalb er von der „widersprüchlichen Einheit von Lebenspraxis als Entscheidungszwang und Begründungsverpflichtung" spricht (Oevermann 1996, 5–6).

nistische Einheit von Entscheidungszwang und Begründungsverpflichtung. Auf der strukturanalytischen Ebene bedeutet dies, dass jeder „biographische Verlauf", ob individuell oder kollektiv, als eine „Verkettung von Entscheidungskrisen" angesehen werden soll (ebd.).³ Die Lösung von Krisen öffnet einerseits die Zukunft in eine bestimmte Richtung, andererseits schließt sie gleichzeitig die Vergangenheit durch die „Endgültigkeit von Festlegungen" und wegen „der Unwiederbringlichkeit von verworfenen Möglichkeiten", was Oevermann als Logik des „point of no return" bezeichnet (Oevermann 1995, 40) aus.⁴ Darin besteht die Historizität individueller oder kollektiver Biographien, deren Grundlage Oevermann als Sequenz konzipiert.

Eine Entscheidungshandlung in der Gegenwart (Sequenzstelle 0) wird als Wirklichkeitsvollzug auf der Grundlage von in der Vergangenheit (Sequenzstelle -1) eröffneten Handlungsalternativen und getroffenen Entscheidungen verstanden (Oevermann 2008, 20 ff.). Anders gesagt, hat die damalige Entscheidung (Sequenzstelle -1) einen Handlungsspielraum für gegenwärtige Entscheidungen (Sequenzstelle 0) bereit gestellt und diesen zugleich bestimmt. Mit dem Vollzug einer Entscheidung und der Auflösung einer Entscheidungssituation in der Gegenwart (Sequenzstelle 0) werden zum einen vom Akteur erwogene Entscheidungsmöglichkeiten im Jetzt geschlossen. Aber zugleich werden neue und andere Handlungsoptionen in der Zukunft eröffnet, zwischen denen schließlich der Akteur wieder eine Auswahl treffen wird (Sequenzstelle +1). Die Bewältigung von Krisen und die hieran gekoppelte Eröffnung neuer Handlungsmöglichkeiten im Lebensverlauf eines bestimmten Individuums konstituiert eine objektive Sinnstruktur, die als eine logische Einheit der Handlung zu verstehen ist und die der objektiven Sinnstruktur der Lebenspraxis dieses bestimmten Individuums entspricht. Diese Theorie führt zu einer methodologischen Rahmung, die darin besteht, dass diese objektive Sinnstruktur für jeden

---

³ Nach Oevermann ist die Entscheidungskrise der „Prototyp von Krise überhaupt" (Oevermann 2008, 19). Sie trägt deshalb wesentlich zur Fundierung der Theorie der Lebenspraxis bei, da sie die „für die Praxis konstitutive Krise" darstelle (Oevermann 2004, 165). Sie ist dadurch charakterisiert, dass sie „auf der Seite der Lebenspraxis selbst herbeigeführt" wird, wodurch die Quelle dieser Krise das Subjekt bzw. der Einzelakteur selbst ist. Der Akteur erzeugt die Krise aus sich heraus, und zwar basierend auf Vorgriff oder auch Vorwegnahme möglicher und imaginierter Optionen für die Zukunft (ebd.; vgl. auch Oevermann 2008, 19). Zwischen diesen erdachten Zukunftsoptionen gilt schließlich für den Akteur, dass er sich für einen dieser Wege entscheiden muss und er sich dem Prinzip nach nicht nicht entscheiden kann (ebd.). Darüber hinaus zeigt Oevermann, dass dieser Krisentyp mit der Konstitution religiöser Erfahrung korrespondiert, insofern man religiöse Erfahrung soziologisch „nur [...] allgemein genug" auffasse und zudem in Rechnung stellt, dass die Entscheidungssituation als „Bewährungsproblem" unter Berücksichtigung des Bewusstseins der eigenen Vergänglichkeit seines Lebens betrachtet wird (Oevermann 2004, 166; vgl. auch Oevermann 1995, 27-102). Dieser Krisentypus ist also an die Endlichkeit von Lebenszeit gekoppelt, und er erzwingt auch vor diesem Hintergrund eine Entscheidung, die jedoch erst retrospektiv begründet werden kann und hierdurch schließlich der Begründungsverpflichtung Genüge leistet. Man entscheidet also „ins Blaue" hinein, ohne eine Richtig-Falsch-Kalkulation zur Verfügung zu haben. Man muss deshalb zwischen verschiedenartigen Interessenlagen eigene Prioritäten setzen. Als Beispiele elementarer Entscheidungskrisen führt Oevermann die Frage sexueller Reproduktion oder die Entscheidung für eine Heirat an (vgl. Oevermann 2004, 2-4 und 166).

⁴ Nach Oevermann geht die Lösung von Krisen „in eine veralltäglichte Routine [...] über, die als Rationalität gilt, bis die nächste Krise sie erschüttert" (Oevermann 2008, 209 f.).

gegebenen Einzelakteur zu rekonstruieren sei, der mittels eines qualitativen Verfahrens beobachtet wird.

1.1.2 Der methodologische Rahmen der objektiven Hermeneutik

Die Methodologie der objektiven Hermeneutik und ihr sequenzanalytisches Verfahren wurde im Rahmen eines Forschungsprojektes zur Thematik *Elternhaus und Schule* entwickelt, das während der 1970er Jahre am Max-Planck-Institut für Bildungsforschung in Berlin durchgeführt wurde. In diesem Projekt führten Ulrich Oevermann, Lothar Krappmann und Kurt Kreppner eine qualitative Analyse von Sozialisationsprozessen als Determinanten des Schulerfolgs sowie der kognitiven Entwicklung von Kindern in Abhängigkeit ihrer sozialen Herkunft durch (Oevermann u. a. 1976, 167, Fn. *; Oevermann 1972).[5] Diese Analyse unterschied sich von bisherigen quantitativen Studien in der Bildungssoziologie, die zwar Schichtzugehörigkeit messen und erklären, aber oft kritisiert wurden, weil sie einerseits den Sozialisationskontext nicht angemessen berücksichtigten (Przyborski und Wohlrab-Sahr 2009, 240) und andererseits die komplexe Struktur subkultureller Sozialisationsprozesse unzureichend erfassten (Oevermann u. a. 1976, 194–195). Die objektive Hermeneutik sollte dabei helfen, derartige subkulturspezifische Lebenswelten zu rekonstruieren, „damit die Motivierung schichten- bzw. subkulturspezifischer Sozialisationsprozesse zur Explikation gebracht werden kann" (ebd., 195).[6] Diese „Motivierung" wird in Aussagen und Handlungen ausgedrückt. Sie setzt eine objektive Sinnstruktur voraus, d.h. eine Struktur, die ihre eigene „Gesetzmäßigkeit" (Oevermann 2002, 1) hat, so dass die Rekonstruktion der objektiven Sinnstruktur eine Erklärung ihrer Gesetzmäßigkeit und der entsprechenden Lebenspraxis eines Einzelakteurs oder mehrerer Akteure liefert.

Diese objektive Sinnstruktur besteht in der Zusammenstellung von zwei Strukturen. Einerseits gibt es die Struktur dessen, was ein Akteur explizit sagt. Andererseits gibt es die Struktur, die sich aus der Verkettung von Aussagen eines Akteurs ergibt. Diese letzte Struktur ist eine latente Struktur, die so genannt wird, weil sie nicht unmittelbar als konkrete Aussage von einem Akteur ausgesprochen wird und daher nicht empirisch festgestellt werden kann, sondern vom Forscher gedeutet werden muss.[7] Diese latenten Strukturen spielen für die Methodologie der objektiven Hermeneutik eine wichtige Rolle. Sie bilden eine abstrakte Realität, die die Regeln der Produktion des objektiven Sinns enthalten und die „von der manifesten Realisierung dieser Sinnstrukturen im Bewusstsein eines konkreten Autors oder Rezipienten"

---

[5] Das empirische Datenmaterial zu dieser Forschung bestand aus Protokollen natürlicher Interaktionen innerhalb der Familie (vgl. Oevermann 1981, 9; Przyborski und Wohlrab-Sahr 2009, 241).

[6] Zur ähnlichen Betrachtung von subkulturspezifischen Sozialisationsprozessen vgl. die Vorabeiten von Klein (Klein 1965, 170).

[7] Das Beharren auf vor allem latenten Sinnstrukturen brachte Oevermann den Vorwurf ein, dass die Suche nach latenten Sinnstrukturen eher ein metaphysisches denn ein empirisches Problem sei (vgl. Reichertz 2004).

unabhängig sind (Oevermann 2002, 28 f.). Dieses Argument Oevermanns bezieht sich „auf das Modell regelgeleiteten Handelns und das Modell von Bedeutungs- und Sinnstrukturen, die durch Regeln analog zu einem Algorithmus erzeugt werden [...]. Ohne diese Sinnstrukturiertheit läge ein spezifisch sozial-, geistes- und kulturwissenschaftlicher Erfahrungsgegenstand gar nicht erst vor. Im Unterschied zur Tradition [...] der Handlungstheorien und der geisteswissenschaftlichen Hermeneutik faßt nun die objektive Hermeneutik [...] diese Sinnstrukturiertheit nicht in Begriffe eines verstehend nachvollziehbaren subjektiven Sinns, sondern grundsätzlicher als regelerzeugten objektiven Sinn, der praktische Handlungen und deren Objektivationen kennzeichnet" (ebd., 29).[8]

In der Forschungspraxis bedeutet dies, dass die objektive Hermeneutik vor allem die Gegenstände fokussiert, die ein Befragter ausgedrückt hat, die also faktisch protokolliert wurden (ebd., 3).[9] Das, was protokolliert wurde, sind „Ausdrucksgestalten", weil sich einzig in ihnen als „sinnstrukturierte[r] Welt" (a) die „psychischen, sozialen und kulturellen Erscheinungen präsentieren", (b) „die Lebenspraxis selbst verkörpert" sowie (c) „die dem Befragten gegenüberliegende Erfahrungswelt repräsentiert" (ebd., 1). Diese Ausdrucksgestaltungen sind der konkrete Gegenstand der Analyse von Protokollen, weil „die kategorial von den stochastischen Welten verschiedenen Bedeutungswelten uns als verstehbar dadurch gegeben sind, daß die Bedeutung von Ausdrücken grundsätzlich sprachlich durch generative Algorithmen erzeugt werden. Damit soll gesagt sein, daß die sprachlich erzeugten objektiven Bedeutungen den subjektiven Intentionen konstitutionslogisch vorausgehen und nicht umgekehrt der je subjektiv gemeinte bzw. intendierte Sinn die objektive Bedeutung

---

[8] Damit sei allerdings Sinn, so Oevermann, als subjektiv gemeinter Sinn nicht negiert, sondern lediglich ausgedrückt. Zunächst muss der regelorientierte objektive Sinn von Ausdrucksgestalten, in denen sich das subjektiv Gemeinte manifestiert, rekonstruiert werden, bevor man methodisch korrekt den subjektiv gemeinten Sinn von Handlungen und deren Objektivationen oder von bestimmten Praktiken erschließt bzw. „die praktischen Operationen der Introspektion und des Fremdverstehens methodologisch kontrolliert und überprüfbar in eine wissenschaftliche Erkenntnisoperation" übersetzt (Oevermann 2002, 29 f.).

[9] Aussagen von Akteuren werden transkribiert. Diesen Texten liegt eine gegenüber den Intentionen des Sprechers oder Autors eigenständige objektive Realität zugrunde, weshalb sie vor dem Hintergrund ihrer „Ausdrucksmaterialen überdauernden Objektivierung" als Protokolle behandelt und bezeichnet werden (ebd., 3). In den Protokollen liegt die Ausdrucksmaterialität „sprachlich oder in irgend einem anderen Medium der Spurenfixierung oder der Gestaltung" vor (ebd.). Die Termini „Text" und „Protokoll" beziehen sich damit auf dieselben Ausdrucksgestalten, wobei Text den „symbolischen Charakter" und Protokoll deren „ausdrucksmateriale Erscheinung" bezeichnet (ebd., 3 f.). Kritisch zu bewerten sei dabei allerdings, dass Texte „als Abstrakta" – ähnlich den latenten Sinnstrukturen – prinzipiell als der „Zeitlichkeit und Räumlichkeit enthoben" vorgestellt werden, weil sie auch dann nicht verschwunden sind, „wenn sie nicht von einem produzierenden oder rezipierenden Bewußtsein aktual, d.h. an einer bestimmten Raum-Zeit-Stelle, gelesen und subjektiv intentional realisiert werden" (ebd., 4). Anders verhält es sich mit den Protokollen, denn diese sind „raum-zeitlich gebunden, wie jede sinnlich wahrnehmbare Wirklichkeit", und verfallen erst dann der Zeit- und Raumlosigkeit, wenn „an keiner Raum-Zeit-Stelle [des Ereignisses] ein einsehbares Protokoll als ausdrucksmateriale Seite" einer Ausdrucksgestalt vorliegt – wobei anzumerken ist, dass auch erinnernde Erzählungen bezüglich eines bestimmten Ereignisses als Protokolle eingestuft werden (ebd.).

von Ausdrücken erzeugt" (ebd.). In der Vorstellung Oevermanns ist diese Idee der algorithmischen Produktion von Sinn und Bedeutung sehr wichtig. Einerseits bedeutet sie, dass diese algorithmische Produktion eine generative Grammatik voraussetzt (vgl. Chomsky 1981), die durch allgemeine objektive Regeln strukturiert wird. Andererseits gibt sie der objektiven Hermeneutik ein Objektivitätskriterium ihrer Erkenntnisse „einfach deshalb, weil jene zu rekonstruierenden Sinnstrukturen durch prinzipiell angebbare Regeln und Prozeduren algorithmischer Natur präzise überprüfbar und lückenlos am jederzeit wieder einsehbaren Protokoll erschlossen werden können" (Oevermann 2002, 4). Entsprechend setzt das methodische Verfahren der objektiven Hermeneutik zwei allgemeine Stufen der Interpretation von Protokollen voraus. Der erste Schritt stellt die Rekonstruktion der objektiven und latenten Sinnstrukturen von Daten und Ausdrucksgestalten dar. Der zweite Schritt entsteht aus dem ersten Schritt, und er besteht darin, die subjektiven Sinnstrukturen bestimmter Subjektivitäten zu beschreiben (ebd., 30). Der überprüfbare Zugriff auf die innerpsychische „Wirklichkeit von Intentionen [...], von Empfindungen, Affekten, Vorstellungen, Kognitionen und Volitionen" und damit auf subjektive Dispositionen (psychische Motive, Erwartungen, Meinungen, Haltungen, Wertorientierungen, Vorstellungen, Hoffnungen, usw.) ist also niemals direkt (ebd., 2). Er ist lediglich über Ausdrucksgestalten möglich, in denen die genannten Intentionen und Dispositionen als Folge von latenten Sinnstrukturen erscheinen, die algorithmisch generiert wurden (ebd.). Dieser methodologische Rahmen erlaubt die Rekonstruktion von individuellen oder kollektiven Biographien, die als Fallrekonstruktion verstanden werden und die auf der Grundlage von Sequenzanalysen entstehen.

1.1.3 Die Sequenzanalyse als Grundlage der Fallrekonstruktion

Das sequenzanalytische Verfahren der objektiven Hermeneutik stützt sich zunächst auf die Prämisse, wonach „alle Erscheinungsformen von humaner Praxis durch Sequenziertheit strukturiert bzw. konstituiert" und „jegliches Handeln und seine kulturellen Objektivierungen qua Regelerzeugtheit soziales Handeln sind" (Oevermann 2000, 64). Oevermann versteht unter „Regelerzeugung" eine „sinnlogische Grund-Folge-Beziehung" ähnlich „einem Algorithmus im Sinne einer rekursiven Funktion" (ebd.). Regelerzeugung ist also gleichbedeutend mit Sequenzierung, denn jedes gegenwärtige Handeln einer einzelnen Person ist sequentiell und regelartig an deren vergangenes Handeln gekoppelt, und es ermöglicht wiederum neue Auswahlmöglichkeiten bzw. neue Handlungsverläufe. Ein sequenzieller Handlungsverlauf ist kein schlichtes „zeitliches oder räumliches Nacheinander bzw. Hintereinander" von Handlungen (Oevermann 2002, 6). Er bezeichnet vielmehr, dass jede individuelle Lebenspraxis „eröffnet und beschlossen" wird, „damit verbindlich und strukturiert gehandelt werden kann" (ebd.; vgl. auch Oevermann 2008, 20 ff. Garz und Raven 2015, 31). Eine Sequenz in ihrem realen Verlauf setzt zwei Parameter voraus

– einen Erzeugungsparameter und einen Parameter, der die Sequenzierungen bzw. die Verkettung von (Sprach)Handlungen generiert.

Der Erzeugungsparameter kann als „bedeutungserzeugende, algorithmisch operierende[n] Regeln" verstanden werden (Oevermann 2010, 31), die „die Regeln der sprachlichen Syntax", „die pragmatischen Regeln des Sprechhandelns" und schließlich „die logischen Regeln für formale und material-sachhaltige Schlüssigkeit" umfassen (Oevermann 2002, 7). Diese drei Sequenzierungsregeln erzeugen zunächst die Handlungsalternativen und Optionsräume für mögliche Handlungs- und Äußerungsverläufe, aus denen schließlich eine Entscheidung für eine bestimmte Handlungsmöglichkeit getroffen wird. An dieser Stelle bestimmt der zweite Parameter die Sequenzierungen von Handlungs- und Äußerungsverläufen und daher diese Entscheidung. Dieser Paramter sei als „Ensemble von Dispositionsfaktoren" zu verstehen, „die die Entscheidung einer bestimmten Lebenspraxis, sei es einer Person, Gemeinschaft, Gruppe, Organisation, Regierung oder was auch immer beeinflussen" (Oevermann 2000, 65). Diesen zweiten Parameter identifiziert Oevermann mit der „Fallstrukturgesetzlichkeit der je konkreten, strukturell autonomen Lebenspraxis, die als eine widersprüchliche Einheit von Entscheidungszwang und Begründungsverpflichtung jeweils diese Auswahl trifft, ob sie will oder nicht" (Oevermann 2010, 31). Diese zwei Parameter beschreiben dann zwei Ebenen, deren Deutung ihre jeweilige Selektivität rekonstruieren soll, um auf eine besondere Fallstruktur schließen zu können. Anders gesagt, handelt es sich bei der Interpretation von Protokollen darum, die spezifischen Wirkungen beider Parameter aufeinander so zu beschreiben, dass die „Totalität einer Fallstrukturgesetzlichkeit" abgebildet werden kann (Oevermann 2002, 8). Diese Interpretation setzt Regeln voraus, die darauf abzielen, diese Interpretation zu steuern und den Einfluss des Forschers, der diese Interpretation leistet, zu kontrollieren.

Tatsächlich besteht die Interpretationsarbeit in der objektiven Hermeneutik nicht nur darin, die Bedeutung von Protokollen wiederzugeben, sondern sie erfordert die Berücksichtigung von anderen Möglichkeitsräumen, um zur Besonderheit einer jeweiligen Fallstruktur vorzudringen (Przyborski und Wohlrab-Sahr 2009, 248). Dies setzt Gedankenexperimente als Lesarten eines Protokolls voraus – eine Fülle von Lesarten werden entwickelt, von denen dann im Verlauf der Interpretation die meisten nicht weiter berücksichtigt werden (ebd., 250) –, sowie den Versuch, Protokolle in Verbindung mit anderen Kontexten zu setzen, um besondere Konnotationen von Äußerungen und Handlungen in den Blick zu nehmen (Oevermann 1981, 9–13). Diese Intervention des Forschers muss zuerst nicht begrenzt werden – es gehört zum Prinzip der objektiven Hermeneutik, dass Protokolle interpretiert werden und dass diese Interpretation vielfältig konzipiert wird, damit der innere Kontext einer Äußerung oder Handlung bestmöglichst systematisiert werden kann (Oevermann 2000, 104). Dies setzt aber nicht voraus, dass die Interpretation von Protokollen nicht kontrolliert wird – selbst wenn die Interpretation durch gedankenexperimentelle Erklärungen und Kontextvariationen geschieht, muss sie mit dem Material – und wenn es sich um Textquellen handelt: mit den wörtlichen Äußerungen – kompatibel sein, und sie muss ohne größere Zusatzannahmen auskommen – z.B. Annahmen, die auf Dispositionen eines Befragten basieren, für die es im Text keine Hinweise gibt oder nur unter Verwendung von vom Forscher vordefinierten Themen oder Klassifikationskategorien (Przyborski und Wohlrab-Sahr 2009, 253-254). Damit wird noch einmal betont, dass das Ziel der Interpretation in der objektiven Hermeneutik vielmehr die Fallstruktur und die daraus resultierende Fallgesetzlichkeit sei, und damit auch die Klassifikation von Akteuren auf der Grundlage ihrer Äußerungen oder Handlungen. Dies ist ein wesentlicher Unterschied zwischen der objektiven Hermeneutik und dem Topic-Modell-Verfahren, aus dem weitere Unterschiede entstehen.

1.2 Unterschiede zwischen objektiver Hermeneutik und Topic-Modell-Verfahren

Der sequenzielle Ansatz der Fallrekonstruktion in der objektiven Hermeneutik unterscheidet sich vom Ansatz der Klassifikation anhand von zu bildenden Kategorien, die bei der semi-automatisierten Analyse von Textquellen anhand von Topic-Modellen im Vordergrund steht. Die objektive Hermeneutik wie die semi-automatisierte Analyse von Textquellen gehen davon aus, dass Sinnstrukturen algorithmisch generiert werden. Aber sie verstehen den Begriff „Algorithmus" sowie das, was dieser Algorithmus bewirkt, unterschiedlich. Unter Algorithmus versteht Oevermann im phänomenologisch formalen Sinn die Selektion von Möglichkeiten in Möglichkeitswelten, die ein Akteur durchführt, um zur Entscheidung und Handlung zu kommen. Die Koppelung Selektion-Entscheidung setzt Regeln einer universellen generativen Grammatik voraus. Wenn der Akteur selektiert und entscheidet, verhält er sich unbewusst nach diesen Regeln, die dem Paar Entscheidung-Handlung eine Kohärenz geben und die den Äußerungen der Akteure Sinn geben.

In der semi-automatisierten Analyse von Textquellen werden Algorithmen statistisch oder mathematisch definiert. Sie stützen sich auf statistische Wahrscheinlichkeitsmodelle oder auf lineare Algebra, und sie werden auf Textquellen angewendet, um Begriffe in diesen Texten nach ihrer durch Worthäufigkeitsanalysen gebildeten Bedeutung für den Text zu klassifizieren. Diese Bedeutung wird als Ergebnis der Häufigkeit von gleichen oder ähnlichen Zusammenstellungen von Begriffen verstanden, die in einem oder mehreren Texten Verwendung finden, was mit der Annahme einer universellen generativen Grammatik und der entsprechenden Entscheidungs- und Handlungstheorie nicht übereinstimmt. Zwar wird eine Grammatik als Grundlage von Äußerungen vorausgesetzt, aber gleichzeitig wird davon ausgegangen, dass die Regeln dieser Grammatik durch den Gebrauch der Sprache in der Zeit und je nach Gesellschaften und Kulturen – also nicht durch Entscheidungen und entsprechende Handlungen, sondern grundsätzlich durch Relation – verändert werden können, so dass eine solche Grammatik nicht universell sein kann (Foraker u. a. 2009, Kam und Newport 2009, Everett 2012). Diese Annahme der semi-automatisierten Analyse von Textquellen teilt das Topic-Modell-Verfahren. Sie führt dazu, dass eine homogene Verbindung zwischen der Selektion von Begriffen und der Kohärenz der Äußerungen von Akteuren nicht postuliert, sondern im Gegenteil die

Homogenität der Grammatik abgelehnt wird. Diese erste Folgerung beleuchtet das Verständnis von latenten Sinnstrukturen in beiden Methoden.

In der objektiven Hermeneutik sind latente Sinnstrukturen Verbindungen zwischen Ausdrucksgestaltungen, die aus der subjektiven Anwendung von unbewussten Regeln der universellen generativen Grammatik entstehen. In der semi-automatisierten Analyse von Textquellen sind latente Sinnstrukturen mit der vorausgesetzten Bedeutung von gleichen oder ähnlichen Konfigurationen von Begriffen verbunden. Diese Konfigurationen liefern Informationen über die Position, die die Akteure oder Autoren der Diskurse, aus denen eine Textquelle besteht, zu den Themen beziehen, die in dieser Textquelle erwähnt wurden. Diese Position kann dann in der Zeit, im Vergleich zu anderen Akteuren und im Bezug auf soziodemographische, geographische, sozioökonomische usw. Variablen interpretiert werden. Dies hat eine zweite Folge für die Art der Interpretation, die im Topic-Modell-Verfahren und in der objektiven Hermeneutik entwickelt wird.

Es wurde bereits erwähnt, dass die Deutung in der objektiven Hermeneutik eine kontrollierte Ausübung von Gedankenexpermimenten und Kontextvariationen in Bezug auf die Protokolle bzw. Textquellen voraussetzt. Im Topic-Modell-Verfahren geht man umgekehrt davon aus, dass Gedankenexperimente und Kontextvariationen vermieden werden sollten. Stattdessen muss man sich mit den typischen Merkmalen der Textquelle beschäftigen, was die Deutung des Textes gleichzeitig beschränkt und verschiebt (Sinclair 1992). Was interpretiert werden muss, ist das Klassifikationsmuster, das sich aus der Anwendung eines Algorithmus auf die Textquelle ergibt und der im Fall einer Topic-Modell-Analyse zu einem Kategoriensystem führt, das eine abstrakte Repräsentation dessen ergibt – vom Standpunkt des Interpretierenden: eine Hypothese –, welchen Inhalt die Akteure mitteilen wollten, wenn sie sich ausgedrückt haben. Hier zeigt sich eine Nähe zwischen der semi-automatisierten Analyse von Textquellen und der qualitativen Inhaltsanalyse, wie sie insbesondere von Philipp Mayring seit dem Beginn der 1980er Jahre entwickelt wurde (Schreier 2014).

1.3 Qualitative Inhaltsanalyse und Topic-Modell-Analyse

Die qualitative Inhaltsanalyse besteht darin, „Texte systematisch [zu] analysieren, indem sie das Material schrittweise mit theoriegeleitet am Material entwickelten Kategoriensystemen bearbeitet" (Mayring 2002, 114). Sie baut – ähnlich wie die semi-automatisierte Analyse von Textquellen – auf quantitativ orientierten Arbeiten aus den Kommunikationswissenschaften sowie auf den ersten qualitativen Ansätzen in den 1970er Jahren auf (vgl. etwa Ritsert 1972, Mostyn 1985, Wittkowski 1994, Altheide 1996). Selbst wenn Mayring ein Gegengewicht zu den quantitativen Methoden anbieten will, möchte er „die Vorteile der [...] quantitativen Inhaltsanalyse [...] bewahren und auf qualitativ-interpretative Auswertungsschritte [...] übertra-

1.3 Qualitative Inhaltsanalyse und Topic-Modell-Analyse

gen" (Moulin 2000).[10] Daraus ergibt sich das hybride Profil der qualitativen Inhaltsanalyse, die eine Verbindung sowohl mit der objektiven Hermeneutik als auch mit quantitativen Methoden in den Sozialwissenschaften aufbauen will. Das methodologische Mittel, das es erlaubt, diesen Zweck zu erreichen, ist die Bildung von Kategoriensystemen (Mayring 1994, 162) mit Kategorien, Unterkategorien, Kategoriendefinitionen und Ankerbeispielen, die „genau begründet [...] und im Laufe der Auswertung überarbeitet werden" (ebd.).[11]

Einerseits soll ein Kategoriensystem in hermeneutischer Tradition neben dem manifesten (primären) den latenten Sinn einer Textquelle abbilden (Ramsenthaler 2013, 23). Andererseits soll ein Kategoriensystem wie im Fall von quantitativen Methoden die systematische Überprüfung von Strukturen – hier den latenten Sinnstrukturen einer Textquelle – ermöglichen. Basierend auf Ballstaedt (Ballstaedt u. a. 1981) schlägt Mayring ein Ablaufmodell für die induktive und deduktive Konstruktion von Kategoriensystemen vor: „Die entwickelten Kategorien werden in einer Rückkopplungsschleife überarbeitet, einer Reliabilitätsprüfung unterzogen, und können später auch zu Überkategorien zusammengefasst und je nach Fragestellung auch nach quantitativen Aspekten ausgewertet werden" (Moulin 2000). Diese Ausformulierung der Methode kennzeichnet nicht nur den Versuch, die Sinnstrukturen der Textquellen offenzulegen, sondern soll auch die Arbeit des Wissenschaftlers objektivieren und damit sowohl Vorgehen als auch Ergebnisse reliabel machen,[12] so dass „intersubjektiv nachvollziehbare Ergebnisse erzielt werden können. Transparenz und Intersubjektivität sind damit Bestandteile des Ansatzes" (Rinker 2013, 40) bzw. die Grundlage der Reliabilität in der qualitativen Inhaltsanalyse, die Mayring anbietet (vgl. ebenso Mayring 2000).[13]

In der Forschungspraxis bleibt aber die Einbindung statistischer Methoden in der qualitativen Inhaltsanalyse rudimentär und beschränkt, indem sie sich hauptsächlich auf die Auszählung von Kategorienhäufigkeiten beschränkt (Moulin 2000) – Kategorien, die in der Regel vom Forscher interpretativ, mehr oder weniger handwerklich geschickt nach der vorausgesetzten Ähnlichkeit von Themen codiert wur-

---

[10] Mayring sagt mehrmals, dass es sich bei der qualitativen Inhaltsanalyse darum handelt, die „simple Dichotomisierung quantitativ – qualitativ zu überwinden sowie nach Erweiterungs- und Inegrationsmöglichkeiten zu suchen" (Mayring 1994, 161).

[11] Vgl. auch die Definition von Schreier: „Qualitative Inhaltsanalyse [wird] als ein gleichermaßen systematisches und valides Verfahren mit dem Ziel einer zusammenfassenden Beschreibung des Materials definiert. Diese Beschreibung erfolgt, indem relevante Bedeutungsaspekte als Kategorien eines Kategoriensystems expliziert und relevante Teile des Materials den Kategorien dieses Kategoriensystems zugeordnet werden" (Schreier 2014).

[12] Die Reliabilität betrifft „die Genauigkeit, die Exaktheit des Vorgehens" (Mayring 2002, 141).

[13] Im Kontext von Mayrings Inhaltsanalyse setzt die Reliabilität die Triangulation und die Interkoderreliabilität voraus. Mit Triangulation wird gemeint, dass die Ergebnisse der Auswertung mit den Ergebnissen anderer Studien vergleichbar sein sollen (vgl. Mayring 2000). Mit Interkoderreliabilität wird gemeint, dass ein zuverlässiges Kategoriensystem von mehreren Kodierern unabhängig voneinander benutzt werden kann, um Textstellen in das Kategoriensystem einzuordnen, ohne das Kategoriensystem zu verletzen (vgl. Mayring 2007).

den.[14] Mayrings Ziel, „an den in jeder Inhaltsanalyse notwendig enthaltenen qualitativen Bestandteilen [anzusetzen], sie durch Analyseschritte und Analyseregeln systematisiert und überprüfbar" (ebd.) zu machen, ergibt sich als unauflösbares Spannungsverhältnis zwischen qualitativen und quantitativen Methoden. Zusätzlich dazu, wenngleich die Kategorien induktiv aus dem Text gewonnen werden, sind diese Kategorien doch zunächst deduktiv gewonnen, so dass die hieran anknüpfende Interpretation sich dann nicht mehr auf die Textquelle als Ganzes bezieht, was die Komplexität des Materials beschreibend zusammenfasst, statt die Strukturen dieser Komplexität nachzuprüfen (vgl. diese Kritikpunkte bei Plant 1996, Froggatt 2001, Lamnek und Krell 2005). Zum Beispiel sieht Kruse, je nach Spielart der qualitativen Inhaltsanalyse, eine zum Teil rein quantifizierende Subsumtionslogik wirken (Kruse 2015, 399). Die qualitative Inhaltsanalyse nach Mayring würde demnach Äußerungen inventarisieren, nicht aber auf der Bedeutungsebene von Aussagen den Ausdrucks- und Dokumentensinn gegenüber dem bloß objektiven Sinn aufdecken können.[15] Anders gesagt, würde die qualitative Inhaltsanalyse die Ebene der latenten Strukturen nicht erreichen. Daher würden Fragen der Indexikalität der Sprache und deren Benutzung durch die Akteure, die in der Praxis ihre Perspektive(n) zur Realität herstellen, nicht beantwortet (Bohnsack 2003, 40–44).

In der semi-automatisierten Analyse von Textquellen und im Topic-Modell-Verfahren werden die Ansprüche der qualitativen Inhaltsanalyse anders aufgegriffen. Es wurde schon erwähnt, dass die Konstruktion von Kategorien und Kategoriensystemen anhand von mathematischen Algorithmen erfolgt. Dies setzt voraus, dass die Indexikalität der Sprache bei der semi-automatisierten Analyse von Textquellen und im Topic-Modell-Verfahren eine wichtige Rolle spielt. Kategorien und Kategoriensysteme ergeben sich aus dem Zusammenhang von Begriffen, die ein Text enthält, und aus dem Zusammenhang der Texte, die eine Textquelle umfasst. Damit ist gesagt, dass sich die Bedeutungsebene und der Dokumentensinn aus der Relation von Begriffen und von Texten ergibt, die von Akteuren ausgesprochen oder verfasst wurden. Diese Relation ist gleichzeitig die latente Struktur – im oben definierten Sinn von einer Positionierung der Akteure zur Sprache und durch diese Sprache zu den Themen, die sie in der Sprechsituation erwähnen –, die die Kategorien/das Kategoriensystem bezeichnen soll. Im Unterschied zur qualitativen Inhaltsanalyse bietet also das Kategoriensystem der semi-automatisierten Analyse von Textquellen keine Zusammenfassung von Texten an, sondern die Bildung von Hypothesen bezogen auf diese Relation zu den Themen, die in Bezug auf die Texte überprüft und vertieft werden sollen.

---

[14] In diesem Zusammenhang ist der Vorschlag Mayrings, die Angemessenheit und Güte einer Kategorie anhand ihres Auftretens zu untermauern und damit vom Einzelfall methodisch abzurücken, kritisiert worden (Ramsenthaler 2013, 39).

[15] In den Worten Kruses: „Mayrings inhaltsanalytische Ansätze bleiben nun m.E. bei einer ‚Inventarisierung' der Äußerungsebene stehen, sie zielen nicht auf eine Rekonstruktion des Aussagensystems ab, womit sich eine erste sehr zentrale Verortung und Abgrenzung von Mayrings ‚approach' ergibt: Die Analyse von ‚Inhalt' meint hier die Analyse von Äußerungen, also der Menge des Gesagten" (Kruse 2015, 401).

Wir haben die semi-automatisierte Analyse von Textquellen anhand von Topic-Modellen mit den zwei häufig benutzten methodologischen Rahmen der objektiven Hermeneutik und der qualitativen Inhaltsanalyse kontrastiert. Wir stellen jetzt die Kapitel vor, die das Buch strukturieren.

1.4 Struktur des Bandes

In unserer Einleitung wurde das Topic-Modell-Verfahren mit der objektiven Hermeneutik und der qualitativen Inhaltsanalyse kontrastiert, aber es wurde noch nichts über die Anwendung von Topic-Modellen gesagt. Topic-Modelle beschreiben eine Reihe von Klassifikationsmethoden, die von unterschiedlichen Algorithmen abhängig sind, deren Ziel es ist, Kategoriensysteme zu produzieren. Diese Kategoriensysteme erlauben es, unbekannte Informationen über die Relation zwischen den Begriffen und den Texten zu erhalten, die eine Textquelle enthält. Deshalb erklären wir in unseren zwei nächsten Kapiteln, was Topic-Modelle sind, wie sie mathematisch implementiert wurden und welche Annahmen mit dem Einsatz von Topic-Modellen verbunden sind.

Zunächst wird das Erlernen des Umgangs mit Topic-Modellen von mehreren Faktoren und Parametereinstellungen beeinflusst, deren Auswirkungen erklärt werden müssen, um das Ergebnis von Topic-Modell-Analysen zu verstehen. Um robuste Ergebnisse zu erhalten, stellen wir Techniken vor, die bei den Maßnahmen für die Vorbereitung der Texte vor der Anwendung von Topic-Modell-Verfahren zur Bewertung und Interpretation der Ergebnisse ansetzen und die ermöglichen, Topic-Modell-Verfahren effizient einzusetzen. Zusätzlich dazu stellen wir die Software vor, die in diesem Buch benutzt wird, nämlich *R* und *Python*. Wir stellen ebenfalls die interaktive Web-Applikation *TopicExplorer* kurz vor, die an unserem Forschungsstandort in Halle entwickelt wurde und die für eine Anwendergruppe ohne Programmierkenntnisse gedacht ist.

Die Anwendbarkeit und der praktische Nutzen von Topic-Modellen ist vielfältig, je nach der Textquelle, der man in der Forschung gegenübersteht. Um diese Vielfalt zu reflektieren, bieten wir in den folgenden Kapiteln Beispiele an, bei denen fünf unterschiedliche Textquellen zum Einsatz kommen, die am Anfang beschrieben wurden.

Im vierten Kapitel beschäftigen wir uns mit Interviews in zwei Sprachen (Französisch und Deutsch). Das Beispiel zeigt, wie Antworten von Befragten anhand von Topic-Modellen strukturell verglichen werden können und wie man daraus Gruppen von Befragten in Bezug auf Themen, die sie im Interview erwähnen, erkennen und vergleichen kann.

Im fünften Kapitel behandeln wir eine Postkarten-Aktion, die konzipiert wurde, um Meinungen von Befragten zum Wort „Toleranz" zu erhalten. Die Inhalte der Postkarten werden anhand eines Topic-Modells analysiert. Da diese Postkarten-Aktion ein Jahr lang gelaufen ist, zeigen wir, wie ein Topic-Modell Tendenzen in der Zeit abbilden kann, die über die Stabilität bzw. den Wandel der Meinungen zum Wort „Toleranz" informieren.

Im sechsten Kapitel werden wir uns mit einer großen Sammlung von Texten im Rahmen des Werkes eines Autors der französischen Sozialphilosophie beschäftigen, was uns die Möglichkeit gibt, die diachrone Analyse eines Begriffs im Kontext eines grösseren Werkes und in der Zeit zu analysieren.

Im siebten Kapitel werden Topic-Modelle am Beispiel einer quantitativen Umfrage zu innovativen Technologien in der Medizin erörtet. Wir zeigen, wie Topic-Modelle benutzt werden können, um semantische Indikatoren aus quantitativen Umfragen, bestehend aus Stichwörtern, kleinen Zusammenfassungen oder offenen Listen von Begriffen, zu gewinnen.

Die semi-automatisierte Analyse von Textquellen anhand von Topic-Modellen ist nicht nur eine zusätzliche qualitative Methode, die in den Geistes- und Sozialwissenschaften angewendet werden kann. Sie verändert auch den Umgang mit Textquellen in diesen Wissenschaften – dieser letzte Punkt wird in der Schlussbetrachtung zu diesem Band kurz erwähnt.

Literaturverzeichnis

Altheide, D. L. 1996. *Qualitative Media Analysis*. Thousand Oaks: Sage.

Ballstaedt, S.-P., H. Mandl, W. Schnotz und S.-O. Tergan. 1981. *Texte verstehen, Texte gestalten*. München: Urban & Schwarzenberg.

Blei, D. 2012. „Topic Modeling and Digital Humanities". *Journal of Digital Humanities* 2 (1). http://journalofdigitalhumanities.org/2-1/topic-modeling-and-digital-humanities-by-david-m-blei/.

Bohnsack, R. 2003. „Dokumentarische Methode". In *Hauptbegriffe Qualitativer Sozialforschung*, herausgegeben von R. Bohnsack, W. Marotzki und M. Meuser, 40–44. Opladen: Leske + Budrich.

Chomsky, N. 1981. *Regeln und Repräsentationen*. Frankfurt am Main: Suhrkamp.

Everett, D. 2012. „What does Pirahã grammar have to teach us about human language and the mind?" *WIREs* 3 (6): 555–563. doi:10.1002/wcs.1195.

Foraker, S., T. Regier, N. Khetarpal, A. Perfors und J. Tenenbaum. 2009. „Indirect Evidence and the Poverty of the Stimulus: The Case of Anaphoric One". *Cognitive Science* 33:287–300. doi:10.1111/j.1551-6709.2009.01014.x.

Froggatt, K. A. 2001. „The analysis of qualitative data: processes and pitfalls". *Palliative Medicine* 15:433–438.

Garz, D., und U. Raven. 2015. *Theorie der Lebenspraxis. Einführung in das Werk Ulrich Oevermanns*. Wiesbaden: VS-Verlag.

LITERATURVERZEICHNIS

Kam, C., und E. Newport. 2009. „Getting it right by getting it wrong: When learners change languages". *Cognitive Psychology* 59:30–66. doi:10.1016/j.cogpsych.2009.01.001.

Klein, J. 1965. *Samples from English Cultures*. Bd. 1. London: Routledge.

Kruse, J. 2015. *Qualitative Interviewforschung. Ein integrativer Ansatz*. Weinheim: Beltz.

Lamnek, S., und C. Krell. 2005. *Qualitative Sozialforschung*. Weinheim: Beltz.

Mayring, Ph. 1994. „Qualitative Inhaltsanalyse". In *Texte verstehen : Konzepte, Methoden, Werkzeuge,* herausgegeben von A. Boehm, A. Mengel und T. Muhr, 159–175. Konstanz: UVK.

———. 2000. „Qualitative Inhaltsanalyse". *Forum Qualitative Sozialforschung* 1 (2). http://qualitative-research.net/fqs/fqs-d/2-00inhalt-d.htm.

———. 2002. *Einführung in die qualitative Sozialforschung. Eine Anleitung zum qualitativen Denken*. Basel: Beltz.

———. 2007. *Qualitative Inhaltsanalyse: Grundlagen und Techniken*. Basel: Beltz.

Mostyn, B. 1985. „The content analysis of qualitative research data: A dynamic approach". In *The research interview,* herausgegeben von M. Brenner, J. Brown und Cauter D., 115–145. London: Academic Press.

Moulin, R. 2000. *Le marché de l'art: Mondialisation et nouvelles technologies*. Paris: Flammarion.

Oevermann, U. 1972. *Sprache und soziale Herkunft. Ein Beitrag zur Analyse schichtspezifischer Sozialisationsprozesse und ihre Bedeutung für den Schulerfolg*. Frankfurt am Main: Suhrkamp.

———. 1981. *Fallrekonstruktionen und Strukturgeneralisierungen als Beitrag der objektiven Hermeneutik zur soziologisch-strukturtheoretischen Analyse*. http://publikationen.ub.uni-frankfurt.de/files/4955/Fallrekonstruktion-1981.pdf.

———. 1995. „Ein Modell der Struktur von Religiösität. Zugleich ein Strukturmodell von Lebenspraxis und von sozialer Zeit". In *Biographie und Religion. Zwischen Ritual und Selbstsuche,* herausgegeben von M. Wohlrab-Sahr, 27–102. Frankfurt am Main: Campus.

———. 1996. *Krise und Muße. Struktureigenschaften ästhetischer Erfahrung aus soziologischer Sicht. Vortrag am 19.06.1996 in der Städel-Schule*. http://publikationen.ub.uni-frankfurt.de/frontdoor/index/index/docId/4953.

———. 2000. „Die Methode der Fallrekonstruktion in der Grundlagenforschung sowie der klinischen und Pädagogischen Praxis". In *Die Fallrekonstruktion. Sinnverstehen in der sozialwissenschaftlichen Forschung,* herausgegeben von K Kraimer, 58–156. Frankfurt am Main: Suhrkamp.

Oevermann, U. 2002. *Klinische Soziologie auf der Basis der Methodologie objektiver Hermeutik – Manifest der objektiv hermeneutischen Sozialforschung.* https: //www.ihsk.de/publikationen/Ulrich_Oevermann-Manifest_der_objektiv_ hermeneutischen_Sozialforschung.pdf.

———. 2004. „Sozialisation als Prozess der Krisenbewältigung". In *Sozialisationstheorie interdisziplinär. Aktuelle Perspektiven,* herausgegeben von D. Geulen und H. Veith, 155–181. Stuttgart: Lucius & Lucius.

———. 2008. *'Krise und Routine' als analytisches Paradigma in den Sozialwissenschaften (Abschiedsvorlesung).* https://repo.agoh.de.

———. 2010. *Strukturprobleme supervisorischer Praxis. Eine objektiv hermeneutische Sequenzanalyse zur Überprüfung der Professionalisierungstheorie.* Frankfurt am Main: Humanities Online.

Oevermann, U., M. Kieper, S. Rothe-Bosse, M. Schmidt und P. Wienskowski. 1976. „Die sozialstrukturelle Einbettung von Sozialisationsprozessen: Empirische Ergebnisse zur Ausdifferenzierung des globalen Zusammenhangs von Schichtzugehörigkeit und gemessener Intelligenz sowie Schulerfolg". *Zeitschrift für Soziologie* 5 (2): 167–199.

Plant, H. 1996. „Research and interviewing". *Palliative Medicine* 10:339–341.

Przyborski, A., und M. Wohlrab-Sahr. 2009. *Qualitative Sozialforschung. Ein Arbeitsbuch.* München: Oldenbourg.

Ramsenthaler, M. 2013. „Was ist 'Qualitative Inhaltsanalyse?'" In *Der Patient am Lebensende. Eine qualitative Inhaltsanalyse,* herausgegeben von M. W. Schnell, C. Schulz, H. Kolbe und C. Dunger, 23–42. Wiesbaden: Springer.

Reichertz, J. 2004. „Das Handlungsrepertoire von Gesellschaften erweitern. Hans-Georg Soeffner im Gespräch mit Jo Reichertz". *Forum Qualitative Sozialforschung – Forum: Qualitative Social Research (FQS). Online Journal* 5 (3). http://www.qualitative-research.net/index.php/fqs/article/view/561/1215.

Rinker, T. 2013. *qdap: Quantitative Discourse Analysis Package. version 2.1.0.* Buffalo: University at Buffalo. http://github.com/trinker/qdap.

Ritsert, J. 1972. *Inhaltsanalyse und Ideologiekritik. Ein Versuch über kritische Sozialforschung.* Frankfurt am Main: Athenäum.

Schreier, M. 2014. „Varianten qualitativer Inhaltsanalyse: Ein Wegweiser im Dickicht der Begrifflichkeiten". *Forum Qualitative Sozialforschung* 15 (1). http://www.qualitative-research.net/index.php/fqs/rt/printerFriendly/2043/3635.

Sinclair, J. 1992. „The automatic analysis of corpora". In *Directions in Corpus Linguistics Proceedings of Nobel Symposium 82 Stockholm, 4-8 August 1991,* herausgegeben von J. Svartvik, 379–400. Berlin: De Gruyter Mouton.

Terras, M., J. Nyhan und E. Vanhoutte. 2013. *Defining Digital Humanities. A Reader.* Farnham, Burlington: Ashgate.

Wittkowski, J. 1994. *Das Interview in der Psychologie. Interviewtechnik und Codierung von Interviewmaterial.* Opladen: Westdeutscher Verlag.

Kapitel 2
Topic-Modelle für qualitative Textanalysen

In diesem Kapitel wird erklärt, was Topic-Modelle sind. Topic-Modelle sind probabilistische Modelle, die oft zur explorativen qualitativen Analyse von Textquellen genutzt werden.[1] Topic-Modelle können auf einer statistischen Grundlage von Wahrscheinlichkeitsverteilungen und Unabhängigkeitsannahmen gebildet werden, die als Bayessche Netzwerke (vgl. Murphy 2012) bezeichnet werden.[2] Alternativ können Topic-Modelle auf der Grundlage der linearen Algebra gebildet werden (vgl. Eldén 2007). Die Berechnung der Modelle wird als Optimierungsproblem formuliert, dessen Ergebnis die Zerlegung von einer Matrix ist, deren Zeilen die Dokumente und deren Spalten die Wörter des Vokabulars sind. Diese Matrix wird in ein Produkt mehrerer kleinerer Matrizen faktorisiert. Topic-Modelle fassen die in den Dokumenten vorkommenden Wörter in Gruppen zusammen und klassifizieren sie auf diese Weise. Diese Klassifikation bildet die wichtigsten strukturierenden Themen einer Textsammlung ab. Als explorative, Klassen bildende Methoden können Topic-Modelle mit anderen Klassen bildenden Methoden in den Sozialwissenschaften, insbesondere mit Cluster- und Faktorenanalysen, verglichen werden.

Die qualitative Analyse von Textquellen in den Sozialwissenschaften kann durch Topic-Modelle auf zwei Arten unterstützt werden. Erstens kann mit Hilfe von Topic-Modellen ein Überblick über große Dokumentenmengen ohne aufwendige, manuelle Arbeit erstellt werden. Der automatisch vom Topic-Modell erstellte Überblick kann zum gezielten Navigieren innerhalb der unbekannten Dokumentenmenge genutzt werden. Zweitens kann mit einem Topic-Modell eine Textgrundlage vollständig und detailliert ausgewertet werden, ohne unbewußt Teile auszulassen oder subjektiv zu vernachlässigen. So kann selbst bei einer unübersichtlichen Textgrundlage sichergestellt werden, dass keine wesentlichen Begriffe in der Analyse übersehen worden sind.

Dieses Kapitel ist im weiteren wie folgt aufgebaut: im ersten Abschnitt 2.1 erklären wir, warum und auf welcher Grundlage Topic-Modelle funktionieren. In den

---

[1] In deutscher Sprache, vgl. z.B. Lemke und Wiedemann 2015; ebenfalls vgl. Wiedemann 2016.
[2] Mit Hilfe des Bayesschen Gesetzes wird hier von beobachteten Worthäufigkeiten in den Dokumenten auf nicht-beobachtbare latente Variablen geschlossen.

Abschnitten 2.2 und 2.3 vergleichen wir Topic-Modelle, Cluster- und Faktoranalysen. Im Hauptteil des Kapitels – in Abschnitt 2.4 – beschreiben wir den Prozess der Datenanalyse von Textquellen mittels Topic-Modellen. Der Prozess besteht aus den Schritten Datenvorverarbeitung, Topic-Modell-Inferenz, Evaluation und Interpretation. In diesem Kapitel beschreiben wir die Datenvorverarbeitung. Im nächsten Kapitel zur Durchführung von Topic-Modell-Analysen stellen wir die drei weiteren Schritte dar. Wir beginnen mit der Beschreibung der Grundlage von Topic-Modellen.

2.1 Grundlage von Topic-Modellen

Ein Topic-Modell liefert u.a. eine Anzahl von Wortlisten, die inhaltlich als Themen oder Wortfelder interpretiert werden können und die *topics* genannt werden. Diese *topics* werden ohne Beachtung der Semantik der Wörter und ohne Vorgabe von manuellen Annotationen erstellt. Für die Erstellung eines Topic-Modells werden ausschließlich Informationen über Worthäufigkeiten und das gemeinsame Auftreten von Wörtern in Dokumenten verwendet. Im Folgenden geben wir ein Beispiel, welche Informationen über Wortstatistiken durch ein *topic* repräsentiert werden.

Dafür betrachten wir zunächst ein Wortpaar, das aus den Wörtern A und B – etwa „Milch" und „Katze" – besteht, das oft gemeinsam in mehreren Dokumenten vorkommt. Die Information, dass A und B oft gemeinsam in Dokumenten vorkommen, kann etwas über den Inhalt der Dokumente und die Verwendung von A bzw. B aussagen. Um von dem Wortpaar zu den Dokumenten zu kommen, die beide Wörter enthalten, können noch die Liste der Titel oder andere Identifikatoren dieser Dokumente berücksichtigt werden. Nehmen wir jetzt an, dass es noch weitere Wortpaare gibt, die aus den Wörtern A, B, C und D bestehen. Alle sechs daraus gebildeten Wortpaare (AB, AC, AD, BC, BD, CD) kommen ebenfalls oft in Dokumenten vor. Wenn weiterhin die Dokumente mit diesen Wortpaaren zum überwiegenden Teil die selben Dokumente sind, dann kann davon ausgegangen werden, dass es zwischen diesen Wörtern, Wortpaaren und Dokumenten einen Zusammenhang gibt. Ein Topic-Modell bildet diesen Zusammenhang ab, indem es Gruppen von häufig überwiegend gemeinsam auftretenden Wörtern wiedergibt. Unter der Annahme von statistischer Unabhängigkeit zwischen dem Auftreten der einzelnen Wörter können aus den Einzelhäufigkeiten eines *topic* die Worthäufigkeiten in den Originaldokumenten näherungsweise rekonstruiert werden. Daraus können dann wiederum die Häufigkeiten von Wortpaaren, -Tripeln und weiteren Wortverbindungen geschätzt werden. Wenn diese Schätzung der Worthäufigkeiten in den Originaldokumenten nur kleine Fehler aufweist, dann kann man davon ausgehen, dass die Repräsentation der Wortstatistiken durch ein *topic* Sinn ergibt.

Diese Einschätzung der Worthäufigkeiten ist umso besser, wenn ein *topic* nur wenige Wörter umfasst und die Wortstatistiken nur wenige und kurze Dokumente beschreiben. Um diese Situation auch bei umfangreichen gegebenen Textquellen herzustellen, werden diese Textquellen in eine vorgegebene Anzahl von K klei-

2.1 Grundlage von Topic-Modellen

neren, homogeneren Dokumentteilmengen aufgeteilt. Jede Dokumentteilmenge besteht nicht aus ganzen Dokumenten, sondern aus den einzelnen Wörtern, die in den Dokumenten vorkommen und die auf die K Teilmengen aufgeteilt wurden. Jede Dokumentteilmenge wird durch ein *topic* beschrieben. Je umfangreicher oder sprachlich diverser die Textquelle ist, desto mehr Teilmengen sind sinnvoll, desto mehr *topics* sind für eine zuverlässige Einschätzung der Worthäufigkeiten in den Originaldokumenten notwendig, was mehr Speicher- und Rechenbedarf für die Dokumentaufteilung voraussetzt. Nehmen wir ein konkretes Beispiel eines Topic-Modells in der Praxis.

- Textdaten

Dokument 1	Die Studenten der MLU können die Teile des Campus im Sommer per Fahrrad erreichen.
Dokument 2	Im Sommer gehen Menschen gern schwimmen oder fahren Fahrrad.
Dokument 3	Die MLU bietet auf ihrem Campus den Studenten kostenlos Internet an.

- Textdaten reduziert auf Substantive

    Dokument-Wort-Matrix

Dok.	Campus	Fahrrad	Internet	Mensch	Sommer	Student	Teil	MLU
1	1	1	0	0	1	1	1	1
2	0	1	0	1	1	0	0	0
3	1	0	1	0	0	1	0	1

- Topic-Modell mit Topic-Wortlisten und Dokument-Aufteilung

    Topic-Wort-Zugehörigkeiten

Topic	Campus	Fahrrad	Internet	Mensch	Sommer	Student	Teil	MLU
1	1	0	1	0	0	1	1	1
2	0	1	0	1	1	0	0	0

    <par

    Topic-Gewichte der Dokumente

Dok.	Gewicht Topic 1	Gewicht Topic 2
1	1	1
2	0	1
3	1	0

- Rekonstruktion

    Rekonstruierte Dokument-Wort-Matrix

Dok.	Campus	Fahrrad	Internet	Mensch	Sommer	Student	Teil	MLU
1	1	1	1	1	1	1	1	1
2	0	1	0	1	1	0	0	0
3	1	0	1	0	0	1	1	1

Abb. 2.1: Beispiel mit drei Dokumenten

Das Beispiel in Abbildung 2.1 beschreibt ein überschaubares Topic-Modell auf der Grundlage von drei Dokumenten und von einigen Wörtern. Die Inhalte dieser Dokumente sind die Martin-Luther-Universität (MLU) im Sommer (Dokument 1), nur der Sommer (Dokument 2) und nur die MLU (Dokument 3). Zuerst wurden die Dokumente wegen der besseren Übersicht auf die Substantive reduziert und als

Dokument-Wort-Matrix repräsentiert bzw. rekonstruiert. Das Topic-Modell besteht aus zwei *topics*, eines mit Universitätsbegriffen und eines mit Sommerbegriffen. Weiterhin ordnet das Topic-Modell die *topics* den Dokumenten zu. Das erste Dokument enthält beide Topics, das zweite und das dritte Dokument nur das Sommer- bzw. nur das Universitätsthema. Zuletzt wird die aus dem Topic-Modell rekonstruierte Dokument-Wort-Matrix dargestellt. Diese Rekonstruktion erfolgt elementweise: um den Eintrag für *Campus* im ersten Dokument zu rekonstruieren, werden die Einträge beider *topics* für das Dokument 1 aus der Topic-Gewichtstabelle jeweils mit den beiden Einträgen für Campus aus der Tabelle für Topic-Wort-Zugehörigkeiten miteinander multipliziert und die beiden Produkte addiert. Bei der Rekonstruktion können Einträge entstehen, die sich von den Ausgangsdaten unterscheiden. Das Dokument 1 enthält z.B. die Wörter *Internet* und *Mensch* nicht, aber diese werden durch die vereinfachende Topic-Beschreibung rekonstruiert. Für die qualitative Analyse ist dies nicht unbedingt nachteilig. So können solche zusätzlichen Wörter implizite Bedeutungen in einem Dokument oder in einer Textquelle verdeutlichen.

Bisher wurde die Ein- und Ausgabe von Topic-Modellen besprochen. Offen geblieben ist dagegen, wie Topic-Modelle entstehen. *Topics* haben eine sich wechselseitig bedingende Definition: Wenn die *topics* bekannt sind, dann können die Dokumente in Teilmengen zerlegt werden. Aber wenn die Aufteilung der Dokumente in homogene Teilmengen bekannt ist, dann können daraus passende *topics* erstellt werden. Diese sich wechselseitig bedingende Definition wird zur Berechnung des Topic-Modells wie folgt genutzt: Ausgehend von einer Zufallskonfiguration für die Dokumentaufteilung werden die besten dazu passenden *topics* berechnet. Dann wird aus diesen *topics* wiederum die beste Dokumentaufteilung bestimmt, die sich von der initialen zufälligen Dokumentaufteilung unterscheidet und im nächsten Schritt zu anderen *topics* führt. Dieser Prozess wird wiederholt und er wird dadurch vorangetrieben, dass in jedem Schritt bzw. mit jeder Iteration der Berechnung die Dokumentaufteilung bzw. *topics* so verändert werden, dass der Fehler der Rekonstruktion von Worthäufigkeiten in den Originaldokumenten sinkt. Weil der Fehler immer eine positive Zahl (größer als Null) ist und weil er mit jeder Iteration reduziert wird, konvergiert der Prozess gegen eine stabile Lösung, oder anders gesagt: nach einer Anzahl von Iterationen ändern sich die Dokumentaufteilung bzw. die *topics* nur noch sehr geringfügig bis gar nicht mehr. Die Abbildung 2.2 zeigt ein Beispiel der Entstehung von Topic-Modellen in einem Experiment mit synthetischen Daten (vgl. Griffiths und Steyvers 2004). Wir benutzten hierfür ein *Latent Dirichlet Allocation* (LDA) Topic-Modell, das später ausführlich beschrieben wird. Im Moment geht es nur darum, die Entstehung von Topic-Modellen verständlich zu machen.

In diesem Experiment sind die *topics* schon vorab bekannt, um eine Grundwahrheit zum Vergleich mit den gelernten *topics* des Topic-Modells – also mit den *topics*, die das Modell generieren wird – verfügbar zu haben. Das Vokabular besteht hier aus den Buchstaben A bis P, die Wörter symbolisieren. Die sechs vorab definierten *topics* enthalten jeweils vier Wörter, die durch dunklen Hintergrund gekennzeichnet sind – z.B. enthält das erste *topic* die Wörter B, F, J und N. Durch die Anordnung der

2.1 Grundlage von Topic-Modellen

- Grundwahrheit: *topics* nur im Experiment vorab bekannt

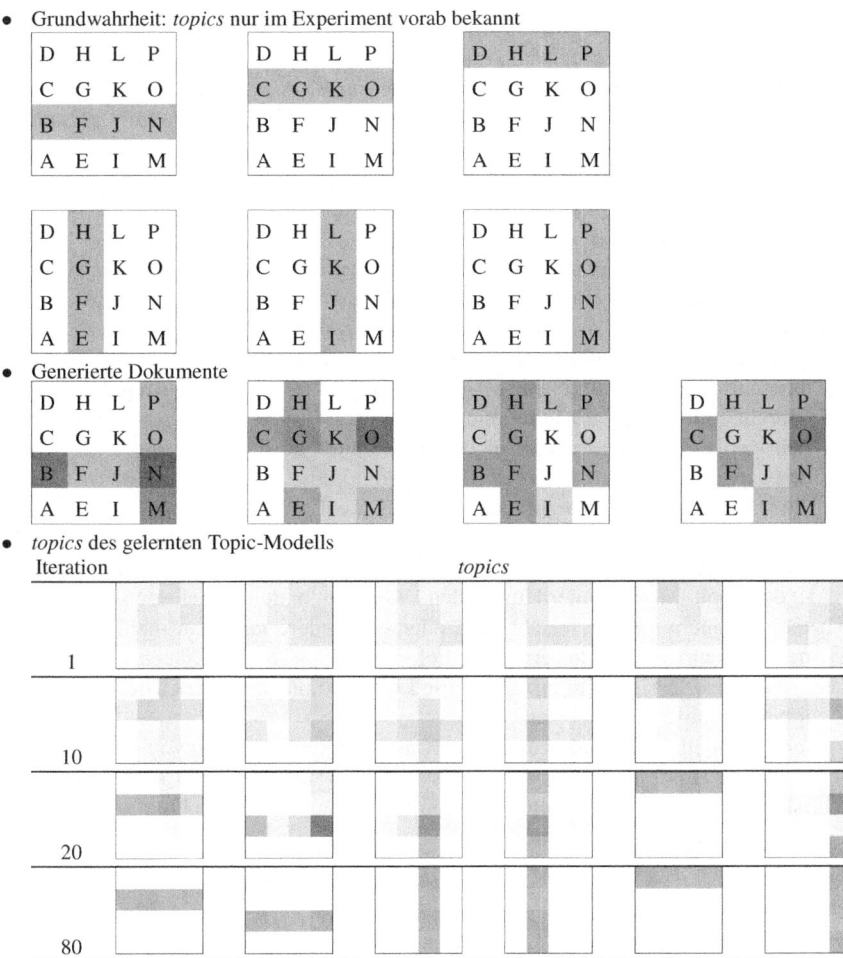

- Generierte Dokumente
- *topics* des gelernten Topic-Modells

Abb. 2.2: LDA Topic-Modell auf synthetischen Daten

Wörter in einem vier-mal-vier Quadrat ergeben die *topics* horizontale und vertikale Streifen, die in dem Experiment nur zur visuellen Veranschaulichung dienen.

Aus den vorab definierten *topics* werden zuerst Dokumente durch einen Zufallsprozess erzeugt. Für ein Dokument wird erst eine Mischung von *topics* gewürfelt, und jedes Wort des Dokuments wird dann durch zufälliges Würfeln eines *topics* und anschließendes zufälliges Auswählen des Wortes aus dem *topic* bestimmt. Die so entstehenden Dokumente sind dann Mengen von Wörtern.

Die Häufigkeiten der Wörter in einem Dokument sind im zweiten Schritt anhand von vier Beispieldokumenten dargestellt. Je dunkler der Hintergrund eines Wortes in einem vier-mal-vier Quadrat ist, desto häufiger kommt es in dem Dokument als Wort vor. An den Dokumenten läßt sich erkennen, dass das Wort A immer einen weißen Hintergrund hat, d.h. es kommt in keinem der vier Beispieldokumente vor. Dies ist kein Zufall, weil das Wort A in keinem der sechs vordefinierten *topics* enthalten ist. Andere Wörter sind dagegen in mehreren *topics* enthalten, wie z.B. das Wort F. Aus den Dokumenten läßt sich durch die Berücksichtigung der Worthäufigkeiten nicht direkt auf die *topics* schließen. Dafür sind die Mischungen der *topics* in den Dokumenten oft zu divers.

Im dritten Schritt werden die Zwischenergebnisse für die *topics* des Modells gezeigt. Je dunkler der Hintergrund eines Wortes in einem *topic* – dargestellt als vier-mal-vier Quadrat – ist, desto stärker ist das Wort mit dem *topic* verbunden. Ausgehend von einer Zufallskonfiguration in Iteration 1 wird in jeder Iteration die oben beschreibende wechselseitige Aktualisierung von Dokumentaufteilung und *topics* durchgeführt. Nach 10 Iterationen sind schon Ansätze der *topics* zu erkennen, die den vorabdefinierten *topics* gleichen. In Iteration 80 entsprechen die durch das Modell generierten *topics* den vorab definierten *topics*.

Die Daten in diesem Experiment stellen den Idealfall dar. Wenn die Wörter in ihren Häufigkeiten sich sehr stark unterscheiden und die Wörter komplexe Abhängigkeiten bei ihrer Verwendung aufweisen, wie es in realen Textdaten der Fall ist, dann findet das Topic-Modell unter Umständen Lösungen, in denen mehrere semantische Themen in einem *topic* gemischt sind, oder sich andere *topics* auf nebensächliche Wörter konzentrieren. In diesem Sinne liefert das Topic-Modell – rechnerisch gesehen – eine zuverlässige Lösung, aber diese Lösung kann auch je nach der Textquelle mehr oder weniger sinnvoll sein.

Topic-Modelle funktionieren also als Klassifikationsmethoden von semantischen Inhalten und Dokumenten, und als Klassifikationsmethoden sind sie mit anderen Klassifikationsmethoden der quantitativen Datenanalyse vergleichbar und darunter insbesondere mit Cluster-Methoden und mit Faktoranalysen.

2.2 Topic-Modelle und Cluster-Analyse

In der Anwendung auf Textquellen teilen Cluster-Analysen die Dokumente dieser Textquelle aufgrund von Ähnlichkeiten bzw. von Distanzen zwischen den Dokumenten so in Gruppen ein, dass innerhalb einer Gruppe die Dokumente einander ähnlicher bzw. näher sind als die Dokumente zwischen verschiedenen Gruppen. Anders gesagt können Cluster-Modelle ein Dokument mit allen seinen Wörtern einem Cluster nur ganz oder gar nicht zuordnen. Es wurden viele Varianten von Cluster-Analysen auf der Grundlage verschiedener Rahmentheorien vorgeschlagen. Als Beispiel nehmen wir hier eines der bekanntesten Verfahren, nämlich K-Means-Clustering und die verwandten, probabilistischen Mischmodelle mit kontinuierlichen Gaußverteilungen bzw. diskreten Bernoulli- oder Multinomialverteilungen. Zum Schluss gehen wir kurz auf hierarchisches Clustering ein.

2.2 Topic-Modelle und Cluster-Analyse

Ein K-Means-Clustering geht von Objektrepräsentationen als Vektoren aus und es setzt voraus, dass ein Cluster durch seinen Mittelpunkt beschrieben wird. Die Anzahl K der Cluster-Mittelpunkte wird bei K-Means fest vorgegeben. Ausgehend von einer zufällig gewählten Position der Cluster-Mittelpunkte bestimmt K-Means deren Positionen, so dass die Summe der euklidischen Abstände aller Objektvektoren zu ihrem nächsten Cluster-Mittelpunkt minimal wird. Das Verfahren konvergiert gegen eines der verschiedenen lokalen Minima dieser Funktion. Probabilistische Varianten des Verfahrens beschreiben einen Cluster mit einer Gaußverteilung anstelle eines Mittelpunktes. Im Fall von diskreten Textdaten beschreiben die Vektoren Vorkommen oder Häufigkeiten von Wörtern in Dokumenten. Die entsprechend angepassten Cluster-Verfahren nutzen dann Bernoulli- oder Multinomialverteilungen.

Topic-Modelle unterscheiden sich von Cluster-Analysen dadurch, dass sie die Wörter in den Dokumenten einzeln den *topics* zuordnen können. Daher kommt auch der allgemeinere Name *Mixed-Membership-Models* für Topic-Modelle, was bedeutet, dass ein Topic-Modell ein Dokument als eine Mischung von *topics* repräsentieren kann. Um den Unterschied deutlicher zu machen, betrachten wir eine hypothetische Dokumentenmenge, die aus drei Gruppen von Dokumenten bestehen, deren Inhalte „Sommer", „Martin-Luther-Universität (MLU)" und die Kombination aus „Sommer und MLU" analog zu den drei Dokumenten aus dem Beispiel in Abbildung 2.1 sind. Als Ergebnis würde ein K-Means-artiges Cluster-Modell mit Bernoulli- oder Multinomialverteilungen bei diesen Textdaten einen separaten Cluster für jede dieser drei Gruppen finden. Die Cluster-Anzahl drei könnte hier mittels Kreuzvalidierung oder Bayesscher Modellselektion bestimmt werden (vgl. z.B. Hastie, Tibshirani und Friedman 2001; Bishop 2006). Dies zeigt deutlich den Unterschied zu Topic-Modellen, die nur zwei *topics* finden, nämlich eins für Sommer und eines für MLU. Die Kombination aus beiden würde hier durch die dokumentspezifischen Topic-Gewichte repräsentiert werden. Das heißt, Kombinationen von *topics* können bei Cluster-Modellen zu neuen Clustern führen.

Diese Beobachtung wurde von Erosheva, Fienberg und Joutard 2007 für diskrete und später von Galyardt 2014 für allgemeine *Mixed-Membership-Models* als Repräsentationstheorem bewiesen. Die Klasse der *Mixed-Membership-Models* (vgl. Airoldi u. a. 2014) enthalten Topic-Modelle als Spezialfall. Das Repräsentationstheorem sagt im Kontext von Textanalyse: Ein Topic-Modell mit K Topics, das Dokumente mit einer Gesamtlänge von T Wörtern beschreibt, kann durch ein Cluster-Modell mit K^T Clustern so repräsentiert werden, dass die Likelihood – also die Wahrscheinlichkeit – beider Modelle gleich ist. Dies bedeutet, dass ein probabilistisches Topic-Modell, dessen Parameter schon geschätzt wurden, in ein Cluster-Modell umgeformt werden könnte, ohne dass sich die Likelihood der zugrundeliegenden Textdaten ändert. Aber das Cluster-Modell hat deutlich mehr Cluster als es *topics* im Topic-Modell gibt. Das Topic-Modell muss jedoch beim Schätzen der Parameter viele Nebenbedingungen beachten, die es für das Cluster-Modell nicht gibt. Deshalb würde ein Cluster-Modell für die gleichen Daten nicht die gleiche Lösung wie ein Topic-Modell finden.

Hierarchische Cluster-Analyse wie Single-Linkage geht anders als das K-Means-Clustering nicht von Objektrepräsentationen wie Vektoren o.ä. aus, sondern arbeitet auf der Grundlage aller paarweisen Abstände zwischen den Objekten, die in diesem Kontext Dokumente sind. Somit spielt die Repräsentation der Dokumente keine Rolle, solange für jedes Dokumentpaar ein Abstand oder eine Ähnlichkeit definiert ist oder berechnet werden kann. Das Ergebnis einer hierarchischen Cluster-Analyse ist eine geschachtelte Gruppierung von Dokumenten, die keine Informationen über die Eigenschaften der einzelnen Dokumentgruppen enthält. Es wäre möglich, erklärende Eigenschaften nachträglich mit anderen Verfahren zu berechnen, aber es bliebe unklar, ob diese Eigenschaften zu der Bildung von Clustern beigetragen haben.

Topic-Modelle arbeiten anderes als Cluster-Verfahren, und sie arbeiten ebenfalls anders als Faktoranalysen, selbst wenn sie Ähnlichkeiten aufweisen.

2.3 Faktorenanalyse

Faktor- und Hauptkomponentenanalyse (FA und PCA) sind Datenanalyseverfahren, die sich auf ähnliche Methoden stützen. Sie gehen von einer Datenmatrix X mit N Zeilen – eine für jedes Datenobjekt – und D Spalten – eine für jede gemessene Eigenschaft – aus. Beide Methoden approximieren die Datenmatrix durch ein Produkt zweier kleinerer Matrizen,

$$X \approx Z \cdot W^T \tag{2.1}$$

wobei Z die Ladungsmatrix und W die Faktormatrix ist. Die Ladungsmatrix Z hat N Zeilen und K Spalten, und die Faktormatrix hat D Zeilen und ebenfalls K Spalten. Der Parameter K steht für die Anzahl der gesuchten Faktoren, und er ist kleiner gleich D und N. Um eine möglichst gute Approximation der Datenmatrix zu erhalten, wird die Kombination aus Ladungs- und Faktormatrizen gesucht, welche die Norm der Differenzmatrix zwischen X und $Z \cdot W^T$ minimiert. PCA nutzt die Forbenius-Matrixnorm und kann das globale Optimum mit Hilfe der Singulärwertzerlegung (SVD) von X bestimmen. Weil die Faktoranalyse etwas mehr Parameter als PCA nutzt (vgl. Murphy 2012, Kapitel 12), kann hier die optimale Zerlegung nicht eindeutig bestimmt werden.

Topic-Modelle lassen sich ebenfalls als Matrixfaktorisierung beschreiben (vgl. Hofmann 1999, 2000). Historisch gesehen, nutzte das erste Topic-Modell *Latent-Semantic-Analysis* (LSA) (vgl. Deerwester u. a. 1990) ebenfalls SVD, um *topics* zu bestimmen. LSA unterscheidet sich deshalb von PCA nur in der Zentrierung der Datenmatrix. Bei PCA wird der Mittelwertsvektor der Zeilen von jeder Zeile subtrahiert. Modernere Topic-Modelle wie LDA (vgl. Blei, Ng und Jordan 2003) und NMF (vgl. Lee und Seung 1999, 2001) unterscheiden sich von PCA und FA u. a. darin, dass keine negativen Einträge in den gesuchten Matrizen Z und W zugelassen werden. Negative Einträge in diesen Matrizen machen es möglich, die Datenmatrix durch Summen aus positiven und negativen Summanden zu approximieren. Wenn beispielsweise ein Faktor (eine Zeile in W) bestehend aus positiven Einträgen mit

2.3 Faktorenanalyse

einem negativen Gewicht (ein Eintrag in der Ladungsmatrix Z) kombiniert wird, heißt dies, dass der Faktor andere Faktoren bei der Approximation unterdrückt. Faktoren mit positiven Worteinträgen, die mit negativen Worteinträgen gemischt werden, lassen sich für qualitative Textanalyse kaum interpretieren. Positive Einträge bedeuten, dass die Wörter in den zu approximierenden Dokumenten enthalten sein sollen, und negative Einträge bedeuten, dass diese Wörter nicht enthalten sein sollen. Wenn zusätzlich noch die Ladungsmatrix positive und negative Einträge enthalten kann, dann kann die Bedeutung der Wort-Faktoren auch umgedreht werden. Somit ist aus den Wortfaktoren allein nicht erkennbar, ob sie bei der Approximation von Dokumenten bestimmte Wörter hervorheben, unterdücken, oder ob sich die positiven und negativen Worteinträge mehrerer Faktoren neutralisieren. Die Einschränkung auf nicht-negative Matrix-Einträge in Topic-Modellen lässt keine unterdrückenden Faktoren bzw. *topics* zu. Deshalb lassen sich die gefundenen *topics* klar und eindeutig als additive Beiträge interpretieren.

FA und PCA sind oft als Matrixfaktorisierung beschrieben worden, die eine Rekonstruktion der originalen Matrix mit minimalen Fehlern bestimmen. Der Fehler wird oft mittels euklidischer Norm für Vektoren oder mit der daran angelehnten Forbenius-Norm für Matrizen gemessen. Diese Optimierungsprobleme können äquivalent als eine Maximum-Likelihood-Schätzung von probabilistischen Modellen formuliert werden, welche eine Normalverteilung für die Einträge der Dokument-Wort-Matrix annehmen (vgl. Murphy 2012). Für die Einträge der Dokument-Wort-Matrix, die Worthäufigkeiten in Dokumenten repräsentieren, läßt sich jedoch die Normalverteilungsannahme statistisch kaum rechtfertigen. Die Annahme einer Multinomialverteilung für Worthäufigkeiten, die z.B. dem LDA-Topic-Modell zu Grunde liegt, passt als diskrete Verteilung zumindest besser zum Typ der Daten, die hier ganzzahlige Häufigkeiten sind. Jedoch auch diese Verteilungsannahme beschreibt Worthäufigkeiten nicht auf statistisch angemessene Weise (vgl. Madsen, Kauchak und Elkan 2005). Komplexere diskrete Verteilungen, wie die Dirichlet-Compound-Multinomial-Verteilung (oder Polya-Verteilung), erfassen z.B. die *Long-Tail* Eigenschaft von Worthäufigkeiten, was dann zu aufwendigeren Topic-Modellen führt (vgl. Doyle und Elkan 2009). Ausserdem ist es noch eine offene Forschungsfrage, ob dieser Mehraufwand zu einer bessen Interpretierbarkeit der gefundenen *topics* führt.

Topic-Modelle weisen Ähnlichkeiten sowie wichtige Unterschiede zu verwandten quantitativen Klassifikationsmethoden wie Cluster- und Faktoranalysen auf, wie wir in unserem Vergleich beschrieben haben. Topic-Modelle unterscheiden sich weiterhin in Bezug auf den Prozess, der eine Analyse von Textquellen anhand von solchen Modellen voraussetzt. Im folgenden Abschnitt beschreiben wir die unterschiedlichen Stufen, die ein solcher Prozess enthält.

2.4 Analyseprozess mit Topic-Modellen

Textanalyse mit Topic-Modellen kann durch den allgemeinen *Knowledge-Discovery-Process* beschrieben werden (vgl. Fayyad, Piatetsky-Shapiro und Smyth 1996). Dieser Prozess nutzt die folgenden Schritte: (1) die Datenauswahl, (2) die Datenvorverarbeitung und die Datentransformation, (3) die eigentliche Datenanalyse und (4) die Evaluation des Modells. Die Datenauswahl ist mit dem Kontext der Forschung und mit der Fragestellung verbunden, weshalb wir sie in diesem Kapitel nicht besprechen, sondern sie in den Anwendungskapiteln behandeln. Der zweite Schritt der Datenvorverarbeitung und der Datentransformation folgt bei Textanalysen mittels Topic-Modellen projektübergreifend gemeinsamen Mustern und wird deshalb in diesem Abschnitt behandelt. Der dritte Schritt betrifft konkret die Auswahl der Topic-Modellvariante, deren Parameterisierung sowie die Auswahl und die Verwendung des Lernalgorithmus. Ebenfalls wie der letzte Schritt der Evaluation von Topic-Modellen wird er in Kapitel 3 gesondert behandelt. Bevor wir mit der Beschreibung der beiden ersten Schritte beginnen, möchten wir einige Bemerkungen zur Definition eines *Dokuments* machen, das die Datengrundlage von Topic-Modell-Verfahren ist.

Topic-Modelle bilden Topic-Wortlisten – die *topics* – aufgrund von Informationen, welche Wörter zusammen in welchen Dokumenten vorkommen. Deshalb beeinflusst die Definition der Texteinheiten, die als ein Dokument zählen, das Ergebnis der Topic-Modellanalyse.

Die Definition eines Dokumentes muss nicht immer der Einteilung der Autoren folgen. So kann ein Buch eines Autors, der das Buch als ein Dokument versteht, für die Analyse in Kapitel oder Abschnitte oder sogar Sätze zerlegt werden, die dann als Dokumente im Rahmen der Analyse verstanden werden. Jedoch gilt die folgende Regel: Je kürzer die Dokumente sind, desto weniger robust kann ein Topic-Modell aus den Daten „lernen". So sind *tweets* auf *Twitter* Dokumente von 140 Zeichen. Es sind zu kurze Dokumente, um aus häufig zusammen auftretenden Wortpaaren *topics* abzuleiten. Deshalb werden oft mehrere *tweets* zu einem einzigen Dokument zusammengefasst (vgl. Mehrotra u. a. 2013). Diese Zusammenfassung setzt Kriterien voraus, die sehr verschieden sein können – z.B. nach den *Hash-Tags* oder nach anderen Extra-Informationen aus den *tweets* bzw. nach anderen Meta-Daten.[3] Dieses Beispiel läßt sich konzeptionell auf andere Daten übertragen, in denen Texte mit aussagekräftigen Meta-Daten verbunden werden können. Ein Dokument ist daher ein Text, den der Forscher/die Forscherin je nach seiner/ihrer Fragestellung bestimmt, wofür er/sie Kriterien benötigt, die erklären, wie das Dokument entstanden ist.

Einen Spezialfall bilden Dokumente, die (fast) den gleichen Inhalt haben. Je mehr sehr ähnliche Kopien eines Dokuments in einem Korpus enthalten sind, desto stärker sind die Effekte dieser inhaltlichen Ähnlichkeit auf die Bildung eines

---

[3] Neuere Ansätze modellieren *topics* für *tweets* und Meta-Daten in einem gemeinsamen probabilistischen Modell. Dadurch können solche Modelle statistisch besser passende *topics* finden (vgl. K. W. Lim u. a. 2016; Kar Wai Lim u. a. 2016).

Topic-Modells. Dies tritt ebenfalls auf, wenn die Kopien nur Dokumentabschnitte betreffen, z.B. ausführliche Zitate, die in mehreren Dokumenten enthalten sind. Solche duplizierten Texte und Textabschnitte sind statistisch signifikante Muster, die dazu führen, dass das Topic-Modell solche Muster zusätzlich zu den eigentlichen Inhalten durch *topics* abbilden muss. Somit sind weniger Modellierungsressourcen für Inhalte verfügbar. Derartige Effekte wurden experimentell untersucht (vgl. Schofield, Thompson und Mimno 2017). Probabilistische Topic-Modelle können mit Textduplikaten in gewissem Umfang automatisch umgehen, solange die Anzahl der *topics* hinreichend groß gewählt wurde. In diesem Fall werden einzelne *topics* für konkrete Duplikate genutzt. Somit sind die Effekte in ihrer Auswirkung lokal auf wenige *topics* begrenzt, und sie verzerren das gesamte Modell nicht.

Wir haben nun präzisiert, was ein Dokument in Topic-Modell-Verfahren bedeuten kann. Wir kommen jetzt zum Schritt der Datenvorbereitung und der Datentransformation von Textquellen, die die Analyse anhand von Topic-Modellen voraussetzt.

2.5 Datenvorverarbeitung und Datentransformation von Textquellen

Topic-Modelle setzen auf der Seite des Anwenders Vorbereitungsmaßnahmen voraus, die die Textquelle betreffen, und die vor der Berechnung der Modelle durchgeführt werden. Diese Vorbereitungsmaßnahmen helfen dabei, die Genauigkeit der Analyse anhand von Topic-Modellen zu erhöhen (vgl. Boyd-Graber, Mimno und Newman 2014). Wir stellen die Vorbereitungsmaßnahmen vor, die typischerweise durchgeführt werden. Wir beginnen mit der Bereinigung der Textquellen.

2.5.1 Bereinigung der Textquellen

Die Unterscheidung von *a priori* wichtigen gegenüber weniger wichtigen Begriffen in einer Textquelle setzt grundsätzlich voraus, dass die Begriffe nicht per Zufall *ausgewählt* werden, um Sätze zu bauen, sondern dass sie eine Positionierung der Autoren von Texten zur Sprache widerspiegeln. Somit kann angenommen werden, dass diese Begriffe für die Autoren der Texte eine mehr oder weniger spezielle Bedeutung haben. Diese Bedeutung ist nicht unbedingt mit der Häufigkeit der Erwähnung von Begriffen verbunden, die die Autoren der Texte benutzen – selten erwähnte Begriffe können für die Autoren auch eine wichtige Bedeutung haben.

Um die Genauigkeit einer Analyse durch Topic-Modelle zu verbessern, sollten die Texte bereinigt werden, d.h. Wörter werden vor der Analyse aus den Texten entfernt. Die Menschen, die die *topics* später interpretieren, profitieren davon, wenn das Vokabular sich auf verallgemeinerungsfähige und aussagekräftige Wörter konzentriert. Ein kleineres Vokabular ist ebenfalls für die Inferenzalgorithmen hilfreich, welche die Modellparameter eines Topic-Modells schätzen. Eine Reduktion des Vokabulars führt unmittelbar zu weniger Parametern und somit zur Verringerung der Berechnungszeit der Inferenz sowie meistens auch zu robusteren Schätzungen. Wie wird das Vokabular bestimmt, bzw. welches sind die Wörter, die weniger hilfreich für eine Topic-Analyse sind und die deshalb entfernt werden?

Dies sind zum einem wenig aussagekräftige Wörter und zum anderen sehr spezielle Wörter, die sich nicht verallgemeinern lassen. Die wenig aussagekräftigen Wörter sind meist häufige Wörter, die oft aufgrund der Sprache und der Grammatik verwendetet werden. Zu dieser Gruppe gehören Artikel, Pronomen, Präposititionen, Hilfsverben und andere Wortarten, z.B. *ein, mein, er, sie, und, aber, ...*. Sie tauchen sehr oft in einem Text auf und enthalten nur wenig semantische Informationen, weshalb sie „Stoppwörter" oder „stopwords" genannt werden (vgl. C. Manning, P. Raghavan und H. Schütze 2008). Ebenfalls können Sonderzeichen und Zahlen oder andere Wörter, die keinen für die Fragestellung relevanten Sinn tragen, entfernt werden. In transkribierten Interviews sind solche Wörter z.B. Bezeichnungen der Haltung und der Körpersprache von Befragten wie „äh", „hmmm", „[lacht]", „[...]", usw. Um mehr Kontrolle über das Vokabular für die Topic-Analyse zu haben, lohnt es sich in den meisten Fällen, die Wörter des Vokabulars nach absteigender Anzahl der Wörter – also nach *token*-Anzahlen – im Korpus durchzugehen und obere Häufigkeitsgrenzen meist in Kombination mit manuell erstellten Auswahllisten für nicht aussagekräftige Wörter zu verwenden.

„Spezielle Wörter" sind Wörter, die eher selten auftreten. Solche Wörter tauchen in der Regel nicht in den wichtigsten Wörtern eines *topics* auf, weil ihnen aufgrund ihrer Seltenheit eher kleine Wahrscheinlichkeiten zugewiesen werden. Wörter dieser Art sind in jedem Korpus zahlreich. In ihrer Gesamtheit beeinflussen sie die Topic-Inferenz negativ. Aufgrund ihrer Seltenheit können sie einzelnen *topics* nicht klar zugewiesen werden, und sie bringen somit ein Zufallselement in den Inferenzprozess, das ihn weniger robust macht. So kann von einem Wort, das in nur einem einzigen Dokument auftaucht, statistisch nicht sicher auf ein sinnvolles *topic* geschlossen werden, denn dieses Wort kann mit statistisch fast äquivalenten Kosten jedem anderen *topic* zugewiesen werden, das in dem Dokument vertreten ist. Außerdem führen solche Wörter dazu, dass zusätzliche Parameter in das Modell eingeführt werden, was die Inferenz wiederum schwächt. Daher ist es meist vorteilhaft, Wörter dieser Gruppe ebenfalls von der Topic-Modell-Analyse auszuschließen. Dies geschieht am einfachsten durch das Festlegen von unteren Häufigkeitsgrenzen – Wörter, die z.B. nur in einem einzigen Dokument auftauchen, werden entfernt. Sinnvoll ist es hier ebenfalls, die Häufigkeit absolut als eine Mindestanzahl von Dokumenten festzulegen, in denen ein Wort enthalten sein muss, um in die Analyse mit einbezogen zu werden. Schon niedrige Grenzen wie zwei oder drei Dokumente reduzieren das Vokabular ebenso wie die Anzahl der zu betrachtenden Wörter in den Dokumenten deutlich.

Eine Alternative zur Bereinigung des Vokabulars mit oberen und unteren Häufigkeitsgrenzen ist die Berechnung eines heuristischen Scores für die Verwendbarkeit eines Wortes für die Topic-Analyse. Eine solche Heuristik muss sehr häufigen Wörtern ebenso wie seltenen Wörtern einen niedrigen Score zuweisen. Der Term-

2.5 Datenvorverarbeitung und Datentransformation von Textquellen

Frequency-Inverse-Document-Frequency-Score, *TF-IDF*-Score (vgl. C. D. Manning, Prabhakar Raghavan und Hinrich Schütze 2008, Kapitel 6.2) erfüllt diese Bedingungen. Wir beschreiben hier die Details für diesen Score, den wir in unseren weiteren Kapiteln benutzen werden.

2.5.2 Termhäufigkeit-Inverse Dokumenthäufigkeit oder TF-IDF-*Score*

Ursprünglich wurde der *TF-IDF*-Score für die Gewichtung von Wörtern in einzelnen Dokumenten entwickelt (vgl. Salton, Wong und Yang 1975). Der Wert berechnet sich als Produkt zweier Faktoren, der Häufigkeit eines Wortes in einem Dokument und dem IDF-Wert dieses Wortes (vgl. Jones 1972). Der IDF-Wert ist hoch, wenn ein Wort sehr spezifisch ist und nur in wenigen Dokumenten vorkommt. Er ist niedrig, wenn ein Wort in fast allen Dokumenten enthalten ist. Um den IDF-Wert für ein Wort zu bestimmen, wird die Anzahl der Dokumente dn_i gezählt, die das Wort i enthalten. Der IDF-Wert des Wortes i ist definiert als der Logarithmus der reziproken relativen Dokumenthäufigkeit:

$$idf_i = \log_{10}\left(\frac{dN}{dn_i}\right) \tag{2.2}$$

wobei *dN* die Gesamtanzahl der Dokumente ist. Eine wichtige Beobachtung ist dabei, dass die Dokumenthäufigkeit eines Wortes aussagekräftiger als dessen Korpushäufigkeit sein kann – die Korpushäufigkeit eines Wortes ist die Summe der Dokument-spezifischen Häufigkeiten des Wortes. Nehmen wir das Beispiel von C. D. Manning, Prabhakar Raghavan und Hinrich Schütze 2008, das den Unterschied zwischen Dokumenthäufigkeit und Korpushäufigkeit illustriert. In diesem Beispiel finden wir die Wörter *Versuch* und *Versicherung*, die im Reuters-Korpus enthalten sind, der aus 806.791 Nachrichtentexten besteht. Das Wort *Versuch* hat eine Korpushäufigkeit von 10422 und eine Dokumenthäufigkeit von 8760. Das Wort *Versicherung* hat eine vergleichbare Korpushäufigkeit von 10440, aber es weist eine deutlich geringere Dokumenthäufigkeit von 3997 auf. Das Wort *Versicherung* ist also stärker auf wenige Dokumente konzentriert als das Wort *Versuch*. Diese Konzentration kann ein Indiz für Aussagekraft sein, und diese Aussagekraft wird durch den IDF-Wert quantifiziert. Dies zeigt, dass der IDF-Wert ermöglicht, den spezifischen Wortschatz der Wörter mit hohem IDF-Wert von dem allgemeineren Wortschatz der Wörter mit niedrigem IDF-Wert in der gesamten Textquelle zu unterscheiden.

Im Rahmen von Topic-Modellen kann das Vokabular bereinigt werden, indem für jedes Wort i die Korpushäufigkeit cf_i und der IDF-Wert idf_i bestimmt werden, die Wörter absteigend nach dem Produkt von beiden $cf_i \cdot idf_i$ geordnet werden und dann beispielsweise nur die ersten 1000 Wörter in diesem Ranking für die Topic-Analyse verwendet werden. Das berechnete Produkt hat eine ähnliche Semantik wie der *TF-IDF*-Score für *Information Retrieval*, nämlich dass Wörter weit oben im Ranking stehen, wenn sie oft im Korpus vorkommen und auf relativ wenige Dokumente konzentriert sind.

Im Gegensatz zum ersten Ansatz mit oberen und unteren Häufigkeitsgrenzen muss hier nur ein Parameter – die Anzahl der besten Wörter bezüglich des o.g. Produkts – festgelegt werden, was eine empirische Bestimmung vereinfachen kann. Andererseits muss bei der Verwendung von IDF-Werten auf die Definition von Dokumenten geachtet werden. Kleine Dokumente wie z.b. einzelne Sätze, Überschriften oder einzelne *tweets* führen dazu, dass sich die Korpushäufigkeit und die Dokumenthäufigkeit annähern, so dass der IDF-Wert die Konzentration von Wörtern in wenigen Dokumenten nicht mehr misst.

Alternativ zur Sortierung des Vokabulars und der manuellen Auswahl der Parameter für die Bereinigung des Wortschatzes kann eine Gewichtung der Dokument-Wort-Matrizen durch IDF-Werte oder verwandte Heuristiken direkt in die Topic-Modell-Analyse integriert werden. Dafür muss das Inferenzverfahren verändert und speziell implementiert werden (vgl. dazu Wilson und Chew 2010). Dies kann in der Praxis nützlich sein, um einen ersten Eindruck der Inhalte in den analysierten Texten zu bekommen. Leider wird durch die Veränderungen an dem Inferenzverfahren implizit ebenfalls das zugrundeliegende Topic-Modell verändert. Zudem ist das Zusammenspiel zwischen der Heuristik für das Gewichten der Wörter und der Inferenz der *topics* unklar.

Die Methoden, die wir erwähnt haben, um das Vokabular der Textquelle zu bereinigen, stützen sich auf Statistiken bzw. auf Worthäufigkeiten in Dokumenten. Sie berücksichtigen die Besonderheiten der Sprache in den zu analysierenden Texten nicht. Diese sprachlichen Eigenschaften der Textquelle können jedoch mit computer-linguistischen Methoden zur Bestimmung von Wortarten berücksichtigt werden. In den folgenden Kapiteln in dieser Einführung setzen wir diese Methoden nicht ein. Nichtsdestotrotz beschreiben wir sie im folgenden Abschnitt, um dem Leser zusätzliche Informationen über die Vorbereitungsmaßnahmen zu geben, die im Rahmen von Topic-Modell-Verfahren eingesetzt werden können.

2.5.3 Bestimmung von Wortarten

Computer-linguistische Software wie *TreeTagger* (vgl. Schmid 1994) oder *Stanford CoreNLP* (vgl. Toutanova und Manning 2000; Toutanova u. a. 2003) beinhalten für viele Sprachen vorbereitete Modelle, welche die Wörter eines Textes in die entsprechenden Wortarten klassifizieren. Diese Operation heißt *Part-Of-Speech tagging* (POS). Wenn für jedes Wort, das in den Texten auftritt, die Wortart bekannt ist, dann können die Wörter nach Wortart für die Topic-Analyse sortiert werden. Die Gruppe der Substantive ist die Wortart, welche die meisten inhaltlichen Bedeutungsdetails eines Textes trägt. Verben, Adjektive und Adverbien sind ebenfalls mit vielen inhaltlichen Bedeutungen verknüpft. Für Überblicksanalysen von Textsammlungen ist es hilfreich, sich zu Beginn nur auf die Substantive zu konzentrieren. Weitere

2.5 Datenvorverarbeitung und Datentransformation von Textquellen

Wortarten können später hinzugenommen werden, um eine Textquelle genauer zu untersuchen.

Es muss beachtet werden, dass das Filtern nach Wortarten allein als Bereinigung für eine Analyse mit Topic-Modellen nicht ausreicht. Sie sollte immer mit einer der o. g. Methoden kombiniert werden, weil jede Wortart ebenfalls sehr häufige und sehr seltene Wörter enthält, welche die Genauigkeit von Topic-Modellen mindern können. Für Sprachen, für die kein POS-Tagger verfügbar ist oder verfügbare POS-Tagger nicht gut funktionieren, kann ein probabilistisches Modell genutzt werden, das die Syntax oft auftretender Wörter gemeinsam mit den *topics* modelliert (siehe etwa Griffiths u. a. 2005). Solche aufwendigeren Modelle können jedoch nur eingesetzt werden, wenn die Textsammlung hinreichend groß ist und wenn genügend Rechenkapazitäten verfügbar sind, um die Syntax und die inhaltlichen *topics* gleichzeitig zu bestimmen.

Das Vokabular kann noch auf eine weitere Weise bereinigt werden. Die Zeichenketten, aus denen Wörter bestehen, können durch die richtige grammatische Verwendung in Sätzen, wie z.B. durch Konjugation oder Deklination, verändert werden. Die Berücksichtigung der Verwendung kann durch drei Operationen gefördert werden, nämlich: die Lemmatisierung, die *Named Entity Recognition* (NER) und die Bildung von Wortphrasen.

2.5.4 Lemmatisierung, Named Entity Recognition und Wortphrasen

Computer-lingustische Software kann für viele Sprachen die Wörter auf ihre Grundformen hin abbilden. Dieser Prozess heißt *Lemmatisierung*. Die Lemmatisierung nutzt eine Mischung aus regel-basierten, probabilistischen und Wörterbuch-basierten Ansätzen (vgl. Jurafsky und Martin 2009), um verschiedene Wörter auf dieselbe Grundform abzubilden. Ältere ähnliche Verfahren, die unter dem Begriff *Stemming* bekannt sind, nutzen ausschließlich einfache Regeln zum Extrahieren des Wortstamms. Problematisch bei diesen Methoden ist, dass z.B. Wörter wie *operate* und *operative* beide auf *oper* abgebildet werden. Dies kann jedoch zu einer Vermischung von Kontexten führen (siehe dazu Schofield und Mimno 2016) und die semantische Interpretation der *topics* deutlich erschweren. Deshalb werden meist nur noch *Lemmatisierungstechniken* benutzt. Um Namensbezeichnungen zu erkennen, kommt oft *Named Entity Recognition* (NER) zum Einsatz, und sie basiert auf einer Wortarterkennung (POS). NER-Techniken sind selektive Techniken, die nicht nur grammatikalische Veränderungen, sondern auch den Kontext dieser Veränderungen im Text berücksichtigen (vgl. Ratinov und Roth 2009). Die Anwendung von NER-Techniken führt dazu, dass die inhaltliche Dichte der *topics* erhöht wird, was für Topic-Modelle vorteilhaft ist.

Während Lemmatisierung und NER das Vokabular durch das Zusammenfassen verschiedener Wörter zu einer Wortart reduzieren, ist es für Topic-Modelle auch sinnvoll, dem Vokabular neue Wörter hinzuzufügen (vgl. Mimno 2015). Das Erkennen von Namensbezeichnungen, die aus mehreren Wörtern bestehen ist ein Beispiel dafür. Allgemein können Wortgruppen, die oft in Dokumenten auftreten und deshalb als Phrasen bezeichnet werden, zu einem Wort zusammengefasst werden. Beispiele sind in englischen Texten zusammengesetzte Substantive, die aus mehreren Wörtern bestehen, z.b. *battery life*. Wortphrasen enthalten oft Stoppwörter, z.B *to* in *peer to peer*. Deshalb müssen sie vor der Bereinigung von häufigen Stoppwörtern gefunden und bestimmt werden.

Ein statisches Maß, um Wortgruppen als Phrasen zu identifizieren, ist Dunning's G^2 Maß (vgl. Dunning 1993, 2008). Es misst, ob die einzelnen Wörter der Phrase statistisch öfter gemeinsam als einzeln vorkommen. Weil jedoch viele grammatische Regelmäßigkeiten in Texten uninteressante Phrasen erzeugen würden, ist es hilfreich, nur Phrasen in die Analyse einzubeziehen, die mindestens ein Nicht-Stoppwort enthalten. Neben dem einfachen Ansatz, Phrasen vor der Analyse durch Topic-Modelle zu bestimmen, gibt es mehrere Methoden, um Topic-Modelle und Phrasen gleichzeitig zu bestimmen (siehe dazu Wang, McCallum und Wei 2007; Lau, Baldwin und Newman 2013; Fei, Chen und Liu 2014; Johnson 2010; Zhao u. a. 2015). Zwei- und Drei-Wort-Phrasen in Topic-Wortlisten ermöglichen es oft, die *topics* leichter zu interpretieren, weil sie den inhaltlichen Kontext besser repräsentieren.

Lemmatisierung, NER und das Erkennen von Wortphrasen sind Techniken, die zusätzlich zu statistischen Häufigkeitsberechnungen von Wörtern dabei helfen, das Vokabular für die Topic-Modell-Analyse so genau wie möglich zu bestimmen. Diese Techniken beeinflussen das Ergebnis, indem sie zu besseren *topics* führen können, und eine genauere Interpretation einer Textquelle fördern. Eine andere Eigenschaft von Textquellen, die auch zur genaueren Interpretation beiträgt, ist das, was wir *Meta-Daten* genannt haben. Dokumente sind in vielen Fällen mit Meta-Daten verbunden. Beispiele für hilfreiche Meta-Daten sind die Veröffentlichungszeitpunkte der Dokumente, die Autoren, die Orte, an denen die Autoren wohnen, die Zeitschriften, Bücherreihen oder ähnliches, in denen die Dokumente veröffentlicht wurden, die Kategorien von einem Leitfaden für Interviews usw. Die Verwendung von Meta-Daten beschreiben wir im nächsten Abschnitt.

2.5.5 Meta-Daten

Meta-Daten können auf drei verschiedene Arten für die Textanalyse mit Topic-Modellen verwendet werden.

Die erste Möglichkeit (Spaltung) besteht darin, diskrete Meta-Datenattribute zu verwenden, um die Gesamttextmenge in mehrere Teilmengen zu zerlegen. Beispielsweise kann der Veröffentlichungszeitpunkt von Dokumenten genutzt werden, um die Dokumentenmenge bezüglich eines Ereignisses in zwei Teile zu zerlegen – d.h. vor und nach dem Ereignis. Die kleineren Dokumentenmengen werden dann mit einzelnen unabhängigen Topic-Modellen untersucht. Auf diese Weise werden *topics* erzeugt, die spezifisch für die Ausprägungen der Meta-Daten sind.

Eine zweite Möglichkeit (Hinzufügung) der Verwendung von Meta-Daten besteht darin, zuerst ein gemeinsames Topic-Modell für die gesamte Dokumentenmenge zu bestimmen, und dann in einem Nachschritt das gemeinsame Auftreten von Attributwerten der Meta-Daten und den berechneten *topics* zu bestimmen. So können beispielsweise nach der Berechnung des Topic-Modells die Veröffentlichungszeitpunkte der Dokumente auf Monate und Jahre reduziert werden. Für ein *topic* kann die Anzahl der Zuordnungen der entsprechenden einzelnen Wörter in den Dokumenten eines Monats bestimmt werden (vgl. Hall, Jurafsky und Manning 2008). Zusammen ergeben die Anzahlen für ein *topic* über mehrere Monate eine Zeitreihe, die die Entwicklung eines *topics* über die Zeit verdeutlicht.

Eine dritte Möglichkeit (Lernergänzung) besteht darin, die Meta-Daten beim Lernen des Topic-Modells zu nutzen. In der Sekundärliteratur findet man hierfür je nach der Art der Meta-Daten spezielle Topic-Modelle, die für die Art der Meta-Daten entwickelt wurden, wie z.B. Topic-Modelle bezogen auf die Zeit der Veröffentlichung eines Dokuments (vgl. Wang und McCallum 2006; Blei und Lafferty 2006; Wang, Blei und Heckerman 2008), auf die Autoren des Dokumentes (vgl. Rosen-Zvi u. a. 2004), auf die Schlüsselwörter in Dokumenten (vgl. Mcauliffe und Blei 2008), auf die Zitate in Dokumenten (vgl. Dietz, Bickel und Scheffer 2007; Nallapati u. a. 2008), auf die geographischen Regionen der Veröffentlichung eines Dokuments (vgl. Eisenstein u. a. 2010) usw. Allgemeine Ansätze, um Topic-Modelle mit Meta-Daten zu kombinieren, sind die Dirichlet-Multinomial-Regression (vgl. Mimno und McCallum 2008) und das SAGE-Modell (vgl. Eisenstein, Ahmed und Xing 2011), die in dem Stuctural-Topic-Modell (vgl. Roberts u. a. 2013; Roberts u. a. 2014) kombiniert wurden.

Welche der drei Möglichkeiten sollte für eine Analyse genutzt werden? Die erste Möglichkeit (Spaltung) spaltet die Texte in Teilmengen auf. Deshalb lässt sich diese Möglichkeit nur nutzen, wenn die entstehenden Teilmengen nicht klein werden. Die zweite Möglichkeit (Hinzufügung) sollte immer der dritten Möglichkeit (Lernergänzung) vorgezogen werden, wenn die Meta-Daten durch das erweiterte Topic-Modell nicht sinnvoll oder nur sehr eingeschränkt modelliert werden.[4]

Die Datenverarbeitung bzw. die Datentransformation ist ein wichtiger Schritt in die Richtung einer genauen Datenanalyse anhand von einem Topic-Modell. Wie eine solche Analyse durchgeführt wird, wie sie in der Praxis funktioniert, ist das, was wir im nächsten Kapitel besprechen werden.

2.6 Schlussbetrachtung

In diesem Kapitel haben wir beschrieben, auf welchen Grundlagen Topic-Modelle arbeiten. Wir haben gesehen, dass Topic-Modelle Klassen bildende Werkzeuge sind, die es erlauben, wichtige strukturierende Themenkomplexe in den Textquellen zu

---

[4] Siehe dazu eine Diskussion in Hall, Jurafsky und Manning 2008 zwischen *post-hoc* Analyse und Topic-Modellerweiterungen für zeitlich eingeordnete Texte.

finden, sie in der Form von Wortlisten abzubilden und Navigationsmöglichkeiten zu den relevanten Dokumenten anzubieten. In dieser Hinsicht sind Topic-Modelle mit anderen Klassifikationsmethoden in den Sozialwissenschaften wie Cluster- und Faktorenanalysen verwandt. Die konzeptionellen Querbezüge von Topic-Modellen zu Cluster- und Faktorenanalyse haben wir entsprechend vertieft, und wir sind dann zur Beschreibung des Analyseprozesses gelangt, der bei der Untersuchung von Texten mit Topic-Modellen durchlaufen wird. Wir haben darauf hingewiesen, dass für die qualitative Textanalyse die Vorverarbeitung der Textquelle besonders wichtig ist, weil durch die Auswahl des Vokabulars für die Analyse die Topic-Modelle genauer werden, und weil durch die Berücksichtigung von Metadaten die Ergebnisse eines Topic-Modells nicht nur in Bezug auf interne bzw. semantische Dimensionen einer Textquelle verstanden werden können, sondern auch in Bezug auf externe bzw. weitere Eigenschaften der Textquelle wie der Zeit der Veröffentlichung, den Autoren, den Zitaten usw. erforscht werden können. Im nächsten Kapitel stellen wir vor, wie Topic-Modelle funktionieren.

Literaturverzeichnis

Airoldi, Edoardo M., David M. Blei, Elena A. Erosheva und Stephen E. Fienberg, Hrsg. 2014. *Handbook of Mixed Membership Models and Their Applications.* Chapman / Hall/CRC. ISBN: 978-1-4665-0408-0. http://www.crcnetbase.com/isbn/978-1-4665-0408-0.

Bishop, Christopher M. 2006. *Pattern Recognition and Machine Learning (Information Science and Statistics).* Secaucus, NJ, USA: Springer-Verlag New York, Inc. ISBN: 0387310738.

Blei, David M., und John D. Lafferty. 2006. „Dynamic Topic Models". In *Proceedings of the 23rd International Conference on Machine Learning,* 113–120. ICML '06. Pittsburgh, Pennsylvania, USA: ACM. ISBN: 1-59593-383-2. doi:10.1145/1143844.1143859. http://doi.acm.org/10.1145/1143844.1143859.

Blei, David M., Andrew Y. Ng und Michael I. Jordan. 2003. „Latent Dirichlet Allocation". *J. Mach. Learn. Res.* 3 (März): 993–1022. ISSN: 1532-4435. http://dl.acm.org/citation.cfm?id=944919.944937.

Boyd-Graber, Jordan, David Mimno und David Newman. 2014. „Care and Feeding of Topic Models: Problems, Diagnostics, and Improvements". In *Handbook of Mixed Membership Models and Their Applications,* herausgegeben von Edoardo M. Airoldi, David Blei, Elena A. Erosheva und Stephen E. Fienberg. CRC Handbooks of Modern Statistical Methods. Boca Raton, Florida: CRC Press.

Deerwester, Scott, Susan T. Dumais, George W. Furnas, Thomas K. Landauer und Richard Harshman. 1990. „Indexing by latent semantic analysis". *Journal of the American Society for Information Science* 41 (6): 391–407. ISSN: 1097-4571. doi:10.1002/(SICI)1097-4571(199009)41:6<391::AID-ASI1>3.0.CO;2-9. http://dx.doi.org/10.1002/(SICI)1097-4571(199009)41:6%3C391::AID-ASI1%3E3.0.CO;2-9.

Dietz, Laura, Steffen Bickel und Tobias Scheffer. 2007. „Unsupervised Prediction of Citation Influences". In *Proceedings of the 24th International Conference on Machine Learning*, 233–240. ICML '07. Corvalis, Oregon, USA: ACM. ISBN: 978-1-59593-793-3. doi:10.1145/1273496.1273526. http://doi.acm.org/10.1145/1273496.1273526.

Doyle, Gabriel, und Charles Elkan. 2009. „Accounting for Burstiness in Topic Models". In *Proceedings of the 26th Annual International Conference on Machine Learning*, 281–288. ICML '09. Montreal, Quebec, Canada: ACM. ISBN: 978-1-60558-516-1. doi:10.1145/1553374.1553410. http://doi.acm.org/10.1145/1553374.1553410.

Dunning, Ted. 1993. „Accurate Methods for the Statistics of Surprise and Coincidence". *COMPUTATIONAL LINGUISTICS* 19 (1): 61–74.

———. 2008. *Surprise and Coincidence.* http://tdunning.blogspot.de/2008/03/surprise-and-coincidence.html.

Eisenstein, Jacob, Amr Ahmed und Eric P. Xing. 2011. „Sparse Additive Generative Models of Text". In *Proceedings of the 28th International Conference on International Conference on Machine Learning*, 1041–1048. ICML'11. Bellevue, Washington, USA: Omnipress. ISBN: 978-1-4503-0619-5. http://dl.acm.org/citation.cfm?id=3104482.3104613.

Eisenstein, Jacob, Brendan O'Connor, Noah A. Smith und Eric P. Xing. 2010. „A Latent Variable Model for Geographic Lexical Variation". In *Proceedings of the 2010 Conference on Empirical Methods in Natural Language Processing*, 1277–1287. EMNLP '10. Cambridge, Massachusetts: Association for Computational Linguistics. http://dl.acm.org/citation.cfm?id=1870658.1870782.

Eldén, L. 2007. *Matrix Methods in Data Mining and Pattern Recognition.* Society for Industrial / Applied Mathematics. doi:10.1137/1.9780898718867. eprint: http://epubs.siam.org/doi/pdf/10.1137/1.9780898718867.

Erosheva, Elena A., Stephen E. Fienberg und Cyrille Joutard. 2007. „Describing disability through individual-level mixture models for multivariate binary data". *Ann. Appl. Stat.* 1, Nr. 2 (Dezember): 502–537. doi:10.1214/07-AOAS126. https://doi.org/10.1214/07-AOAS126.

Fayyad, Usama, Gregory Piatetsky-Shapiro und Padhraic Smyth. 1996. „The KDD Process for Extracting Useful Knowledge from Volumes of Data". *Commun. ACM* (New York, NY, USA) 39, Nr. 11 (November): 27–34. ISSN: 0001-0782. doi:10.1145/240455.240464. http://doi.acm.org/10.1145/240455.240464.

Fei, Geli, Zhiyuan Chen und Bing Liu. 2014. „Review Topic Discovery with Phrases using the Pólya Urn Model". In *Proceedings of COLING 2014, the 25th International Conference on Computational Linguistics: Technical Papers,* 667–676. Dublin, Ireland: Dublin City University / Association for Computational Linguistics, August. http://www.aclweb.org/anthology/C14-1063.

Galyardt, April. 2014. „Interpreting Mixed Membership". In Airoldi, Blei, Erosheva und Fienberg 2014, 39–65.

Griffiths, T., und M. Steyvers. 2004. „Finding scientific topics". *Proceedings of the National Academy of Sciences of the United States of America* 101 (1): 5228–5235.

Griffiths, Thomas L., Mark Steyvers, David M. Blei und Joshua B. Tenenbaum. 2005. „Integrating Topics and Syntax". In *Advances in Neural Information Processing Systems 17,* herausgegeben von L. K. Saul, Y. Weiss und L. Bottou, 537–544. MIT Press. http://papers.nips.cc/paper/2587-integrating-topics-and-syntax.pdf.

Hall, David, Daniel Jurafsky und Christopher D. Manning. 2008. „Studying the History of Ideas Using Topic Models". In *Proceedings of the Conference on Empirical Methods in Natural Language Processing,* 363–371. EMNLP '08. Honolulu, Hawaii: Association for Computational Linguistics. http://dl.acm.org/citation.cfm?id=1613715.1613763.

Hastie, Trevor, Robert Tibshirani und Jerome Friedman. 2001. *The Elements of Statistical Learning.* Springer.

Hofmann, Thomas. 1999. „Probabilistic Latent Semantic Indexing". In *Proceedings of the 22Nd Annual International ACM SIGIR Conference on Research and Development in Information Retrieval,* 50–57. SIGIR '99. Berkeley, California, USA: ACM. ISBN: 1-58113-096-1. doi:10.1145/312624.312649. http://doi.acm.org/10.1145/312624.312649.

———. 2000. „Learning the Similarity of Documents: An Information-Geometric Approach to Document Retrieval and Categorization". In *Advances in Neural Information Processing Systems 12,* herausgegeben von S. A. Solla, T. K. Leen und K. Müller, 914–920. MIT Press. http://papers.nips.cc/paper/1654-learning-the-similarity-of-documents-an-information-geometric-approach-to-document-retrieval-and-categorization.pdf.

Johnson, Mark. 2010. „PCFGs, Topic Models, Adaptor Grammars and Learning Topical Collocations and the Structure of Proper Names". In *Proceedings of the 48th Annual Meeting of the Association for Computational Linguistics,* 1148–1157. Uppsala, Sweden: Association for Computational Linguistics, Juli. http://www.aclweb.org/anthology/P10-1117.

Jones, Karen Spärck. 1972. „A statistical interpretation of term specificity and its application in retrieval". *Journal of Documentation* 28:11–21.

Jurafsky, Daniel, und James H. Martin. 2009. *Speech and Language Processing (2Nd Edition).* Upper Saddle River, NJ, USA: Prentice-Hall, Inc.

Lau, Jey Han, Timothy Baldwin und David Newman. 2013. „On Collocations and Topic Models". *ACM Trans. Speech Lang. Process.* (New York, NY, USA) 10, Nr. 3 (Juli): 10:1–10:14. ISSN: 1550-4875. doi:10.1145/2483969.2483972. http://doi.acm.org/10.1145/2483969.2483972.

Lee, Daniel D., und H. Sebastian Seung. 1999. „Learning the parts of objects by nonnegative matrix factorization". *Nature* 401:788–791.

———. 2001. „Algorithms for Non-negative Matrix Factorization". In *Advances in Neural Information Processing Systems 13,* herausgegeben von T. K. Leen, T. G. Dietterich und V. Tresp, 556–562. MIT Press. http://papers.nips.cc/paper/1861-algorithms-for-non-negative-matrix-factorization.pdf.

Lemke, M., und G. Wiedemann. 2015. *Text Mining in den Sozialwissenschaften: Grundlagen und Anwendungen zwischen qualitativer und quantitativer Diskursanalyse.* Wiesbaden: Springer-VS.

Lim, K. W., W. Buntine, C. Chen und L. Du. 2016. „Nonparametric Bayesian Topic Modelling with the Hierarchical Pitman-Yor Processes". *ArXiv e-prints* (September). arXiv: 1609.06783 [stat.ML].

Lim, Kar Wai, Wray Buntine, Changyou Chen und Lan Du. 2016. „Nonparametric Bayesian topic modelling with the hierarchical Pitman–Yor processes". *International Journal of Approximate Reasoning* 78 (Supplement C): 172–191. ISSN: 0888-613X. doi:https://doi.org/10.1016/j.ijar.2016.07.007. http://www.sciencedirect.com/science/article/pii/S0888613X16301128.

Madsen, Rasmus E., David Kauchak und Charles Elkan. 2005. „Modeling Word Burstiness Using the Dirichlet Distribution". In *Proceedings of the 22Nd International Conference on Machine Learning,* 545–552. ICML '05. Bonn, Germany: ACM. ISBN: 1-59593-180-5. doi:10.1145/1102351.1102420. http://doi.acm.org/10.1145/1102351.1102420.

Manning, C., P. Raghavan und H. Schütze. 2008. *Introduction to Information Retrieval.* Cambridge: Cambridge University Press.

Manning, Christopher D., Prabhakar Raghavan und Hinrich Schütze. 2008. *Introduction to Information Retrieval*. New York, NY, USA: Cambridge University Press. ISBN: 9780521865715.

Mcauliffe, Jon D., und David M. Blei. 2008. „Supervised Topic Models". In *Advances in Neural Information Processing Systems 20*, herausgegeben von J. C. Platt, D. Koller, Y. Singer und S. T. Roweis, 121–128. Curran Associates, Inc. http://papers.nips.cc/paper/3328-supervised-topic-models.pdf.

Mehrotra, Rishabh, Scott Sanner, Wray Buntine und Lexing Xie. 2013. „Improving LDA Topic Models for Microblogs via Tweet Pooling and Automatic Labeling". In *Proceedings of the 36th International ACM SIGIR Conference on Research and Development in Information Retrieval*, 889–892. SIGIR '13. Dublin, Ireland: ACM. ISBN: 978-1-4503-2034-4. doi:10.1145/2484028.2484166. http://doi.acm.org/10.1145/2484028.2484166.

Mimno, David. 2015. *Using phrases in Mallet topic models*. http://www.mimno.org/articles/phrases/, Februar. http://www.mimno.org/articles/phrases/.

Mimno, David, und Andrew McCallum. 2008. „Topic Models Conditioned on Arbitrary Features with Dirichlet-multinomial Regression". In *Proceedings of the Twenty-Fourth Conference on Uncertainty in Artificial Intelligence*, 411–418. UAI'08. Helsinki, Finland: AUAI Press. ISBN: 0-9749039-4-9. http://dl.acm.org/citation.cfm?id=3023476.3023525.

Murphy, Kevin P. 2012. *Machine Learning: A Probabilistic Perspective*. The MIT Press. ISBN: 9780262018029.

Nallapati, Ramesh M., Amr Ahmed, Eric P. Xing und William W. Cohen. 2008. „Joint Latent Topic Models for Text and Citations". In *Proceedings of the 14th ACM SIGKDD International Conference on Knowledge Discovery and Data Mining*, 542–550. KDD '08. Las Vegas, Nevada, USA: ACM. ISBN: 978-1-60558-193-4. doi:10.1145/1401890.1401957. http://doi.acm.org/10.1145/1401890.1401957.

Ratinov, Lev, und Dan Roth. 2009. „Design Challenges and Misconceptions in Named Entity Recognition". In *Proceedings of the Thirteenth Conference on Computational Natural Language Learning*, 147–155. CoNLL '09. Boulder, Colorado: Association for Computational Linguistics. ISBN: 978-1-932432-29-9. http://dl.acm.org/citation.cfm?id=1596374.1596399.

Roberts, Margaret E., Brandon M. Stewart, Dustin Tingley und Edoardo M Airoldi. 2013. „The Structural Topic Model and Applied Social Science". In *Advances in Neural Information Processing Systems Workshop on Topic Models: Computation, Application, and Evaluation*. Peer-Reviewed Conference Workshop. Selected for Oral Presentation. Lake Tahoe, Nevada.

Roberts, Margaret E., Brandon M. Stewart, Dustin Tingley, Christopher Lucas, Jetson Leder-Luis, Shana Kushner Gadarian, Bethany Albertson und David G. Rand. 2014. „Structural Topic Models for Open-Ended Survey Responses". *American Journal of Political Science* 58 (4): 1064–1082. ISSN: 1540-5907. doi:10.1111/ajps.12103. http://dx.doi.org/10.1111/ajps.12103.

Rosen-Zvi, Michal, Thomas Griffiths, Mark Steyvers und Padhraic Smyth. 2004. „The Author-topic Model for Authors and Documents". In *Proceedings of the 20th Conference on Uncertainty in Artificial Intelligence,* 487–494. UAI '04. Banff, Canada: AUAI Press. ISBN: 0-9749039-0-6. http://dl.acm.org/citation.cfm?id=1036843.1036902.

Salton, G., A. Wong und C. S. Yang. 1975. „A Vector Space Model for Automatic Indexing". *Commun. ACM* (New York, NY, USA) 18, Nr. 11 (November): 613–620. ISSN: 0001-0782. doi:10.1145/361219.361220. http://doi.acm.org/10.1145/361219.361220.

Schmid, Helmut. 1994. „Probabilistic Part-of-Speech Tagging Using Decision Trees". In *International Conference on New Methods in Language Processing,* 44–49. Manchester, UK. http://www.cis.uni-muenchen.de/~schmid/tools/TreeTagger/data/tree-tagger1.pdf.

Schofield, Alexandra, und David Mimno. 2016. „Comparing Apples to Apple: The Effects of Stemmers on Topic Models". *Transactions of the Association for Computational Linguistics* 4:287–300. ISSN: 2307-387X. https://transacl.org/ojs/index.php/tacl/article/view/868.

Schofield, Alexandra, Laure Thompson und David Mimno. 2017. „Quantifying the Effects of Text Duplication on Semantic Models". In *Proceedings of the 2017 Conference on Empirical Methods in Natural Language Processing,* 2737–2747. Copenhagen, Denmark: Association for Computational Linguistics. http://aclweb.org/anthology/D17-1290.

Toutanova, Kristina, Dan Klein, Christopher D. Manning und Yoram Singer. 2003. „Feature-rich Part-of-speech Tagging with a Cyclic Dependency Network". In *Proceedings of the 2003 Conference of the North American Chapter of the Association for Computational Linguistics on Human Language Technology - Volume 1,* 173–180. NAACL '03. Edmonton, Canada: Association for Computational Linguistics. doi:10.3115/1073445.1073478. https://doi.org/10.3115/1073445.1073478.

Toutanova, Kristina, und Christopher D. Manning. 2000. „Enriching the Knowledge Sources Used in a Maximum Entropy Part-of-speech Tagger". In *Proceedings of the 2000 Joint SIGDAT Conference on Empirical Methods in Natural Language Processing and Very Large Corpora: Held in Conjunction with the 38th Annual Meeting of the Association for Computational Linguistics - Volume 13,* 63–70. EMNLP '00. Hong Kong: Association for Computational Linguistics. doi:10.3115/1117794.1117802. https://doi.org/10.3115/1117794.1117802.

Wang, Chong, David Blei und David Heckerman. 2008. „Continuous Time Dynamic Topic Models". In *Proceedings of the Twenty-Fourth Conference on Uncertainty in Artificial Intelligence,* 579–586. UAI'08. Helsinki, Finland: AUAI Press. ISBN: 0-9749039-4-9. http://dl.acm.org/citation.cfm?id=3023476.3023545.

Wang, Xuerui, und Andrew McCallum. 2006. „Topics over Time: A non-Markov Continuous-time Model of Topical Trends". In *Proceedings of the 12th ACM SIGKDD International Conference on Knowledge Discovery and Data Mining,* 424–433. KDD '06. Philadelphia, PA, USA: ACM. ISBN: 1-59593-339-5. doi:10.1145/1150402.1150450. http://doi.acm.org/10.1145/1150402.1150450.

Wang, Xuerui, Andrew McCallum und Xing Wei. 2007. „Topical N-Grams: Phrase and Topic Discovery, with an Application to Information Retrieval". In *Proceedings of the 2007 Seventh IEEE International Conference on Data Mining,* 697–702. ICDM '07. Washington, DC, USA: IEEE Computer Society. ISBN: 0-7695-3018-4. doi:10.1109/ICDM.2007.86. https://doi.org/10.1109/ICDM.2007.86.

Wiedemann, G. 2016. *Text Mining for Qualitative Data Analysis in the Social Sciences: A Study on Democratic Discourse in Germany.* Wiesbaden: Springer-VS.

Wilson, Andrew T., und Peter A. Chew. 2010. „Term Weighting Schemes for Latent Dirichlet Allocation". In *Human Language Technologies: The 2010 Annual Conference of the North American Chapter of the Association for Computational Linguistics,* 465–473. HLT '10. Los Angeles, California: Association for Computational Linguistics. ISBN: 1-932432-65-5. http://dl.acm.org/citation.cfm?id=1857999.1858069.

Zhao, Zhendong, Lan Du, Benjamin Börschinger, John K Pate, Massimiliano Ciaramita, Mark Steedman und Mark Johnson. 2015. „A Computationally Efficient Algorithm for Learning Topical Collocation Models". In *Proceedings of the 53rd Annual Meeting of the Association for Computational Linguistics and the 7th International Joint Conference on Natural Language Processing (Volume 1: Long Papers),* 1460–1469. Beijing, China: Association for Computational Linguistics, Juli. http://www.aclweb.org/anthology/P15-1141.

Kapitel 3
Durchführung von Topic-Modell-Analysen

Die Durchführung einer Topic-Modell-Analyse setzt die Schätzung und Einstellung von Parametern voraus, die das Topic-Modell optimieren, d.h. die dazu führen, dass das Topic-Modell möglichst gut zu den Wortmengen der Dokumente passt. Dieses Schätzen und Optimieren der Parameter wird in der Literatur als „Lernen" von Topic-Modellen bezeichnet.[1] Das Lernen von Topic-Modellen stützt sich auf Theorien der Statistik und der linearen Algebra. Die im Gebiet des maschinellen Lernens entwickelten Bayesschen Modelle der *Latent Dirichlet Allocation* (LDA) (vgl. Blei, Ng und Jordan 2003) und die in der linearen Algebra entwickelte *Non-Negative-Matrix-Factorization* (NMF) (vgl. Lee und Seung 2001) wurden mit ähnlichen Absichten als Topic-Modelle vorgeschlagen. Sie bilden heute zwei Topic-Modelle, die sehr häufig benutzt werden, um Textquellen zu analysieren. Beide Varianten werden wir in dieser Einführung verwenden, weshalb wir sie im Folgenden näher betrachten werden. Wir beginnen mit dem LDA Topic-Modell.

3.1 LDA Topic-Modelle

Historisch wurden LDA Topic-Modelle aus dem *Probabilistic-Latent-Semantic-Analysis*-Modell (PLSA) entwickelt (vgl. Hofmann 1999, 2000; vgl. ebenso zu LSA-Modellen Deerwester u. a. 1990), das eine Matrixfaktorisierung der Dokument-Wort-Matrix darstellt. Ein PLSA-Modell geht von Worthäufigkeiten aus, und es weist einer Dokumentsammlung eine Wahrscheinlichkeit (Likelihood) zu. Der Lernalgorithmus in diesem Modell schätzt die Parameter des Modells durch die Maximierung dieser Likelihood. Die Parameter des PLSA-Modells ergeben sich aus den Parametern der Dokument-spezifischen Multinomialverteilungen für die *topics* ei-

---

[1] Topic-Modell-Analysen setzen die Anwendung von Algorithmen voraus, die die notwendigen Parameter eines Topic-Modells schätzen. Diese Algorithmen funktionieren so, dass sie in der Regel eingebaute Heuristiken nutzen, um suboptimale lokale Optima zu vermeiden (vgl. Hofmann 2000; Lee und Seung 2001). Dies beeinflußt selbstverständlich die gefundenen *topics*.

nerseits, und den Parametern der Topic-spezifischen Multinomialverteilungen der Wörter des Vokabulars andererseits. Diese beiden Parameter sind Faktormatrizen, deren Produkt die Matrix der Wahrscheinlichkeiten für die einzelnen Dokument-Worthäufigkeiten ist. Alle Einträge der beiden Faktormatrizen sind nicht-negativ.

Das aus PLSA weiter entwickelte LDA-Modell nimmt zusätzlich *Prior* Verteilungen für die Parameter an, wodurch das Modell zu einem Bayesschen Modell wird. Anstelle der Likelihood wird die *Posterior*-Verteilung des Modells untersucht, die proportional zum Produkt aus Likelihood und *Prior*-Verteilung ist. Die Multiplikation mit den *Prior*-Verteilungen verhindert das Schätzen von Null-Wahrscheinlichkeiten für einzelne Worthäufigkeiten, die durch den Maximum-Likelihood-Schätzers eines PLSA-Modells nicht verhindern können.

Das LDA-Modell kann als Bayessches Netzwerk wie in Abbildung 3.1 dargestellt werden. In Anlehnung an Blei (vgl. Blei 2012) wird das LDA-Modell auf folgende Weise formal beschrieben, wodurch auch die Symbole in Abbildung 3.1 erklärt werden.

Die Anzahl der *topics* sei K. Jedes *topic* ist eine Multinomialverteilung über dem Vokabular mit den Parametern ϕ_k, wobei k eine ganze Zahl zwischen 1 und K ist. Jeder Parametervektor ϕ_k hat soviele nicht-negative Elemente zwischen 0 und 1 wie es Wörter im Vokabular gibt. Alle Elemente von ϕ_k ergeben in der Summe eins.

Die Anteile der verschiedenen *topics* im d-ten Dokument werden durch θ_d repräsentiert, wobei der Dokumentindex d eine ganze Zahl zwischen 1 und der Gesamtanzahl der Dokumente D im zu analysierenden Korpus ist. Dieser Parametervektor für eine Multinomialverteilung über den *topics* setzt sich zusammen aus K nicht-negativen Elementen, die ebenfalls in der Summe eins ergeben.

Das d-te Dokument hat insgesamt N_d Wörter, die für die Analyse verwendet werden. Mehrfachvorkommen eines Wortes werden auch mehrfach in der Gesamtanzahl N_d berücksichtigt. Der Topic-Indikator $z_{d,n}$ für das n-te Wort im d-ten Dokument ordnet dieses Wort einem der K *topics* zu, d.h. diese Zufallsvariable kann einen der diskreten Werte zwischen 1 und K annehmen. Die Wahrscheinlichkeit für eine solche Zuordnung hängt von dem entsprechenden Wert im Parametervektor θ_d ab. Deshalb sind alle Topic-Zuordnungen $z_{d,n}$ der Wörter des d-ten Dokuments von θ_d abhängig, was durch einen Pfeil zwischen den entsprechenden Knoten im Bayesschen Netzwerk in Abbildung 3.1 dargestellt wird.

Die Zufallsvariable für das n-te Wort im d-ten Dokument $w_{d,n}$ kann diskrete Werte zwischen 1 und der Vokabulargröße annehmen. Die Variable ist Teil der gegebenen Daten und somit beobachtbar. Deshalb wird der entsprechende Knoten in der Abbildung des Bayesschen Netzwerks grau schraffiert.

Ein Wort $w_{d,n}$ ist von allen K *topics* ϕ_k und dem zugehörigen Topic-Indikator $z_{d,n}$ abhängig. Das LDA-Modell ordnet $w_{d,n}$ einen Wahrscheinlichkeitswert zu, indem zuerst unter allen *topics* das jenige ausgewählt wird, auf das der Wert von $z_{d,n}$ zeigt. Die Wort-Wahrscheinlichkeit ist dann das Element für den Wort-Index $w_{d,n}$ in dem Parametervektor ϕ_k des ausgewählten *topics*. Die Verbundwahrscheinlichkeit über alle Zufallsvariablen im LDA-Modell ist:

3.1 LDA Topic-Modelle

$$p(\phi, \theta, \mathbf{z}, \mathbf{w}) = \prod_{k=1}^{K} p(\phi_k|\beta) \prod_{d=1}^{D} p(\theta_d|\alpha) \left[\prod_{n=1}^{N_d} p(z_{d,n}) p(w_{d,n}|\phi, z_{d,n}) \right] \quad (3.1)$$

Die Hyperparameter α und β sind die Parametervektoren der Dirichletverteilungen $p(\theta_d|\alpha)$ und $p(\phi_k|\beta)$, die als *Prior*-Verteilungen den Belegungen für die Parametervektoren θ_d und ϕ_k Wahrscheinlichkeiten zuweisen.

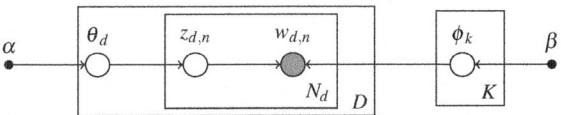

Abb. 3.1: Bayessches Netzwerk des LDA-Modells

Um sinnvolle Werte für die unbekannten Zufallsvariablen zu schätzen, kann die *Posterior*-Verteilung des LDA-Modells genutzt werden, z.B. um Erwartungswerte zu schätzen. Die *Posterior*-Verteilung ist eine bedingte Verteilung über den unbekannten Parametern und Variablen, welche die *topics* beschreiben, wenn eine Menge von Dokumenten gegeben ist. Sie kann mittels der Verbundverteilung berechnet werden:

$$p(\phi, \theta, \mathbf{z}|\mathbf{w}) = \frac{p(\phi, \theta, \mathbf{z}, \mathbf{w})}{p(\mathbf{w})} \quad (3.2)$$

Der Zähler ist die Verbundverteilung, die leicht für beliebige Belegungen aller Variablen berechnet werden kann. Der Nenner ist eine Verteilung über alle beobachteten Dokumente, die als Randverteilung der Verbundverteilung berechnet werden kann. Dies erfordert jedoch, dass über alle möglichen Belegungen für die unbekannten Parameter und Topic-Zuordnungen summiert wird. Aufgrund der exponentiell großen Anzahl an möglichen Belegungen für die Topic-Zuordnungen der Wörter ist eine direkte Berechnung jedoch nicht effizient möglich. Deshalb werden für die Berechnung der *Posterior*-Verteilung allgemeine Approximationsmethoden genutzt, die zu verschiedenen Inferenzalgorithmen führen.

Die Variationsinferenz approximiert die *Posterior*-Verteilung des LDA-Modells, indem in einer Menge von einfacheren (und deshalb effizienter berechenbaren) Verteilungen, solche gefunden werden, die der wahren *Posterior*-Verteilung möglichst nahe kommen (vgl. Blei, Ng und Jordan 2003). Interessanterweise kann diese Optimierung durchgeführt werden, ohne die wahre *Posterior*-Verteilung zu berechnen. Durch Nutzung einer vereinfachten Verteilung nimmt das Verfahren eine weitere Fehlerquelle in Kauf, um eine effiziente Berechnung zu ermöglichen. Während des Optimierens der vereinfachten Verteilung kann jedoch eine quantitative Größe bestimmt werden, die anzeigt, inwieweit der Optimierungsprozess zu einem lokalen Optimum konvergiert ist. Das konkrete lokale Optimum, das erreicht wird, hängt von der meist zufällig gewählten Startkonfiguration der Topic-Modellparameter ab.

Die zweite allgemeine Approximationsmethode ist die *Gibbs-Sampling*-Methode, die in der Variante als Collapsed-Gibbs-Sampling – zur Zeit das am häufigsten verwendete Verfahren – zur Berechnung von Topic-Modellen gebraucht wird (vgl. Griffiths und Steyvers 2004; Porteous u. a. 2008; Yao, Mimno und McCallum 2009). Gibbs-Sampling startet ebenfalls von einer zufälligen Belegung aller Topic-Modellparameter. Die Parameter werden nacheinander aktualisiert. Für einen Parameter wird eine neue Belegung bezüglich der bedingten Verteilung des Parameters gewürfelt, wenn alle anderen Parameter festgehalten werden. Hierbei findet keine Optimierung statt, aber Gibbs-Sampling garantiert, Stichproben aus der nicht-approximierten *Posterior*-Verteilung generieren zu können. Diese Garantie gilt jedoch nur für den Grenzwert, wenn unendlich viele Stichproben gezogen werden. In der Praxis wird die Wahrscheinlichkeit der Verbundverteilung oder ähnlicher Größen während der Gibbs-Sampling-Iteration bestimmt, um festzustellen, ab wann keine wesentlichen Verbesserungen mehr erzielt werden. Für Collapsed-Gibbs-Sampling werden die Parameter θ und ϕ aus der Posterior-Verteilung eliminiert, d.h. es werden Stichproben aus der Posterior-Randverteilung $p(\mathbf{z}|\mathbf{w})$ über den Topic-Zuordnungen gezogen. Dies hat den Vorteil, weniger Parameter bestimmen zu müssen. Gleichzeitig wird die Verteilung stärker geglättet, weil die Unsicherheiten der Punktschätzungen von θ und ϕ beim einfachen Gibbs-Sampling nicht mehr vernachlässigt werden.[2]

3.2 NMF Topic-Modelle

Topic-Modelle wurden zuerst als direkte Matrix-Faktorisierung der Dokument-Wort-Matrix, welche die Dokumentdaten repräsentiert, mittels SVD konzipiert (vgl. Deerwester u. a. 1990). Um die Schwierigkeiten auszuräumen, die sich bei der Interpretation von *topics* mit negativen Einträgen für bestimmte Wörter ergeben, wurde eine nicht-negative Matrix-Faktorisierung vorgeschlagen (vgl. Paatero und Tapper 1994; Lee und Seung 1999, 2001). Das Ziel ist, die Dokument-Wort-Matrix A als Produkt zweier Matrizen W und H so zu zerlegen,

$$A \approx WH, \quad W, H \geq 0 \qquad (3.3)$$

dass beide Rang K haben, so dass die Gesamtgröße von W und H deutlich kleiner ist als A. Weiterhin muss bei der Zerlegung der Dokument-Wort-Matrix die Nebenbedingung beachtet werden, dass alle Einträge von W und H größer als Null sind. Das Matrix-Faktorisierungsproblem

$$\min_{W,H \geq 0} \|A - WH\|_F \qquad (3.4)$$

---

[2] Im Fall von LDA finden wir mehrere Arbeiten, die den Einfluß des Lernverfahrens auf die Qualität des Topic-Modells untersuchen (vgl. etwa Teh, Newman und Welling 2007; Asuncion u. a. 2009; Foulds u. a. 2013). Diese Arbeiten zeigen, dass der originale Variationsinferenz-Ansatz (vgl. Blei, Ng und Jordan 2003), dem Collapsed-Gibbs-Sampling-Ansatz (vgl. Griffiths und Steyvers 2004) und dem Collapsed-Variationsinferenz-Ansatz (vgl. Teh, Newman und Welling 2007; Foulds u. a. 2013) unterlegen ist.

3.2 NMF Topic-Modelle

hat keine eindeutige Lösung (vgl. Eldén 2007, Kapitel 9.2). Der Algorithmus von Paatero und Tapper (vgl. Paatero und Tapper 1994) findet ausgehend von einer zufälligen Initialisierung für die Matrix W ein lokales Minimum. Der genutzte Alternating-Least-Square-Algorithmus hält abwechselnd eine der beiden gesuchten Matrizen als unveränderlich fest und optimiert die Größe 3.4 bezüglich der anderen Matrix und der Nebenbedingung.

Der alternative multiplikative Algorithmus (vgl. Lee und Seung 1999) optimiert die Einträge von W und H gleichzeitig. Statt einer zufälligen Initialisierung kann mittels SVD iterativ eine Initialisierung der Matrizen bestimmt werden, die oft zu besseren lokalen Minima von 3.4 bezüglich der Forbenius-Norm führt, die eine Erweiterung der Euklidischen Distanz auf Matrizen ist (vgl. Eldén 2007, Kapitel 9.2.1).

NMF und LDA sind Topic-Modelle, die beide als Matrix-Faktorisierungsprobleme dargestellt werden können. Ein wesentlicher Unterschied bei der mathematischen Definition ist, dass NMF die Zerlegung so optimiert, dass die gesamte Dokument-Wort-Matrix einschließlich der Null-Einträge gut approximiert wird. Die Forbenius-Norm bestraft eine Abweichung von Null-Einträgen – diese Einträge repräsentieren das Nicht-Vorhandensein von Wörtern in Dokumenten – ebenso stark wie eine Abweichung von positiven Einträgen in der Matrix, welche die Häufigkeiten der in den Dokumenten vorkommenden Wörter sind. Weil die Anzahl der Null-Einträge in der Matrix A die der positiven Einträge typischerweise um mehrere Größenordnungen übersteigt, wird das Optimierungskriterium von NMF stark von diesem Teil der Daten beeinflusst.

Die Beziehung zwischen NMF und LDA wurde in mehreren Arbeiten untersucht. Die Arbeiten in Ding, Li und Peng (vgl. Ding, Li und Peng 2008) beweisen mathematisch, dass PLSA und daher LDA mit gleichverteilten Prior-Verteilungen ein äquivalentes Optimierungskriterium wie NMF hat. Aufgrund verschiedener Optimierungsverfahren werden jedoch in der Regel unterschiedliche lokale Optima gefunden. Vergleiche zwischen LDA, NMF und anderen Topic-Modellen haben zur Behauptung geführt, dass sowohl LDA als auch NMF sinnvolle *topics* finden. Andere Arbeiten zeigen, dass die *topics* von NMF jedoch nicht so kohärent wie die von LDA wären (vgl. Stevens u. a. 2012). Aber diese Aussage hängt wiederum von der Definition des Kohärenzmaßes ab, das benutzt wird, weshalb eine solche Aussage immer im Kontext der Anwendungen der Topic-Modelle diskutiert werden sollte. Ähnliches gilt für die weitere Behauptung, dass NMF Topic-Modelle oft ein realistischeres Bild der gesamten Daten im Vergleich zu LDA Topic-Modellen wiedergeben würden, oder dass NMF *topics* besser als LDA voneinander unterscheiden könne (vgl. z.B. Pauca u. a. 2004; Shahnaz u. a. 2006).

Bisher wurde auf der Ebene der mathematischen Grundlage erklärt, wie eine Analyse anhand von LDA oder NMF Topic-Modellen funktioniert, den Topic-Modellen, mit denen wir in unserer Einführung arbeiten werden. Wir kommen jetzt zu der Frage der Gütekriterien von Topic-Modellen, die abschätzen lassen, ob ein Topic-Modell gegebene Daten gut repräsentiert.

3.3 Evaluation von Topic-Modellen

Topic-Modelle können intrinsisch oder extrinsisch evaluiert werden. Die extrinsische Evaluation besteht im Prüfen der Verbindungen von *topics* anhand von Daten, die nicht beim Lernen des Topic-Modells verwendet wurden. Dies können Ereignisse sein, semantische Annotationen von Dokumenten oder weitere Meta-Daten, die mit den *topics* verbunden sein sollten, wenn diese sinnvoll interpretierbar wären. Die extrinsische Evaluation ist deshalb sehr vom konkreten Anwendungskontext abhängig. Weil die externen Daten nicht von den Lernverfahren beeinflusst werden können, validiert eine Verbindung von *topics* mit diesen Daten deren sinnvolle Interpretation. Deshalb sollte immer eine extrinsische Evaluierung von Topic-Modellen angestrebt werden. Die intrische Evaluierung von Topic-Modellen nutzt die Textsammlung selbst und gegebenenfalls weitere Vergleichskorpora als Grundlage. Diese Evaluation beruht auf Wortwahrscheinlichkeiten und Parametern, die während des Lernens des Topic-Modells geschätzt wurden.

Beide Methoden unterscheiden sich darin, dass entweder das gesamte Topic-Modell für die Evaluation geprüft wird (Generalisierung auf neue Daten), oder dass nur die Teile der *topics* betrachtet werden, die bei einer manuellen Inspektion auf jeden Fall zum Vorschein kommen (Kohärenz von Topic-Modellen). Wir kommen zuerst zum Generalisierungsansatz, und beschreiben dann den Kohärenz-Ansatz.

3.3.1 Generalisierung auf nicht verwendete Daten

Der Generalisierungsansatz setzt voraus, dass Verfahren für maschinelles Lernen mit Daten evaluiert werden müssen, die während des Trainings – der Schätzung von Parametern – nicht verwendet wurden, um sinnvolle Aussagen über die Qualität des Modells zu erhalten (vgl. Bishop 2006; Hastie, Tibshirani und Friedman 2001). Diese Trennung der Daten ist in diesem Zusammenhang sehr wichtig, denn selbst kleine methodische Fehler können zu falschen statistischen Aussagen über die untersuchten Topic-Modelle führen (vgl. Welling, Chemudugunta und Sutter 2008).

Zwei valide Evaluationsmethoden, die wurden vorgeschlagen, sind: (a) ganze Dokumente werden während des Trainings weggelassen und (b) Teile von Dokumenten werden während des Trainings nicht verwendet (vgl. Wallach u.a. 2009). Beide Methoden müssen für die weggelassenen Daten die Zuordnungen der Wörter zu den *topics* bestimmen, hier jedoch anders als während des Trainings, ohne die *topics* zu verändern. Bei beiden Methoden werden im Ergebnis mit Hilfe des gelernten Topic-Modells den nicht verwendeten Daten Wahrscheinlichkeiten (Testdaten-Log-Likelihood) zugewiesen. Hohe Wahrscheinlichkeiten der weggelassenen Daten zeigen, dass die gelernten *topics* auch auf unbekannte ähnliche Texte bzw. Textabschnitte verallgemeinert werden können.

Der konkrete Wert der geschätzten Wahrscheinlichkeit der weggelassenen Daten ist jedoch selten aussagekräftig, weil Topic-Modelle nicht komplex genug sind, um alle statistischen Abhängigkeiten in natürlichsprachlichen Texten erfassen zu können. Deshalb sind die geschätzten Wahrscheinlichkeitswerte typischerweise sehr klein. Um aussagekräftig zu werden, müssen die Wahrscheinlichkeiten der Testdaten für verschiedene Topic-Modelle verglichen werden, so dass bestimmt werden kann, welches Modell besser die Testdaten erfasst. Um Topic-Modelle vergleichen zu können, die mit verschiedenen Datengrundlagen arbeiten – beispielsweise berücksichtigt ein Modell Dokumentannotationen, ein anderes nicht –, wird nur die Wahrscheinlichkeit der Wörter bestimmt, in Bits umgerechnet und als Perplexity-Wert ausgegeben. Dieses informationstheoretische Maß vergleicht, mit wieviel Aufwand die Wörter der Dokumente mit einem optimalen Code – bezüglich der geschätzten Wahrscheinlichkeiten – repräsentiert werden können. Mit dieser Methode kann verglichen werden, ob es sich lohnt, bestimmte Meta-Daten in die Topic-Analyse einzubeziehen.[3]

3.3.2 Kohärenz von Topic-Modellen

Informationstheoretische Gütekriterien von Topic-Modellen auf der Basis von Testdaten Log-Likelihood und Perplexity nutzen das gesamte Topic-Modell, d.h. alle *topics* sowie die Topic-Verteilungen aller Dokumente. In beiden Komponenten von Topic-Modellen tauchen sowohl Wörter als auch Dokumente auf, denen keine hohe Topic-spezifischen Wahrscheinlichkeiten zugewiesen werden, und die deshalb weniger prominent durch Topic-Modelle repräsentiert werden. Die große Masse solcher Wörter und Dokumente hat jedoch einen nicht zu vernachlässigenden Einfluß auf die Evaluation von Topic-Modellen. Deshalb schlägt sich nicht jede Verbesserung von Perplexity in besser interpretierbaren *topics* nieder.[4]

Aus diesem Grund wurden spezielle Topic-Kohärenz-Maße vorgeschlagen, die nur die besten bezeichnenden Wörter eines *topic* hinsichtlich ihrer Interpretierbarkeit bewerten. Durch Vergleiche von linguistischen, semantischen und informationstheoretischen Topic-Kohärenz-Maßen mit manuellen Bewertungen wurde festgestellt, dass der Durchschnitt der *Pointwise-Mutual-Information* (PMI) über den Paaren der besten Wörter eines einzelnen *topic* am besten mit manuellen Bewertungen korrelliert (vgl. Newman u. a. 2010). Eine wichtige Beobachtung war, dass die Parameter für die Wortverteilungen, die von PMI genutzt werden, mit einem externen Vergleichskorpus geschätzt werden sollten.

Für die Schätzung der Wortwahrscheinlichkeiten durch die PMI-Bewertung werden nicht ganze Dokumente verwendet, sondern nur kleine Wortfenster der Länge 10, die über die Dokumente geschoben werden. Somit bedeutet ein hoher PMI für ein Wortpaar, dass die beiden Wörter im Vergleichskorpus oft nahe zusammen in

---

[3] Diese Methode wurde eingesetzt, um am Beispiel von Twitter-Daten den informationstheoretischen Gewinn komplexerer Topic-Modelle zu belegen (vgl. Kar Wai Lim u. a. 2016; K. W. Lim u. a. 2016, Abschnitt 5.6.3 und Tabelle 5).

[4] Dies wurde durch Bewertungen von Topic-Modell-Ergebnissen durch Menschen bestätigt (vgl. Chang u. a. 2009), d.h. die Bewertungen von Personen korrelieren kaum und manchmal auch negativ mit informationstheoretischen Evaluationmaßen.

Dokumenten auftauchen. Die Korrelationen mit menschlichen Bewertungen dieses Maßes weisen darauf hin, dass sich Personen bei Topic-Interpretationen auf kurze Stücke in Dokumenten stützen. Es wurden mehrere Erweiterungen von Topic-Kohärenz-Maßen vorgeschlagen: ein Vergleich ganzer Topic-Modelle (vgl. Lau, Newman und Baldwin 2014) und die Einbeziehung von Kontextwörtern (vgl. Aletras und Stevenson 2013). Ein groß angelegter Vergleich vieler verschiedener Topic-Kohärenz-Maße (vgl. Röder, Both und Hinneburg 2015) zeigte, dass die Kombination von Kontextwörtern, Vergleichskorpora und kurzen Fenstern zur Schätzung von Wortwahrscheinlichkeiten zu den größten Korrelationen mit manuellen Bewertungen von *topics* führt.[5]

Die Evaluation von Topic-Modellen erlaubt zu verstehen, wie gut ein Topic-Modell gegebene Daten repräsentieren kann. Sie führt zu einer weiteren komplementären Frage: wieviele *topics* sind bei einem Topic-Modell erforderlich, um zur besten Repräsentation der Textquelle durch das Topic-Modell zu kommen? Dies ist die Frage der Modellselektion.

3.3.3 Modellselektion

Topic-Modelle werden typischerweise mit einer vorgegebenen Anzahl von *topics* gelernt. Wie bei anderen statistischen Mischmodellen, z.B. Cluster oder Faktoranalyse, stellt sich auch hier die Frage der Modellselektion, d.h. wie viele *topics* für einen gegebenen Korpus gelernt werden sollen. Da Topic-Modelle die Zusammenhänge in natürlichsprachlichen Texten nicht umfassend modellieren können, sind Maße wie das *Bayesian-Information-Criterion* (BIC) (vgl. Schwarz 1978) oder *Akaike-Information-Criterion* (AIC) (vgl. Akaike 1974), die bei anderen Analysen wie der Cluster-Analyse benutzt werden, nicht wirklich geeignet, um die Anzahl der *topics* zu bestimmen (vgl. Hastie, Tibshirani und Friedman 2001). Es ist zwar technisch möglich, die Anzahl der *topics* mittels Perplexity zu bestimmen, d.h. es werden Topic-Modelle mit verschiedenen Topic-Anzahlen gelernt, und die Perplexity wird mittels zurückbehaltener Daten bestimmt. Daraus ergibt sich eine Kurve mit der Anzahl der *topics* auf der Abzisse und Perplexity auf der Ordinate. Diese Kurve weist typischerweise ein Minimum auf, das mit Topic-Modellen korrespondiert, die gut neue Daten beschreiben können. Jedoch sind nicht alle erhaltenen *topics* für die anschließende qualitative Arbeit mit den Texten wichtig. Daher gibt es keine zuverlässige Methode, die erlaubt, die exakte Anzahl an *topics* zu bestimmen, die ein Topic-Modell in einem gegebenen Anwendungsfall lernen sollte. In einem Topic-Modell gibt es deshalb oft viele *topics* – manche sind wesentlich, um inhaltliche Aspekte in einem Korpus abzudecken, andere lassen sich nicht gut interpretieren, da sie oft weniger interessante Teile der Texte beschreiben, die bei der Vorverarbeitung nicht entfernt wurden. Daher bleibt die Frage der Modellselektion häufig offen,

---

[5] Neue Topic-Modellansätze versuchen durch das Lernen der *topics* den Kontext von Wörtern einzubeziehen und dadurch einen *topic* gleich kohärent zu lernen (vgl. Schneider 2018).

selbst wenn sie z.B. durch eine Kreuzvalidierung von Topic-Modellen – durch die Kontrolle von Topic-Modellen mit anderen Methoden wie eben Cluster- und Faktoranalysen – technisch bestimmt werden kann.

Topic-Modell-Analysen können mit unterschiedlichen Software-Paketen umgesetzt werden. In dieser Einführung stellen wir unterschiedliche Beispiele von Topic-Modell-Verfahren mit zwei modularen Anwendungen vor, nämlich *R* und *Python*, die sehr oft in diesem Zusammenhang benutzt werden. Zum Schluss führen wir die Web-Applikation *TopicExplorer*[6] vor, die an unserem Standort entwickelt wurde. Diese Web-Applikation erlaubt es, Topic-Modell-Verfahren ohne technische Kompetenzen umzusetzen und Ergebnisse mit einem Internet-Browser zu benutzen.

3.4 Umsetzung von Topic-Modell-Verfahren

R ist eine bekannte kostenlose Anwendung bzw. eine Sprachumgebung, die für die Auswertung von Daten in der Statistik oder die Umsetzung von mathematischen Verfahren auch in den Sozialwissenschaften benutzt wird (Team 2015). Eine Besonderheit von *R* im Vergleich zu anderen Anwendungen im Rahmen der semiautomatisierten Auswertung von Textquellen (z.B STATA oder SPSS) bilden einige Module, die speziell zu diesem Zweck geschrieben wurden. Es sind z.B. Module, die für die Analyse von Interviews verfasst wurden, wie das *qdap*-Modul von Rinker (vgl. Rinker 2013), das Sequenzen von Fragen und Antworten in einem Interview abbildet und das dabei hilft, eine Sequenzanalyse durchzuführen. Ergänzt durch das Modul *koRpus* von Michalke (vgl. Michalke 2014) bietet *qdap* einige Werkzeuge und Graphiken für die Analyse von Spracheigenschaften an, die mit der Sprache des Forschers oder des Befragten verbunden sind. Diese Module sind sehr nützlich, wenn es in der Forschung darum geht, Sequenzen und Spracheigenschaften effizient zu rekonstruieren und zu analysieren. Aber im Rahmen von Topic-Modell-Verfahren sind diese Sequenzen weniger wichtig als die *topics*, die eine Textquelle enthält, bzw. die diese Textequelle strukturieren (Hearst 2003, Witte und Müller 2006, 42 ff.). Das entsprechende Modul in *R*, das erlaubt, auch *topics* zu rekonstruieren, ist das *topicmodels*-Modul (Grün und Hornik 2011). Um das *topicmodels*-Modul benutzen zu können, muss eine Textquelle zuerst so transformiert werden, dass die Textquelle in eine Matrix von Dokumenten und Begriffen umgewandelt wird. Das Modul, dass diese Umwandlung bereitstellt, ist das allgemeine Modul tm (für *textmining*; vgl. Feinerer, Hornik und Meyer 2008). Diese Umwandlung der Textquelle in eine Matrix von Dokumenten und Begriffen ist erforderlich, um statistische und mathematische Verfahren auf die Texte anwenden zu können. Unterschiedliche Berechnungen können dann erfolgen, wie z.B. die Berechnung der Häufigkeit von Begriffen für einen oder für alle Texte; die Berechnung von Assoziationen zwischen Begriffen; die Berechnung der Ähnlichkeit von Texten auf der Grundlage der Begriffe, die sie enthalten; oder wie im Fall von Topic-Modell-Verfahren die

---

[6] http://topicexplorer.informatik.uni-halle.de

Anwendungen von statistischen Wahrscheinlichkeitsmodellen und von mathematischen Algorithmen. Die Ergebnisse dieser Berechnungen können in *R* mit zahlreichen weiteren Modulen visualisiert werden – wie z.B. mit dem *ggplot2*-Modul (Wickham 2009). *R* ist nicht die einzige Anwendung, die eine reiche Auswahl an Werkzeugen bietet, mit denen ein Topic-Modell-Verfahren effizient umgesetzt werden kann. Die Programmiersprache *Python* bietet ebenfalls Module an, die für die Topic-Modell-Analyse geeignet sind, und die in den Sozialwissenschaften immer mehr zur Anwendung auf dem Gebiet der semi-automatisierten Analyse von Textquellen kommen.[7]

Im Rahmen der Analyse von Texten und Textsammlungen ist *Python* insbesondere wegen der Anwendung *Natural Language Toolkit* (NLTK; vgl. Bird, Loper und Klein 2009) berühmt geworden. *NLTK* bietet praktische Werkzeuge für die Analyse von Sprachen und Spracheigenschaften an, und sie gilt gleichzeitig auch als eine Einführung in die *Python*-Programmiersprache. Diese Werkzeuge sind meistens für Sprachwissenschaftler entwickelt worden, die auf dem Gebiet der quantitativen Analyse von Sprachen arbeiten. Aber *NLTK* stellt keine Werkzeuge für Topic-Modell-Analysen zur Verfügung. Mit der Entwicklung von weiteren Bibliotheken – insbesondere *gensim* (vgl. Rehurek 2011) und *scikit-learn* (vgl. Pedregosa u. a. 2011) –, die mit den Bibliotheken *SciPy* (für numerische Algorithmen; vgl. https://www.scipy.org), *NumPy* (für wissenschaftliche rechnerische Operationen; vgl. http://www.numpy.org/) und *Matplotlib* (für die Herstellung von wissenschaftlichen Abbildungen; vgl. http://matplotlib.org/) arbeiten, ist es möglich, Topic-Modell-Verfahren zu programmieren und Topic-Modell-Analysen durchzuführen. In dieser Einführung stellen wir zwei Beispiele anhand von *Python* vor, für die wir *scikit-learn* und zusätzlich dazu auch die *pandas*-Bibliothek verwendet haben (vgl. http://pandas.pydata.org/). Diese Bibliothek ist für die Umwandlung unserer Daten in Matrizen und für die Abbildung unserer Ergebnisse nützlich.

Auf der Ebene der analytischen Vorbereitung des Topic-Modell-Verfahrens setzen *R* und *Python* die gleichen Bedingungen voraus. Die geeigneten Module bzw. Bibliotheken müssen jeweils in den Anwendungen geladen werden. Dann müssen die Textquellen eingespeist werden. Diese können bereinigt werden, wie bereits beschrieben wurde, um die Genauigkeit der Analyse zu begünstigen. Dann erfolgt die Anwendung von Topic-Modellen, die jene *topics* finden, die eine Textquelle strukturieren. In der Praxis unterscheidet sich aber der Ablauf in *Python* vom Ablauf in *R* darin, dass bei *Python* der Forscher/die Forscherin viel mehr bei der Konzeption des analytischen Verfahrens einbezogen wird. Dies kann als Nachteil oder als Vorteil gesehen werden. Für den Forscher/die Forscherin ohne grundlegende Kenntnis der *Python*-Programmiersprache wird der Nachteil sicherlich darin liegen, dass er/sie die Grundlage der *Python*-Programmiersprache lernen muss, nicht nur um komplexe, sondern auch um einfache Operationen (z.B. Texte mit *Python* zu laden, um sie zu analysieren) effizient durchführen zu können. *R* ist für den Laien sicherlich auch

---

[7] Vgl. hier besonders die Initiative von DARIAH-EU und seinem deutschen Zweig DARIAH-DE, die für die Verbreitung der Benutzung von *Python* in der qualitativen Sozialforschung werben (Riddell).

3.4 Umsetzung von Topic-Modell-Verfahren

nicht einfach zu lernen. Aber wenn es um den praktischen Einsatz von Werkzeugen für die semi-automatisierte Analyse von Textquellen geht, räumen die geeigneten Module in *R* viele Steine aus dem Weg. Umgekehrt wird dieser Nachteil zum Vorteil für den Forscher/die Forscherin, der/die sich mit der Grundlage der *Python*-Programmiersprache auskennt. *Python* ist eine Programmiersprache, die erlaubt, angepasste Verfahren sehr genau zu beschreiben, diese zu automatisieren und dann in Form von Anwendungen zu veröffentlichen. Das sind wichtige Gründe, weshalb wir in diesem Buch Beispiele mit *Python* vorstellen, selbst wenn die Ergebnisse, die man am Ende der Analyse mit *Python* oder mit *R* bekommt, vergleichbar sind. Die *R*- und *Python*-Programmskripte, die für die Analysen der Beispiele in den weiteren Kapiteln in diesem Buch verwendet werden, sind frei verfügbar.[8]

In der Praxis erfordert die Arbeit mit Topic-Modellen oft, zwischen den *topics*, den für ein *topic* relevanten Dokumentlisten und den Einzelansichten der Dokumente hin und her zu navigieren. Diese Arbeit läßt sich grundsätzlich mit *R* bzw. *Python* durch eine Art Dialog auf der Befehlskonsole erledigen. Der Anwender/die Anwenderin wechselt dabei ständig zwischen dem Eingeben von Befehlen und dem Auswerten und Interpretieren der Ausgaben hinsichtlich der Forschungsfrage. Aufgrund der Komplexität der Befehle ist dies für ungeübte Benutzer der Programmiersprachen ohne Hilfe nicht durchführbar. Auch für Anwender mit Programmierkenntnissen ist diese Herangehensweise oft unbefriedigend (vgl. Andorfer 2017). Deshalb wurden verschiedene Topic-Model-Browser entwickelt (vgl. Hinneburg, Preiss und Schröder 2012; Chuang, Manning und Heer 2012; Alexander u. a. 2014; Hinneburg u. a. 2014; Cui u. a. 2014), die meist Web-Applikationen sind, welche die *topics* als Wortlisten anzeigen und die eine interaktive Navigation zu Dokument-Rankings und Dokumenten ermöglichen. Der *TopicExplorer*, der an unserem Standort entwickelt wurde, unterstützt zusätzlich dazu den gesamten Analyse-Prozess interaktiv (vgl. Hinneburg, Preiss und Schröder 2012; Hinneburg u. a. 2014). Somit können auch Anwender ohne Programmierkenntnisse Topic-Modelle erstellen und insbesondere die Vorverarbeitung an ihre Fragestellung anpassen. Die interaktive Benutzeroberfläche lässt jedoch nicht alle Kombinationen der verschiedenen oben besprochenen Verfahren zu, sondern setzt meist nur eine von mehreren alternativen Heuristiken um.

Der Anwender/die Anwenderin kann hier ebenso wie mit *R* oder *Python* einen Kompromiss eingehen, bei dem er/sie zwischen dem Lernaufwand einer Programmiersprache und dem Ertrag der Topic-Modell-Analyse für die Fragestellung wählen kann. Um einen Eindruck des Potentials von Topic-Modellen zu bekommen und einfache Auswertungen durchzuführen, stellt ein Topic-Model-Browser, wie der TopicExplorer, ein hilfreiches Werkzeug dar.

Die Vorverarbeitung im TopicExplorer wird in Abbildung 3.2 dargestellt. Nach der Annotation der Wortarten in den Texten des Korpus können Wortarten für die Topic-Analyse ausgewählt werden. Innerhalb jeder Wortart können dann einzelne Wörter nach Häufigkeit oder manuell von der Topic-Analyse ausgeschlossen werden. Das Ergebnis einer Topic-Analyse zeigt die Benutzeroberfläche des TopicEx-

---

[8] https://gitlab.informatik.uni-halle.de/qualitative-forschung-mit-topic-modellen/r-python-code

Abb. 3.2: Das Beispiel zeigt wie innerhalb der Wortart „Substantiv" einzelne Wörter, die interaktiv ausgeschlossen werden können. Mittels der Schieberegler (unten) können Wörter aufgrund ihrer Häufigkeit entfernt werden.

plorers in Abbildung 3.3. Hier wird beispielhaft ein Topic-Modell einer Dokumentensammlung der 10.000 längsten englischen Wikipedia-Artikel dargestellt. Die *topics* werden im unteren Bereich als farbig hinterlegte Wortlisten dargestellt. Auf der Basis eines hierarchischen Clusters der Topic-Verteilungen werden ähnliche *topics* benachbart angeordnet. So gehören die vier links platzierten, gelb hinterlegten Topic-Wortlisten in Abbildung 3.3 alle zum Bereich Unterhaltung.

Die Farben wurden nach der durch eine hierarchische Cluster-Analyse berechneten Reihenfolge auf die Regenbogenfarbskala abgebildet. Die Farben sollen dem Anwender Hinweise zur Orientierung geben, welche *topics* Dokumenten und Wörtern zugeordnet wurden. In der Dokumentansicht (vgl. Abbildung 3.4) werden die Topic-Zuordnungen der Wörter durch Unterstreichungen dargestellt. Beide Ansichten dienen dazu, die Interpretationen von *topics* zu prüfen und mit Hilfe des Topic-Modells die Forschungsfrage zu bearbeiten. Der *TopicExplorer* speichert alle Daten der Texte und des Topic-Modells in einer relationalen Datenbank. Für weiter-

3.4 Umsetzung von Topic-Modell-Verfahren

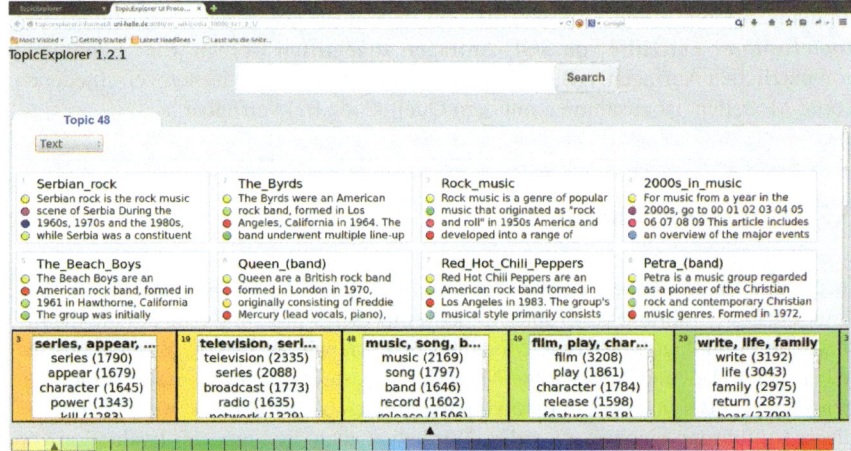

Abb. 3.3: Überblick über die Oberfläche des TopicExplorers mit Bedienelementen zur Suche, zum Ranking von Dokumenten und zur Topic-Darstellung und -Navigation.

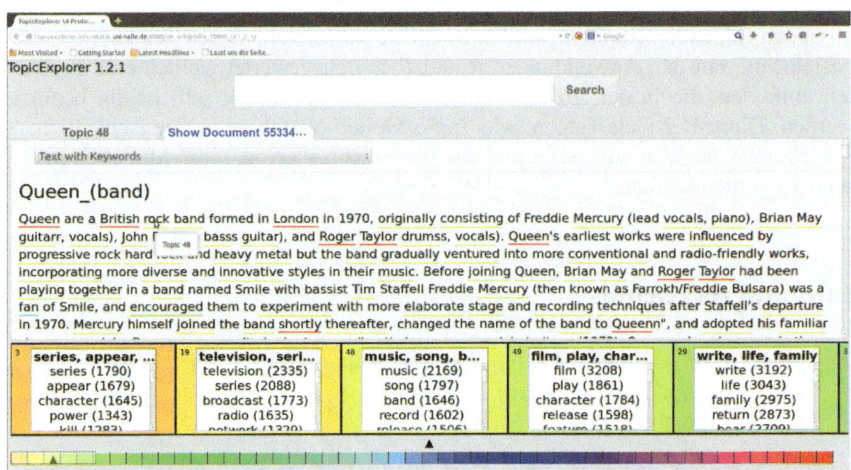

Abb. 3.4: Dokumentansicht des TopicExplorers: die farbigen Unterstreichungen der Wörter zeigen die Topic-Zuordnungen. Die nicht unterstrichenen Wörter wurden als Stoppwörter (sehr häufig) oder als zu seltene Wörter bei der Topic-Analyse nicht benutzt.

führende Analysen und Datenexport kann auf diese Datenbank unabhängig vom *TopicExplorer* mit Hilfe von SQL-Anfragen zugegriffen werden. Eine Sammlung von nützlichen Anfragen, z.B. für den Vergleich von *topics* zwischen verschiedenen Topic-Modellen, ist zusammen mit dem Quell-Code frei verfügbar[9].

3.5 Schlussbetrachtung

In diesem Kapitel haben wir beschrieben, wie Topic-Modelle funktionieren. Die konkrete Durchführung von Topic-Modell-Analysen wurde in Bezug auf die mathematische Grundlage von Topic-Modellen beschrieben. In diesem Zusammenhang haben wir LDA- und NMF-Topic-Modelle vorgestellt. Diese Modelle werden gegenwärtig im Bereich der Analyse von Textquellen häufig benutzt, weswegen sie in dieser Einführung eingesetzt werden. Wir haben auch die Frage der Evaluation von Topic-Modellen in Bezug auf den aktuellen Stand der Forschungsliteratur diskutiert. Abschließend wurden drei Möglichkeiten diskutiert, um Topic-Modell-Verfahren zu nutzen, nämlich die Anwendungen *R*, *Python* und die Web-Applikation *TopicExplorer*.

In den folgenden Kapiteln werden Beispiele mit verschiedenen Textquellen vorgestellt, die mit den Anwendungen *R* und *Pyton* ausgewertet werden und die Daten umfassen, die in der sozialwissenschaftlichen Forschung sehr häufig benutzt werden. Diese Beispiele zeigen, wie Topic-Modell-Verfahren in unterschiedlichen Forschungskontexten eingesetzt und wie die Ergebnisse von Topic-Modellen interpretiert werden können.

Literaturverzeichnis

Akaike, H. 1974. „A new look at the statistical model identification". *IEEE Transactions on Automatic Control* 19, Nr. 6 (Dezember): 716–723. ISSN: 0018-9286. doi:10.1109/TAC.1974.1100705.

Aletras, Nikolaos, und Mark Stevenson. 2013. „Evaluating topic coherence using distributional semantics". In *Proceedings of the 10th International Conference on Computational Semantics (IWCS'13)–Long Papers,* 13–22.

Alexander, Eric, Joe Kohlmann, Robin Valenza, Michael Witmore und Michael Gleicher. 2014. „Serendip: Topic model-driven visual exploration of text corpora". In *Visual Analytics Science and Technology (VAST), 2014 IEEE Conference on,* 173–182. Oktober. doi:10.1109/VAST.2014.7042493.

---

[9] https://github.com/hinneburg/TopicExplorer

LITERATURVERZEICHNIS

Andorfer, Peter. 2017. „Turing Test für das Topic Modeling. Von Menschen und Maschinen erstellte inhaltliche Analysen der Korrespondenz von Leo von Thun-Hohenstein im Vergleich." *Zeitschrift für digitale Geisteswissenschaften.* doi:10.17175/2017_002. http://www.zfdg.de/2017_002.

Asuncion, Arthur, Max Welling, Padhraic Smyth und Yee Whye Teh. 2009. „On Smoothing and Inference for Topic Models". In *Proceedings of the Twenty-Fifth Conference Annual Conference on Uncertainty in Artificial Intelligence (UAI-09),* 27–34. Corvallis, Oregon: AUAI Press.

Bird, S., E. Loper und E. Klein. 2009. *Natural Language Processing with Python.* O'Reilly Media Inc. http://www.nltk.org/book/.

Bishop, Christopher M. 2006. *Pattern Recognition and Machine Learning (Information Science and Statistics).* Secaucus, NJ, USA: Springer-Verlag New York, Inc. ISBN: 0387310738.

Blei, David M. 2012. „Probabilistic Topic Models". *Commun. ACM* (New York, NY, USA) 55, Nr. 4 (April): 77–84. ISSN: 0001-0782. doi:10.1145/2133806.2133826. http://doi.acm.org/10.1145/2133806.2133826.

Blei, David M., Andrew Y. Ng und Michael I. Jordan. 2003. „Latent Dirichlet Allocation". *J. Mach. Learn. Res.* 3 (März): 993–1022. ISSN: 1532-4435. http://dl.acm.org/citation.cfm?id=944919.944937.

Chang, Jonathan, Sean Gerrish, Chong Wang, Jordan L. Boyd-graber und David M. Blei. 2009. „Reading Tea Leaves: How Humans Interpret Topic Models". In *Advances in Neural Information Processing Systems 22,* herausgegeben von Y. Bengio, D. Schuurmans, J.D. Lafferty, C.K.I. Williams und A. Culotta, 288–296. Curran Associates, Inc. http://papers.nips.cc/paper/3700-reading-tea-leaves-how-humans-interpret-topic-models.pdf.

Chuang, Jason, Christopher D. Manning und Jeffrey Heer. 2012. „Termite: Visualization Techniques for Assessing Textual Topic Models". In *Proceedings of the International Working Conference on Advanced Visual Interfaces,* 74–77. AVI '12. Capri Island, Italy: ACM. ISBN: 978-1-4503-1287-5. doi:10.1145/2254556.2254572. http://doi.acm.org/10.1145/2254556.2254572.

Cui, Weiwei, Shixia Liu, Zhuofeng Wu und Hao Wei. 2014. „How Hierarchical Topics Evolve in Large Text Corpora". *Visualization and Computer Graphics, IEEE Transactions on* 20, Nr. 12 (Dezember): 2281–2290. ISSN: 1077-2626. doi:10.1109/TVCG.2014.2346433.

Deerwester, Scott, Susan T. Dumais, George W. Furnas, Thomas K. Landauer und Richard Harshman. 1990. „Indexing by latent semantic analysis". *Journal of the American Society for Information Science* 41 (6): 391–407. ISSN: 1097-4571. doi:10.1002/(SICI)1097-4571(199009)41:6<391::AID-ASI1>3.0.CO;2-9. http://dx.doi.org/10.1002/(SICI)1097-4571(199009)41:6%3C391::AID-ASI1%3E3.0.CO;2-9.

Ding, Chris, Tao Li und Wei Peng. 2008. „On the equivalence between Nonnegative Matrix Factorization and Probabilistic Latent Semantic Indexing". *Computational Statistics & Data Analysis* 52 (8): 3913–3927. ISSN: 0167-9473. doi:https://doi.org/10.1016/j.csda.2008.01.011. http://www.sciencedirect.com/science/article/pii/S0167947308000145.

Eldén, L. 2007. *Matrix Methods in Data Mining and Pattern Recognition.* Society for Industrial / Applied Mathematics. doi:10.1137/1.9780898718867. eprint: http://epubs.siam.org/doi/pdf/10.1137/1.9780898718867.

Feinerer, I., K. Hornik und D. Meyer. 2008. „Text Mining Infrastructure". R. *Journal of Statistical Software* 25 (5): 1–54. http://www.jstatsoft.org/v25/i05/.

Foulds, James, Levi Boyles, Christopher DuBois, Padhraic Smyth und Max Welling. 2013. „Stochastic Collapsed Variational Bayesian Inference for Latent Dirichlet Allocation". In *Proceedings of the 19th ACM SIGKDD International Conference on Knowledge Discovery and Data Mining,* 446–454. KDD '13. Chicago, Illinois, USA: ACM. ISBN: 978-1-4503-2174-7. doi:10.1145/2487575.2487697. http://doi.acm.org/10.1145/2487575.2487697.

Griffiths, T., und M. Steyvers. 2004. „Finding scientific topics". *Proceedings of the National Academy of Sciences of the United States of America* 101 (1): 5228–5235.

Grün, B., und K. Hornik. 2011. „topicmodels: An R Package for Fitting Topic Models". *Journal of Statistical Software* 40 (13). https://www.jstatsoft.org/index.php/jss/article/view/v040i13/v40i13.pdf.

Hastie, Trevor, Robert Tibshirani und Jerome Friedman. 2001. *The Elements of Statistical Learning.* Springer.

Hearst, M. A. 2003. *What is Text Mining?* http://people.ischool.berkeley.edu/~hearst/text-mining.html.

Hinneburg, Alexander, Rico Preiss und René Schröder. 2012. „TopicExplorer: Exploring Document Collections with Topic Models". In *Proceedings of the 2012 European Conference on Machine Learning and Knowledge Discovery in Databases - Volume Part II,* 838–841. ECML PKDD'12. Bristol, UK: Springer-Verlag. ISBN: 978-3-642-33485-6. doi:10.1007/978-3-642-33486-3_59. http://dx.doi.org/10.1007/978-3-642-33486-3_59.

Hinneburg, Alexander, Frank Rosner, Stefan Pessler und Christian Oberländer. 2014. „Exploring Document Collections with Topic Frames". In *Proceedings of the 23rd ACM International Conference on Conference on Information and Knowledge Management,* 2084–2086. CIKM '14. Shanghai, China: ACM. ISBN: 978-1-4503-2598-1. doi:10.1145/2661829.2661857. http://doi.acm.org/10.1145/2661829.2661857.

Hofmann, Thomas. 1999. „Probabilistic Latent Semantic Indexing". In *Proceedings of the 22Nd Annual International ACM SIGIR Conference on Research and Development in Information Retrieval,* 50–57. SIGIR '99. Berkeley, California, USA: ACM. ISBN: 1-58113-096-1. doi:10.1145/312624.312649. http://doi.acm.org/10.1145/312624.312649.

———. 2000. „Learning the Similarity of Documents: An Information-Geometric Approach to Document Retrieval and Categorization". In *Advances in Neural Information Processing Systems 12,* herausgegeben von S. A. Solla, T. K. Leen und K. Müller, 914–920. MIT Press. http://papers.nips.cc/paper/1654-learning-the-similarity-of-documents-an-information-geometric-approach-to-document-retrieval-and-categorization.pdf.

Lau, Jey Han, David Newman und Timothy Baldwin. 2014. „Machine reading tea leaves: Automatically evaluating topic coherence and topic model quality". In *Proceedings of the European Chapter of the Association for Computational Linguistics.*

Lee, Daniel D., und H. Sebastian Seung. 1999. „Learning the parts of objects by nonnegative matrix factorization". *Nature* 401:788–791.

———. 2001. „Algorithms for Non-negative Matrix Factorization". In *Advances in Neural Information Processing Systems 13,* herausgegeben von T. K. Leen, T. G. Dietterich und V. Tresp, 556–562. MIT Press. http://papers.nips.cc/paper/1861-algorithms-for-non-negative-matrix-factorization.pdf.

Lim, K. W., W. Buntine, C. Chen und L. Du. 2016. „Nonparametric Bayesian Topic Modelling with the Hierarchical Pitman-Yor Processes". *ArXiv e-prints* (September). arXiv: 1609.06783 [stat.ML].

Lim, Kar Wai, Wray Buntine, Changyou Chen und Lan Du. 2016. „Nonparametric Bayesian topic modelling with the hierarchical Pitman–Yor processes". *International Journal of Approximate Reasoning* 78 (Supplement C): 172–191. ISSN: 0888-613X. doi:https://doi.org/10.1016/j.ijar.2016.07.007. http://www.sciencedirect.com/science/article/pii/S0888613X16301128.

Michalke, M. 2014. *koRpus: An R Package for Text Analysis.* http://reaktanz.de/?c=hacking&s=koRpus.

Newman, David, Jey Han Lau, Karl Grieser und Timothy Baldwin. 2010. „Automatic evaluation of topic coherence". In *Human Language Technologies: The 2010 Annual Conference of the North American Chapter of the Association for Computational Linguistics,* 100–108. Association for Computational Linguistics.

Paatero, Pentti, und Unto Tapper. 1994. „Positive matrix factorization: A nonnegative factor model with optimal utilization of error estimates of data values". *Environmetrics* 5 (2): 111–126. ISSN: 1099-095X. doi:10.1002/env.3170050203. http://dx.doi.org/10.1002/env.3170050203.

Pauca, V. P., F. Shahnaz, M. W. Berry und R. J. Plemmons. 2004. „Text mining using non-negative matrix factorizations". In *Proc. SIAM International Conference on Data Mining (SDM)*, 452–456.

Pedregosa, F., G. Varoquaux, A. Gramfort, V. Michel, B. Thirion, O. Grisel, M. Blondel u. a. 2011. „Scikit-learn: Machine Learning in Python". *Journal of Machine Learning Research* 12:2825–2830.

Porteous, Ian, David Newman, Alexander Ihler, Arthur Asuncion, Padhraic Smyth und Max Welling. 2008. „Fast Collapsed Gibbs Sampling for Latent Dirichlet Allocation". In *Proceedings of the 14th ACM SIGKDD International Conference on Knowledge Discovery and Data Mining*, 569–577. KDD '08. Las Vegas, Nevada, USA: ACM. ISBN: 978-1-60558-193-4. doi:10.1145/1401890. 1401960. http://doi.acm.org/10.1145/1401890.1401960.

Rehurek, R. 2011. „Scalability of Semantic Analysis in Natural Language Processing". Diss., Masaryk University. https://radimrehurek.com/phd_rehurek.pdf.

Riddell, Allen. *Text Analysis with Topic Models for the Humanities and Social Sciences.* https://de.dariah.eu/tatom/index.html.

Rinker, T. 2013. *qdap: Quantitative Discourse Analysis Package. version 2.1.0.* Buffalo: University at Buffalo. http://github.com/trinker/qdap.

Röder, Michael, Andreas Both und Alexander Hinneburg. 2015. „Exploring the Space of Topic Coherence Measures". In *Proceedings of the Eighth ACM International Conference on Web Search and Data Mining*, 399–408. WSDM '15. Shanghai, China: ACM. ISBN: 978-1-4503-3317-7. doi:10.1145/2684822. 2685324. http://doi.acm.org/10.1145/2684822.2685324.

Schneider, Johannes. 2018. „Topic Modeling based on Keywords and Context". In *2018 SIAM International Conference on Data Mining, SDM'18, May 3 - May 5, 2018.* http://arxiv.org/abs/1710.02650.

Schwarz, Gideon. 1978. „Estimating the Dimension of a Model". *Ann. Statist.* 6, Nr. 2 (März): 461–464. doi:10.1214/aos/1176344136. https://doi.org/10.1214/aos/1176344136.

Shahnaz, F., M. W. Berry, V. P. Pauca und R. J. Plemmons. 2006. „Document clustering using non-negative matrix factorization". *Information Processing & Management* 42:373–386.

Stevens, Keith, Philip Kegelmeyer, David Andrzejewski und David Buttler. 2012. „Exploring Topic Coherence over Many Models and Many Topics". In *Proceedings of the 2012 Joint Conference on Empirical Methods in Natural Language Processing and Computational Natural Language Learning*, 952–961. EMNLP-CoNLL '12. Jeju Island, Korea: Association for Computational Linguistics. http://dl.acm.org/citation.cfm?id=2390948.2391052.

Team, R. Core. 2015. *R: A language and environment for statistical computing.* Wien: R Foundation for Statistical Computing. https://www.R-project.org/.

Teh, Yee W., David Newman und Max Welling. 2007. „A Collapsed Variational Bayesian Inference Algorithm for Latent Dirichlet Allocation". In *Advances in Neural Information Processing Systems 19,* herausgegeben von B. Schölkopf, J. C. Platt und T. Hoffman, 1353–1360. MIT Press. http://papers.nips.cc/paper/3113-a-collapsed-variational-bayesian-inference-algorithm-for-latent-dirichlet-allocation.pdf.

Wallach, Hanna M., Iain Murray, Ruslan Salakhutdinov und David Mimno. 2009. „Evaluation Methods for Topic Models". In *Proceedings of the 26th Annual International Conference on Machine Learning,* 1105–1112. ICML '09. Montreal, Quebec, Canada: ACM. ISBN: 978-1-60558-516-1. doi:10.1145/1553374.1553515. http://doi.acm.org/10.1145/1553374.1553515.

Welling, Max, Chaitanya Chemudugunta und Nathan Sutter. 2008. „Deterministic Latent Variable Models and their Pitfalls". In *Proceedings of the 2008 SIAM International Conference on Data Mining,* 196–207. doi:10.1137/1.9781611972788.18. eprint: http://epubs.siam.org/doi/pdf/10.1137/1.9781611972788.18. http://epubs.siam.org/doi/abs/10.1137/1.9781611972788.18.

Wickham, H. 2009. *ggplot2: Elegant Graphics for Data Analysis.* London, New York, Heidelberg, Dodrecht: Springer.

Witte, R., und J. Müller. 2006. *Text Mining. Wissensgewinnung aus natürlichsprachigen Dokumenten.* http://digbib.ubka.uni-karlsruhe.de/volltexte/documents/3230.

Yao, Limin, David Mimno und Andrew McCallum. 2009. „Efficient Methods for Topic Model Inference on Streaming Document Collections". In *Proceedings of the 15th ACM SIGKDD International Conference on Knowledge Discovery and Data Mining,* 937–946. KDD '09. Paris, France: ACM. ISBN: 978-1-60558-495-9. doi:10.1145/1557019.1557121. http://doi.acm.org/10.1145/1557019.1557121.

Kapitel 4
Interviews in zwei Sprachen. Ein Beispiel aus der Kunstsoziologie

In diesem Kapitel stellen wir eine Untersuchung im Rahmen der Kunstsoziologie vor, die zusammen mit Kollegen in Frankreich durchgeführt wurde (Vidal und Papilloud 2015). Das Ziel dieser Untersuchung war, die beruflichen Karrieren von *Digital Arts* Künstlern in Frankreich und in Deutschland auf Grundlage von Interviews zu untersuchen und hieraus abzuleiten, wie diese Karrieren strukturiert werden und welche Akteure, neben den Künstlern, zu deren Karriere beitragen. In diesem Zusammenhang haben wir es mit zwei unterschiedlichen Sprachen, unterschiedlichen gesellschaftlichen Hintergründen der Akteure sowie mit unterschiedlichen sozialen und persönlichen Erfahrungen zu tun. Selbst der Tätigkeitsbereich – der digitalen Kunst – ist vielfältig. Die digitale Kunst ist ein kleiner Bereich von kreativen Tätigkeiten, der häufig die Grenzen von künstlerischen Tätigkeiten überschreitet. Digitale Künstler kollaborieren häufig mit Unternehmen und Industrien der digitalen Ökonomie. Ebenfalls bilden sie in Zusammenarbeit mit Wissenschaftlern Projekte. Schließlich sind die Akteure der digitalen Kunst nicht nur Künstler. Es handelt sich oftmals um Ingenieure, Wissenschaftler, manchmal Amateure, deren Ziel darin besteht, zeitgenössische digitale Medien so zur Kunstproduktion zu nutzen, dass hierdurch Diskurse zum alltäglichen Gebrauch dieser Medien in unseren Gesellschaften angeregt werden sollen (vgl. Vidal und Angé 2005, Vidal 2011).

Diese Erkenntnis entstand aus einer früheren Untersuchung, die in Frankreich am Beispiel einer kleinen Gruppe von fünf Künstlern und Autoren aus den digitalen Künsten durchgeführt wurde (vgl. Fourmentraux u. a. 2014). Diese Künstler und Autoren waren im Bereich der *NetArt* tätig, die sich am Rand der digitalen Kunst befindet.[1] Aus der vorherigen Untersuchung ergab sich, dass die Künstler und Autoren des *NetArt* eine Kritik der digitalen Medien formulieren, was nicht überraschend ist, da diese Kritik die geschichtliche Entwicklung der digitalen Kunst begleitet hat. Dagegen überraschte das Ergebnis, dass die Kritik für diese Künstler und Autoren

---

[1] Künstler im Bereich der *NetArt* arbeiten seit den 90er Jahren an der Veränderung von Funktionen der digitalen Medien – Geräte, Anwendungen, und auch Internet. Seit dem Jahr 2000 entwickeln sie ihre Arbeit in Bezug auf partizipative Potentiale – im Austausch mit einem Publikum von Interessierten oder von Neugierigen – über die digitalen Medien in unserer Gesellschaft. Zu diesen verschiedenen Punkten, vgl. Thacker 1999, Vidal 2008.

des *NetArt* keine zentrale Rolle für die Entwicklung ihrer Tätigkeit und darüber hinaus für die Entwicklung ihrer Laufbahn spielte. Demgegenüber ist es für sie selbst sehr wichtig, dass ihre Arbeit es ihnen erlaubt, eine Position in der Gesellschaft einzunehmen und zu stabilisieren. Zu diesem Zweck entwickeln sie eine Strategie der beruflichen Positionierung, zu der möglichst jedes Projekt beitragen soll und wofür sie weitere Akteure, nicht selten außerhalb der Kunst, mobilisieren müssen. Die Künstler und Autoren der *NetArt* zeigen sich auch für berufliche Alternativen außerhalb der Kunst offen. Diese Alternativen werden nicht nur zwecks einer Überlebensstrategie in der Kunst entwickelt, sondern sie bieten für diese Künstler und Autoren weitere Möglichkeiten, soziale Anerkennung für ihre Arbeit zu erlangen. Sie erhalten diese Anerkennung auch in Bezug auf Unternehmen/Firmen, die sie fördern oder manchmal befristet einstellen können oder in Bezug auf öffentliche/private Institutionen, die eine Art vermittelnde Instanz für die Beziehung darstellen, welche die *NetArtists* mit Unternehmen/Firmen oder mit Institutionen der Kunst eingehen möchten.

Nach dieser ersten Sondierungsarbeit wollten wir unsere Ergebnisse im Rahmen einer breiteren und vergleichbaren Untersuchung vertiefen, auch weil der Forschungsstand über digitale Kunst in unseren Fächern überschaubar war. Zwar sind in den Bereichen der Geistes- und Sozialwissenschaften zahlreiche berühmte Werke über die Kunst, die Künstler, ihre Milieus und die künstlerischen Güter veröffentlicht worden.[2] Dennoch wird wenig über die digitale Kunst geschrieben.[3] Einige Veröffentlichungen dokumentieren die Existenz der digitalen Kunst und ihre Entwicklung seit den 90er Jahren.[4] Diese Beiträge werden von Arbeiten begleitet, die die Geschichte der digitalen Kunst vor den 90er Jahren untersuchen, um die Verbindung von digitalen Medien und künstlerischer Kreativität zu rekonstruieren.[5] Aber insgesamt bleibt die Forschung im Vergleich zu anderen Kunstbereichen überschaubar, und die Frage nach dem „Doppelleben" der Künstler der digitalen Kunst – einem Leben in der Kunst oder einem Leben in der Wirtschaft – wird kaum gestellt (Kisseleva 2011). Wie für die Pilotstudie über die Künstler des *NetArt* wurde diese neue Untersuchung im Rahmen eines qualitativen Verfahrens auf der Grundlage von Interviews durchgeführt. Die Befragten waren Künstler der digitalen Kunst, Vertreter von Unternehmen/Firmen und von privaten sowie öffentlichen Institutionen, die am Aufbau der beruflichen Karriere der Künstler beteiligt sind. Letztere wollen wir nunmehr vorstellen.

---

[2] Wir erwähnen hier nur exemplarisch Francastel 1970, Bourdieu 1992, Chiapello 1998, Leveratto 2000, Heinich 2001, Reckwitz 2012.

[3] In der geistes- und sozialwissenschaftlichen Literatur zur Kunst und anderen vergleichbaren Werken taucht die digitale Kunst als Forschungsgegenstand kaum auf. Es gibt dennoch einige Ausnahmen, wie die Arbeiten von Moulin (vgl. Moulin 2000) an der Kreuzung von Kunstmarkt und digitalen Technologien, oder auch, näher an unserer Argumentation, die Anregungen von Scott (vgl. Scott u. a. 2013) in der Tradition des symbolischen Interaktionismus.

[4] Vgl. die Arbeiten von Fourmentraux (vgl. Fourmentraux 2010a, 2010b, 2013).

[5] Vgl. Kane 2010, Welker 2013, Sapsed und Tschang 2014, Tremblay 2008.

4.1 Die Befragten: Künstler, Vermittler und Förderer

Ein Grund, weshalb nicht nur Künstler, sondern auch weitere Akteure berücksichtigt werden müssen, um die Laufbahn dieser Künstler verstehen zu können, liegt darin, dass diese Künstler mit digitalen Technologien arbeiten. Sie sind daher in der Lage, nicht nur digitale Kunstwerke zu produzieren, sondern auch Konzepte zu entwickeln, die für Unternehmen/Firmen sowie für öffentliche Institutionen von Interesse sein könnten. Neben Expertenwissen bzw. Kompetenzen bringen diese Künstler auch Innovationspotentiale ein, die in Form von Produkten oder von Dienstleistungen implementiert werden können. Wenn wir also von der beruflichen Laufbahn von Künstlern der digitalen Kunst sprechen, berücksichtigen wir unmittelbar zusätzliche Akteure, die mit den Künstlern im Austausch stehen und die wir bei unserer Untersuchung einbeziehen müssen. Diese Akteure sind einerseits Vertreter von öffentlichen (Ministerien, Regionen, Städten) und privaten (z.B. Eventagenturen) Institutionen, die das Verhältnis zwischen Künstlern und Ansprechpartnern in der Kunst oder in der Wirtschaft mitarrangieren. Andererseits handelt es sich auch um Vertreter von Unternehmen, Berater für die Förderung der digitalen Kunst oder Vertreter von Galerien, die Produkte dieser Künstler auf den Markt bringen können.

Diese drei Gruppen von Akteuren – Künstler, Vermittler und Förderer – zu befragen, war nicht immer unproblematisch. Die Künstler wollen häufig nur ungern über ihre berufliche Laufbahn sprechen, weil sie befürchten, aufgrund ihrer oftmals nicht geradlinig verlaufenden Karriere nachteilig beurteilt zu werden. Die Vermittler und die Förderer bleiben wie die Künstler oft zurückhaltend wenn es darum geht, Fragen über ihre Tätigkeit hinsichtlich der Karriere von Künstlern zu beantworten. Meistens befürchten sie, auch für die Misserfolge der Künstler verantwortlich gemacht zu werden. Um diese möglichen Missverständnisse und Hindernisse abzubauen, haben wir uns für eine auf dem offenen Gespräch basierte Forschungsstrategie entschieden. Wir haben den Befragten also Gespräche angeboten, die wir mit einem Leitfaden im klassischen Sinne der Leitfadeninterviews strukturiert haben (Mayring 2010), die wir aber relativ frei gehandhabt haben, so dass die Akteure nicht den Eindruck bekamen, in irgendeiner Form von uns beurteilt zu werden oder bestimmte Antworten auf unsere Fragen ausdrücken zu müssen. Diese erste Schwierigkeit war unmittelbar mit einer zweiten Schwierigkeit verbunden: Wie finden wir unsere Befragten?

Wir haben die Technik der theoriegeleiteten Stichprobe benutzt, die durch ein Schneeballverfahren erweitert wurde (vgl. Strübing 2010, 154). Es wurde nach Akteuren gesucht, deren Rolle als Künstler, Vermittler oder Förderer im Bereich der digitalen Kunst bestätigt war. Unsere Quelle hierfür war, ganz allgemein, das Internet. In der digitalen Kunst spielt das Internet eine wichtige Rolle als Veröffentlichungsinstanz von Werken, bei denen Künstler und Partner erwähnt werden, so dass der Zugriff auf diese Medien ein erster Anhaltspunkt für die Kontaktaufnahme mit den gesuchten Akteuren war. Es hat sich allerdings gezeigt, dass die dort zu findenden Kontaktdaten nicht ausreichen sollten. Wir haben deshalb die Befragten unserer ersten Untersuchung über *NetArtistes* in Frankreich gebeten, uns weitere mögliche Kontaktpersonen zu nennen, um so zusätzliche Akteure zu gewinnen. Wir haben diese dann per E-Mail und per Telefon angefragt, das Ziel unserer Untersuchung vorgestellt und schließlich gegebenenfalls Termine für die Interviews vereinbart. Diese Auswahl der Befragten hat sechs Monate gedauert, und am Ende konnten wir insgesamt 25 Akteure für unsere Forschung gewinnen und schließlich befragen (vgl. Tabelle 4.1).

Tabelle 4.1: Die Befragten in Frankreich und Deutschland

Akteure	Frankreich	Deutschland
Künstler (A für Artistes ǀ K für Künstler)	6	3
Vermittler (I für Intermédiaires ǀ V für Vermittler)	6	5
Förderer (E für Entreprises ǀ F für Förderer)	2	3

Die bescheidende Größe und die Unausgewogenheit unserer Stichprobe, zu sehen in Tabelle 4.1, spiegelt einerseits eine Wirklichkeit der digitalen Kunst wider, die in unserem Fall insbesondere die deutschen Künstler und die französischen sowie die deutschen Förderer betrifft. In der Tat gibt es in Frankreich und in Deutschland wenige Akteure, die den Kern ihrer Tätigkeit in der digitalen Kunst ansiedeln. Wir konnten mehr Gespräche mit den Vermittlern durchführen, die an den Schnittstellen zwischen Künstlern und öffentlichen oder privaten Sektoren arbeiten, entweder in der Kunst oder in den unterschiedlichen Bereichen der digitalen Ökonomie.

Andererseits hängen die Größe und die ungleiche Verteilung unserer Stichprobe mit der räumlichen Verteilung der Befragten zusammen. In Frankreich arbeiten die Befragten mehrheitlich in der Ile-de-France, weshalb sie für uns schneller und leichter erreichbar waren. In Deutschland verteilen sie sich über das gesamte Land, weshalb wir in der gegebenen Zeit, die uns für das Projekt zur Verfügung stand, Schwierigkeiten hatten, die Gespräche durchzuführen. Am Ende unserer Feldforschung bilden unsere 25 Befragten ungefähr 10% der Akteure ab, die wir im Rahmen unserer Untersuchung angefragt haben. Die Mehrheit der angefragten Akteure konnte nicht weiter berücksichtigt werden, weil sie entweder nicht im Rahmen der digitalen Kunst tätig waren, oder weil sie an dem angebotenen Gespräch nicht teilnehmen konnten oder wollten. Die Gespräche mit diesen Akteuren haben wir schließlich mit einem Topic-Modell-Verfahren ausgewertet.

4.2 Topic-Modell-Verfahren – Vorbereitung und Anwendung

In den Kapiteln 2 und 3 haben wir die Grundlagen von Topic-Modelling vorgestellt. In diesem Kapitel benutzen wir den *LDA* Algorithmus (*Latent Dirichlet Allocation*) von David Blei (Blei, Ng und Jordan 2003, Blei 2012) mit *R*, um unsere Analyse durchzuführen (Team 2015). Die *R*-Programmskripte für diese Analyse sind frei verfügbar.[6] Wir wollten wissen, wie die Befragten auf der Grundlage der wichtigsten Themen, die sich aus ihren Erzählungen ergeben, verglichen werden können. Mit diesen Themen wollten wir die semantische Struktur der Antworten abbilden (Hearst 2003, Witte und Müller 2006, 42 ff.) und stellten entsprechend die folgenden Fragen, die gleichzeitig unser Verfahren strukturierten:

- Ergeben sich aus den Antworten der Befragten vergleichbare Themen für die französischen und deutschen Befragten?
- Welche Befragten prägen diese Themen am meisten/am wenigsten?
- Kann man Verbindungen zwischen den Befragten auf Grundlage der Themen erkennen?

Das entsprechende Modul in *R*, mit dem semantische Strukturen rekonstruiert werden können, ist das *topicmodels*-Modul (Grün und Hornik 2011), welches in den Kapiteln 2 und 3 eingeführt wurde und bei der hier vorgestellten Untersuchung benutzt wurde. Neben der Konzeption des Topic-Modell-Verfahrens sind zudem verschiedene vorbereitende Maßnahmen für die Güte und Genauigkeit der Textauswertung – in unserem Falle der Auswertung von Interviews – von Bedeutung. Diese Vorbereitungsmaßnahmen betreffen zuerst die Konstruktion des Leitfadens.

4.2.1 Leitfaden

Im Rahmen der Forschung benutzten wir Text-Dateien als Grundlage für die Analyse mit dem Topic-Modell-Verfahren.[7] Diese Text-Dateien sind im Rahmen unserer Untersuchung transkribierte Interviews (Dittmar 2002), für die wir einen Leitfaden konstruiert haben. Dieser Leitfaden besteht aus sieben Kategorien, für die offene Fragen und Nachfragen formuliert wurden (vgl. Anhang A; vgl. dazu Kohli 1978). Die erste Kategorie ist gleichsam der Einstieg in das Interview: Die Kategorie der Selbstdarstellung. Daraufhin sprechen die Befragten über ihre Ausbildung und ihre Erfahrungen während dieser Zeit (Kategorie 2). Die dritte Kategorie hat mit dem Verhältnis zum Publikum der digitalen Kunst zu tun. Die vierte Kategorie betrifft das Verhältnis der Befragten zum Kunstmarkt. Die fünfte Kategorie fasst die Beziehung der Befragten zu Kulturinstitutionen zusammen, die sechste adressiert das Verhältnis der Befragten zu wirtschaftlichen Märkten außerhalb des Kunstmarktes. Schließlich gibt die letzte Kategorie den Befragten die Möglichkeit, sich hinsichtlich ihrer Zukunft zu äußern oder weitere Punkte zu erwähnen, die sie im Gespräch bislang nicht angesprochen hatten. Die Gespräche haben durchschnittlich eine Stunde gedauert.

---

[6] https://gitlab.informatik.uni-halle.de/qualitative-forschung-mit-topic-modellen/r-python-code

[7] Text-Dateien sind nicht die einzige Datenform qualitativer Untersuchungen. Tatsächlich gibt es Untersuchungen, die das Protokollieren von Gesprächen oder Interviews bewusst ablehnen, um dem Wortlaut dieser Gespräche und Interviews treu zu bleiben (vgl. Guéranger 2009). Entsprechend werden die aufgenommenen Audio- oder Videodateien manchmal im Stil der Konversationsanalyse untersucht und mit entsprechenden Anwendungen (z.B. Sonal) analysiert.

Entsprechend der Darlegung besteht also der Leitfaden aus möglichst orthogonalen Kategorien bzw. aus Kategorien, die wir so unabhängig wie möglich voneinander gehalten haben. Dies haben wir bewusst entschieden, um mögliche Überschneidungen der Themen im voraus zu vermeiden. Unser Topic-Modell-Verfahren wurde ebenfalls kategorial entlang des Leitfadens und nicht auf ganze Interviews angewendet. Da sich die Befragten auf Französisch und auf Deutsch ausdrücken konnten und wir ihre Antworten nicht übersetzen wollten, um ihre Authentizität zu bewahren, müssen wir je Kategorie ein Topic-Modell für die französischsprachigen Akteure und ein Topic-Modell für die deutschsprachigen Akteure berechnen. Dieses Verfahren hat den Vorteil, dass eine Vergleichsperspektive je Kategorie des Leitfadens entwickelt wird, um intra- und intergruppenbezogene Nähe und Distanz systematisch in einem Zug interpretieren zu können.

Die Anwendung von Topic-Modellen stellt nicht nur Ansprüche an die Methodenadäquanz und Bedingungen an die Konstruktion und Konzeption des Leitfadens, sondern auch an die Bereinigung der Interviews und eine analytische Strategie, mit der die Topic-Modelle berechnet werden sollen.

4.2.2 Bereinigung der Interviews

In Kapitel 3 wurde erwähnt, dass das *tm*-Modul Werkzeuge anbietet, die es erlauben, Texte für die semi-automatisierte Analyse vorzubereiten und, wie in unserem Fall, zu bereinigen. Bei unserer Forschung wollen wir nicht alle Wörter behalten, sondern nur die notwendigen, die im Kontext der Aussagen ein hohes Informationspotential aufgeladener Begriffe enthalten. Entsprechend wurden Stoppwörter (vom Englischen *stop words*) und solche Wörter aus der Analyse entfernt, die z.B. Verzögerungslaute (äh, ähm, etc.) bezeichnen, oder die mit der Körpersprache der Befragten (#lacht, o.ä.) verbunden sind. Diese Arbeit musste für zwei Sprachen durchgeführt werden, was das *tm*-Modul nicht unmittelbar anbietet, weshalb wir das *tm*-Modul zuerst für eine Sprache und dann für die andere Sprache eingesetzt haben.[8] Die Begriffe wurden nicht auf ihre Wurzel reduziert, weil unsere Analyse nicht den Wortschatz als solchen betraf, den die Befragten benutzt haben, sondern die Position, die sie gegenüber unseren Fragen einnehmen. Schließlich haben wir die Fragen und weitere Kommentierungen, die vom Forscher kamen, aus den Dateien entfernt, damit die Topic-Modelle, die wir bilden, nur auf der Grundlage der Aussagen der Befragten gebildet werden.

---

[8] Das *tm*-Modul bietet jedoch eine mittelbare Lösung zu diesem Problem an, indem die Interviews nach Sprachen getrennt, und zuerst separat behandelt werden können, um Matrizen von Dokumenten qua Begriffen in zwei Sprachen zu erhalten. Dann werden diese Matrizen zusammen zu einer einzigen Matrix verbunden. In unserem Fall haben wir auf diese Möglichkeit verzichtet, und wir haben stattdessen zwei Verfahren – ein Verfahren je Sprache – hergestellt, bzw. die Matrizen separat voneinander gebildet und im Rahmen der Topic-Modell-Berechnung ebenfalls separat behandelt.

Die Bereinigung der Interviews kann nicht vollständig automatisiert werden – selbst wenn im Rahmen unserer Forschung einige Befehle geschrieben wurden, um diese Arbeit zu beschleunigen, so müssen die Text-Dateien schließlich doch noch einmal per Hand geprüft und vollständig bereinigt werden. Diese Arbeit ist manchmal mühsam, aber sie ist wichtig, da die Qualität der Texte die Analyse beeinflusst. Sie schließt noch nicht das Verfahren ab, das wir eingesetzt haben. Wir wollten nicht nur unsere Interviews bereinigen. Wir müssen noch eine Strategie entwickeln, um die Analyse der Interviews durchzuführen.

4.2.3 Forschungsstrategie

Bei dieser Untersuchung bestand unsere Forschungsstrategie darin, die Topic-Modell-Analyse auf der Grundlage von Listen mit Begriffen durchzuführen, die aus den Antworten unserer Befragten generiert wurden, und die für die Befragten von großer Bedeutung waren. Die Notwendigkeit dieser Forschungsstrategie ergab sich vor allem aus der geringen Zahl der Befragten je Gruppe. Damit erhöhen wir also die Wahrscheinlichkeit, die artikulierte Nähe oder Distanz zwischen unseren Befragten erkennen zu können, die ansonsten bzw. wenn alle Begriffe berücksichtigt werden würden, nicht so deutlich auftauchen würde. Wir haben diese Listen anhand des *TF-IDF*-Scores hergestellt (vgl. Kapitel 2), um einen spezifischen Wortschatz von wichtigen und weniger wichtigen Begriffen zu generieren, der für jede Kategorie des Leitfadens und jeweils für die französische sowie die deutsche Sprache gemacht wurde. Entsprechend wählten wir für jede Kategorie unseres Leitfadens diejenigen Begriffe, die einen hohen *TF-IDF*-Score bzw. einen Wert über einem Anteilswert von 0.5 haben. In unserem Fall bekommen wir dann je Kategorie 60% der von den Befragten verwendeten Wörter, die wir als eine Liste von Wörtern behandeln. Wir verfeinern dann weiter diese Listen unter den zwei folgenden Bedingungen:

- wir behalten nur Substantive;
- von diesen Substantiven werden nur noch diejenigen weitergeführt, die mindestens in zwei Dokumenten auftauchen.

Diese Bedingungen entsprechen Standardmaßnahmen, die oft bei anderen semiautomatisierten Verfahren verwendet werden – mit der Ausnahme von Anwendungen in der Linguistik und in den Sprachwissenschaften, die oft alle Begriffe berücksichtigen. Die so herausgestellten Substantive erlauben es, Elemente in der Gesamtheit der Interviews herauszuarbeiten, unabhängig davon, ob sie mehr, weniger oder gar nicht von den Befragten betont wurden.[9] Diese Selektion von Begriffen hat

---

[9] Man kann sich vorstellen, dass der Forscher die hergestellten Begriffslisten weiter verfeinern will, indem er aus solchen Listen zusätzliche Begriffe streicht. Aber diese Maßnahme kann das Prinzip der semi-automatisierten Auswertung von Textquellen verletzen, weil sie zusätzliche Eingriffe des Forschers voraussetzt und mehr Einfluss des Forschers auf die Ergebnisse der Topic-Modell-Analyse beinhaltet. Die Herstellung von solchen Begriffslisten sollte deshalb mit Vorsicht und Rückgriff auf die Rohdaten durchgeführt werden, so dass der Gebrauch von derartigen Listen

uns für jede Kategorie zwischen 40 und 50 Begriffen geliefert. Diese Begriffe bilden ungefähr 10% bis 15% des gesamten Wortschatzes, der von den Befragten für jede Kategorie des Leitfadens benutzt wurde. Selbst wenn wir hier einen Prozentsatz erwähnen, gibt es weder eine Regel, noch einen Konsens über die Anzahl der Begriffe, die eine gute Liste von spezifischen Begriffen charakterisiert. Dies hängt einerseits vom Typus des zu analysierenden Textes ab, andererseits aber auch mit der eigentlichen Fragestellung und dem ausgewählten Forschungsdesign. Für Interviews, bei denen die Befragten kaum etwas sagen, ist es sicherlich nicht sinnvoll, mit Begriffslisten zu arbeiten (vgl. hierzu Kapitel 5 und Kapitel 7).

Die Wortlisten, die wir je Kategorie unseres Leitfadens und je Sprache gebildet haben, benutzen wir in unserem Topic-Modell-Verfahren wie ein Netz, welches wir gleichsam über die Interviews ausbreiten, um zu sehen, wie die Interviews von diesen Begriffen strukturiert werden. Damit erfolgt die konkrete Analyse der Interviews anhand von Topic-Modellen, die zu den folgenden Ergebnissen führten.

4.3 Ergebnisse

Wir stellen hier zwei der für unsere Forschung wichtigsten Ergebnisse vor, die anhand von Topic-Modellen herausgearbeitet wurden, und die den Diskurs der Befragten in Bezug einerseits auf den Kunstmarkt und andererseits auf die wirtschaftlichen Märkte der digitalen Ökonomie beschreiben. Wir fassen unsere Ergebnisse mit *heatmaps* zusammen, die mit der Funktion *qheat* vom *qdap*-Modul in *R* erstellt wurden. Diese Karten werden oft benutzt, um Topic-Modelle abzubilden. Zudem haben diese Karten den Vorteil, dass sie ein intuitives Bild von den Ergebnissen widerspiegeln, was eine erste Interpretation der Ergebnisse – selbst für Laien – relativ leicht macht.

Eine Karte repräsentiert die Themen in Reihen und die Befragten in Spalten. Die schattierte Farbe gibt Auskunft über die (je nachdem: starke oder schwache) Ausprägung der Verbindung, die zwischen einem Befragten und einem Thema des Modells besteht. Wenn eine rechteckige Fläche deutlich gefärbt ist, dann ist diese Verbindung stark, je heller, umso weniger stark ist sie ausgeprägt. Diese „Verbindung" ist eigentlich eine Korrelation, die zwischen Texten und Themen berechnet wird und deren Wert zwischen 0 (hell) bis 1 (dunkel) liegt. Die Themen, die in den *heatmaps* abgebildet werden, ergeben sich aus der Berechnung des besten Topic-Modells mittels *LDA* Algorithmus. In *R* können wir eine optionale Anzahl an Topics vorgeben, für die wir ein Topic-Modell berechnen wollen. Bei unserer Untersuchung gaben wir 2 bis 10 Topics für die Kategorie „Kunstmarkt" vor, da weniger Aussagen vor-

---

im Topic-Modell-Verfahren zu sinnvollen Ergebnissen führt. Abgesehen davon gibt es auch eine bestimmte Entropie, die mit der Herstellung von Begriffslisten verbunden ist. Würde man Begriffslisten mit sehr wenigen oder umgekehrt mit fast allen Begriffen erzeugen, dann würde die Analyse mittels Topic-Modellierung keine sinnvollen Ergebnisse mehr liefern. Hier spielt vor allem die Erfahrung bei der Anwendung von Topic-Modellen mit unterschiedlichen Textquellen eine Rolle, ebenso aber auch die jeweilige Vertrautheit mit den Texten.

4.3 Ergebnisse

handen waren, und 2 bis 20 Topics für die Kategorie „Wirtschaftliche Märkte der digitalen Ökonomie", für die mehr Aussagen vorlagen. Der *LDA* Algorithmus bestimmt in jedem Fall, mit wie vielen Topics das Modell am besten funktioniert bzw. am aussagekräftigsten ist. Entsprechend schreibt es jeden Befragten in alle Topics ein, und je nachdem, wie stark die Aussagen der Befragten diese Topics stützen, bekommt jeder Befragte für jedes Topic eine dunklere oder hellere Färbung in den *heatmaps*. Die *heatmaps* spiegeln dann die Positionen der Befragten bezogen auf alle Topics wider und sie zeigen, wie diese Positionen eines Befragten und zwischen den Befragten variieren.

Zusätzlich dazu zeigen sich in den *heatmaps* Hinweise zur Überprüfung einer Annahme aus unserer Forschung. Die zwei wichtigsten Ziele unserer Forschung sind weiterhin:

- *Annahme*: die Spalten der Befragten sind unabhängig voneinander, oder anders gesagt, hängen die Antworten eines Befragten nicht von den Antworten der anderen Befragten ab; diese Annahme entspricht dem Kontext der Interviews – die Befragten wurden unabhängig voneinander befragt;
- *Ziel 1*: es lassen sich Nähe und Distanz zwischen den Befragten für alle Themen beobachten, was Aussagen zu Ähnlichkeiten von Positionen erlaubt, die die Befragten in Hinblick auf die jeweiligen Themen des Modells einnehmen;
- *Ziel 2*: trotz der unterschiedlichen Sprachen, lassen sich die französischen und die deutschen Befragten vergleichen; dieser Vergleich ergibt sich aus der Ähnlichkeit der Themen, die gebildet wurden, sowie aus der Position, die Befragte zu diesen Themen beziehen.

Die *heatmaps* interpretieren wir zuerst, im Anschluss kontrollieren wir dann diese Interpretation, indem wir zurück in die Interviews gehen. Wir beginnen mit der Kategorie „Kunstmarkt".

4.3.1 Kunstmarkt

Die Kategorie „Kunstmarkt" – die unsere Befragten als Legitimationsinstanz der klassischen Kunst verstehen – ist diejenige, in der wir am wenigsten Aussagen der Befragten haben – bei den französischen noch weniger als bei den deutschen Befragten. Nichtsdestotrotz zeigt unsere Topic-Analyse Themen, welche die Partnerschaften betreffen, die die Befragten mit dem Kunstmarkt aufbauen (oder nicht aufbauen), und die mit der Frage der Nähe/Distanz der Befragten zum Kunstmarkt verbunden sind.

Wenn wir die *heatmap* der französischen Befragten heranziehen, sehen wir eine Nähe zwischen einigen der Befragten insbesondere in Bezug auf die vier folgenden Themen: zwischen A-3 und A-6 mit Bezug auf das Thema Kontakte mit dem Kunstmarkt knüpfen („Contacts"); zwischen A-2, A-5 und I-6 mit dem Thema Kunstsammlungen („Collections"); zwischen E-2, I-2 und I-3 verknüpft mit dem Thema Verbindungen zwischen Galerien und Künstlern („Liens Galeries – Artistes"); und

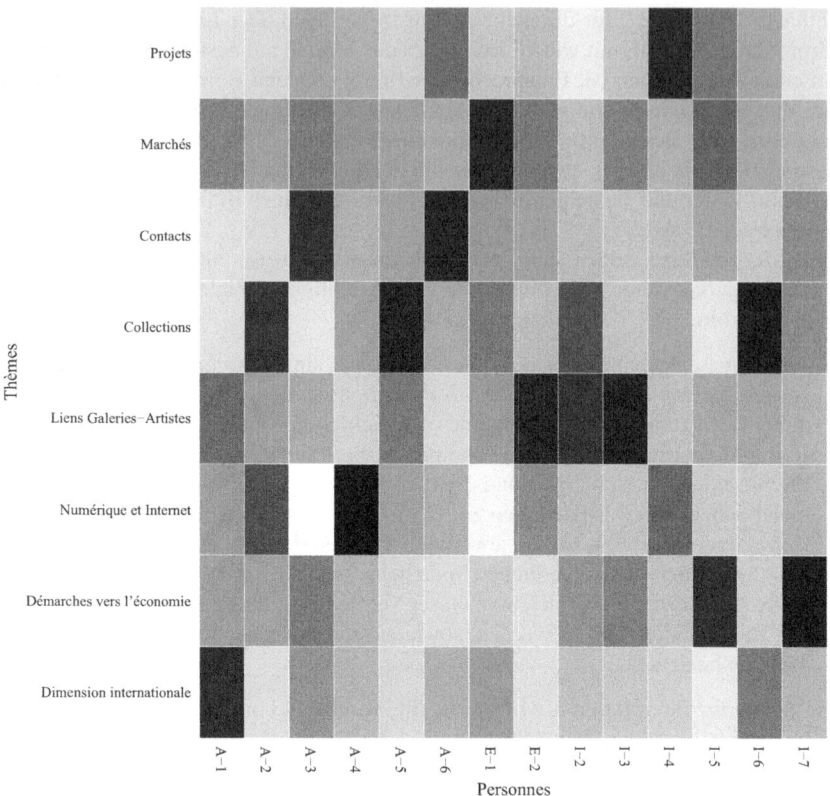

Abb. 4.1: Französische Befragte

zwischen I-5 und I-7 im Themenbereich Arbeit mit wirtschaftlichen Organisationen („Démarches vers l'économie"). Von den vier Themen spielen die zwei ersten – Kontakte, die mit dem Kunstmarkt geknüpft werden, und Kunstsammlung – eine wichtigere Rolle für den Diskurs der Künstler über das Verhältnis zwischen digitaler Kunst und dem Kunstmarkt. Dagegen spielen insbesondere für die Vermittler der Beziehungen zwischen Künstlern und dem Kunstmarkt die Themen der Verbindung zwischen Galerien sowie Künstlern und der Arbeit mit wirtschaftlichen Organisationen eine wichtigere Rolle. Diese Themen im Topic-Modell legen nahe, dass die französischen Künstler und Vermittler eine Nähe zwischen der digitalen Kunst und dem Kunstmarkt sehen, bzw. dass sie eine solche Kopplung anstreben.

Bei den deutschen Befragten bleiben die Antworten wenig miteinander verbunden, so dass keine starke Nähe zwischen den Befragten beobachtet werden kann. Dennoch weist das Thema „Positionierung mit Ausstellungen" auf eine Verbindung zwischen V-1, V-2 und V-4 hin, was zeigt, dass die Verbindung zwischen den Künst-

4.3 Ergebnisse

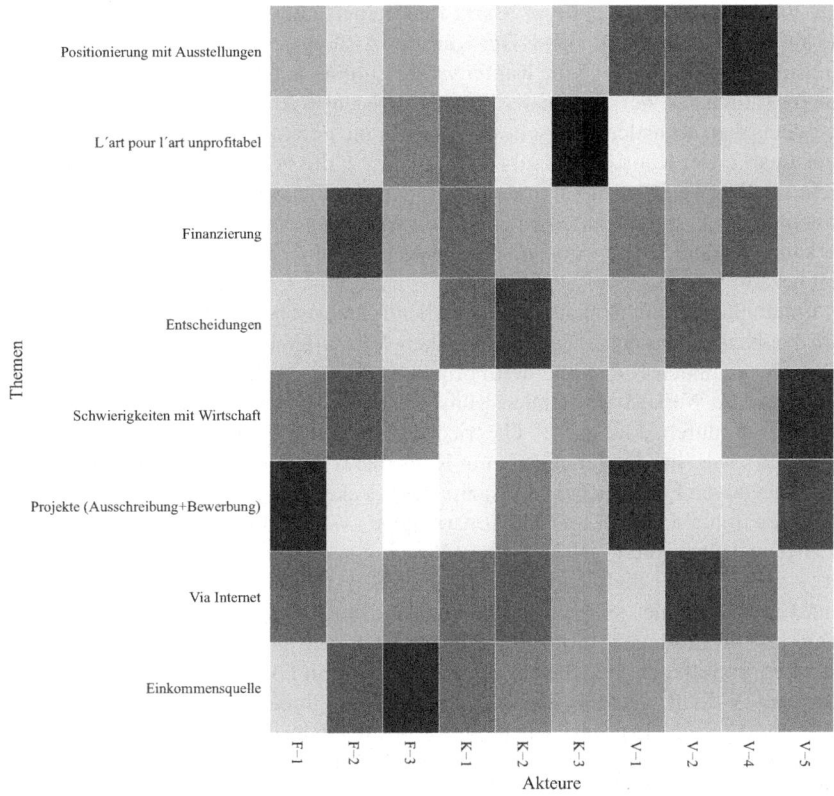

Abb. 4.2: Deutsche Befragte

lern und dem Kunstmarkt insbesondere von den deutschen Vermittlern unterstützt wird, die sich eine solche Verbindung im Rahmen von Ausstellungsorganisationen vorstellen. Dieses Thema ist aber wenig wichtig für die Künstler und Vertreter von Unternehmen und Firmen, bzw. es ist kein guter Repräsentant für den Diskurs dieser Befragten über den Kunstmarkt.

Innerhalb der Beschreibung der wichtigsten Ergebnisse unserer Topic-Modell-Analyse zur Kategorie *Kunstmarkt* kann bereits ein wesentlicher Unterschied zwischen den französischen und den deutschen Befragten festgestellt werden. Die Franzosen – insbesondere die Künstler und die Vermittler – heben die Verbindung zwischen digitaler Kunst und dem Kunstmarkt bzw. der Legitimationsinstanz der klassischen Kunst hervor, die für die Deutschen nicht im Vordergrund ihrer Diskurse über die Kategorie Kunstmarkt steht. Wir vergleichen jetzt die Ergebnisse dieser Interpretation mit den Aussagen der Befragten in den Interviews um zu überprüfen, ob unser Topic-Modell diese Aussagen gut widerspiegelt.

Die französischen Künstler haben uns mitgeteilt, dass sie den Kunstmarkt schätzen, weil sie wissen, wie dieser Markt funktioniert und welches die Akteure sind, die auf diesem Markt tätig sind. Der Künstler A-5 sagt uns z.B.: „Was mir auf dem Kunstmarkt gefällt ist, dass die Käufer wenig Einfluss auf die Produktion haben. Die Käufer kaufen das Werk, wenn das Werk fertig ist, also ich habe meine Freiheit". Bei den deutschen Künstlern herrscht umgekehrt eine gewisse Distanz gegenüber dem Kunstmarkt. Der Künstler K-1 gibt etwa zu, dass er die Verbindung zum Kunstmarkt nicht schätzt, weil ihm die digitale Kunst mehr Freiheit gibt: „Es ist dann weniger, dass man das Exponat kaufen kann und als Wertanlage in seinen Safe legt, sondern du kannst es halt buchen im Prinzip, dann auch immer so [...] das Konzept wird halt bezahlt" (K-1).

Ein ähnlicher Unterschied kann zwischen französischen und deutschen Vermittlern beobachtet werden. Die französischen Vermittler heben Ähnlichkeiten zwischen der digitalen Kunst und den Formen der klassischen Kunst hervor, was voraussetzt, dass Werke von digitalen Künstlern in die Öffentlichkeit gebracht werden sollten, z.B. durch „klassische" Galerieausstellungen (I-5). Die deutschen Vermittler heben zwar ihre Beziehungen zum Kunstmarkt hervor, aber sie formulieren sie in der negativen Form nach dem Prinzip, dass es „keinen gegenseitigen Ausschluss" zwischen digitaler Kunst und Kunstmarkt gebe (V-2). Jedoch gebe es einen grundsätzlichen Unterschied – V-2 spricht z.B. von einer „strukturelle[n] Inkompatibilität" – zwischen der digitalen Kunst und dem Kunstmarkt: „Also im Grunde ist der Kunstmarkt in seiner jetzigen Verfassung sehr limitiert und sehr schwierig zu machen, ja. Die Lösungen, die man dafür hat, sind nicht gut" (V-2). Der Kunstmarkt müsste grundsätzlich verändert werden und sich vom Format der Ausstellung freimachen – V-2 z.B. denkt an eine Verbreitung der digitalen Werke über das Internet („wir müssen schauen, dass wir Designationsmethoden im Internet finden für die Klienten der Zukunft"). So könnte die digitale Kunst mehr Akteure in der Öffentlichkeit erreichen.

Bei den Vertretern von Unternehmen und Galerien, den „Förderern der digitalen Kunst", finden wir auch einen ähnlichen Unterschied zwischen französischen und deutschen Befragten. Die französischen Förderer, in unseren Interviews insbesondere E-2, sagen, dass sie „mit dem Kunstmarkt stark verbunden" bleiben (E-2), während die deutschen Befragten die digitale Kunst auf andere kommerziellere Märkte bringen möchten – auf „andere Verkaufsstrukturen, die auch jetzt im Internet entstehen, wo es darum geht, speziell auch digitale Kunst über diese Vertriebswege zu verbreiten und ein breiteres Publikum zu erreichen. Nicht mehr über die Exklusivität, sondern über die Menge das zu machen", wie F-1 sagt. Fakt ist dennoch, dass diese Märkte eher selten sind, so dass sich die deutschen Förderer der digitalen Kunst nicht komplett vom Kunstmarkt abwenden wollen. Wir gehen jetzt zur Analyse unserer zweiten Kategorie, den wirtschaftlichen Märkten der digitalen Ökonomie.

4.3 Ergebnisse

4.3.2 Wirtschaftliche Märkte der digitalen Ökonomie

In ihren Aussagen zu der Kategorie „Wirtschaftliche Märkte der digitalen Ökonomie" erwähnen die Befragten den Zwang, den die Entwicklung von künstlerischen Projekten in Kooperation mit wirtschaftlichen Partnern und im allgemeinen mit den Sektoren der digitalen Ökonomie voraussetzt. Dieser Zwang ist ideologisch, finanziell und infrastrukturell, und er wird von den Befragten unterschiedlich angesprochen.

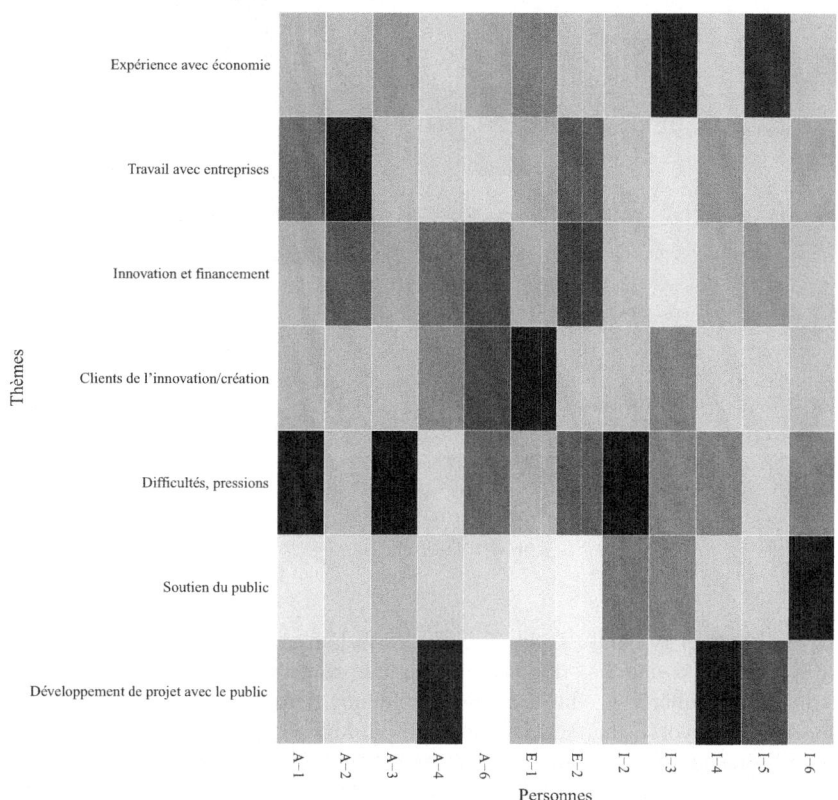

Abb. 4.3: Französische Befragte

Die *heatmap* der deutschen Befragten (vlg. 4.4) zeigt eine Nähe zwischen den meisten Befragten bei den Themen „Wirtschaft als Auftraggeber der Kunst", „Digitale Kunst braucht Geduld", „Verbindung Forschung und Wirtschaft" und „Beispiele". Bemerkenswert ist die Verteilung der Befragten auf diese Themen. Am meisten he-

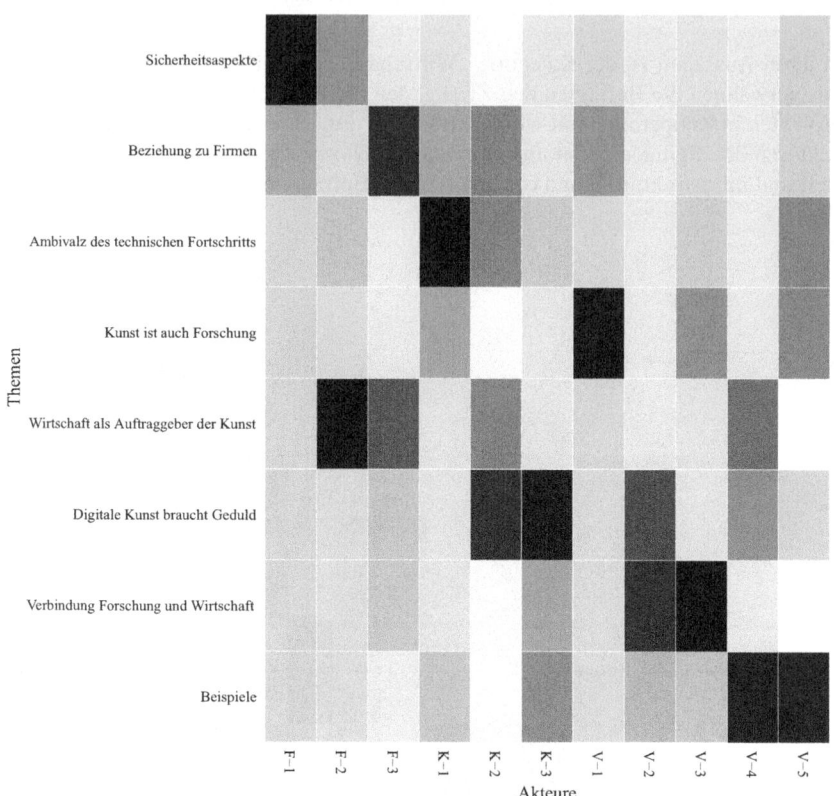

Abb. 4.4: Deutsche Befragte

ben die Förderer F-2 und F-3 das Thema „Wirtschaft als Auftraggeber der Kunst", die Künstler K-2 und K-3 das Thema „Digitale Kunst braucht Geduld", und alle Vermittler — außer V-1 – die Themen „Verbindung Forschung und Wirtschaft" und „Beispiele" hervor. Es herrscht im ganzen Topic-Modell eine Ambivalenz zwischen einer Zurückhaltung gegenüber der Wirtschaft und einer Beschreibung der Beziehungen zu wirtschaftlichen Ansprechpartnern. Die Förderer unterstützen die Beziehungen zu den wirtschaftlichen Märkten der digitalen Ökonomie. Dagegen sind die Künstler zurückhaltend – eine Tendenz, die hier am schärfsten vom Künstler K-1 gezeigt wird, der das Thema „Ambivalenz des technischen Fortschritts" stark betont. Schließlich zeigen die Vermittler eine bedingte Unterstützung einer derartigen Verbindung mit den wirtschaftlichen Märkten der digitalen Ökonomie, nämlich dann, wenn sie für die Forschungsarbeit der Künstler in diesem Gebiet profitabel sind.

4.3 Ergebnisse

Bei den französischen Befragten zeigt sich ein ähnliches Bild (vlg. 4.3). Aber es gibt wenige Ähnlichkeiten zwischen den Positionen, die die französischen Befragten zu den von ihnen angesprochenen Themen beziehen. Insbesondere die Themen Schwierigkeiten und Druck („Difficultés, pressions") und Entwicklung von Projekten mit dem Publikum („Développement de projet avec le public") zeigen Ähnlichkeiten zwischen einerseits den Künstlern A-1, A-3 und dem Vermittler I-2, und andererseits zwischen dem Künstler A-4 und den Vermittlern I-4 und I-5. Wir beobachten Gemeinsamkeiten mit den deutschen Befragten. Die französischen Künstler sind ebenfalls eher zurückhaltend und kritisch bei dem Thema Beziehungen mit den wirtschaftlichen Märkten der digitalen Ökonomie. Die Förderer, selbst wenn sie sich uneinig sind, sehen dagegen Künstler als Dienstleister für diese Märkte und beschäftigen sich mit der Finanzierung von Partnerschaften zwischen den Künstlern und diesen Märkten. Die Vermittler beziehen eine Position zwischen den Künstlern und den Förderern. Der Vermittler I-5 ist ein gutes Beispiel dafür, da er nicht nur die Beziehung zu diesen Märkten fördern will, sondern zugleich auch die Bedeutung hervorhebt, Projekte gemeinsam mit dem Publikum zu entwickeln.

Wenn wir zu den Interviews zurückkehren, sehen wir, dass alle Künstler die Idee einer digitalen Kunst im Dienste der wirtschaftlichen Märkte der digitalen Ökonomie eher skeptisch bis ablehnend betrachten. Die Künstler A-4 und K-1 kritisieren eine solche Idee am stärksten. Nach A-4 ziele die Partnerschaft mit wirtschaftlichen Märkten der digitalen Ökonomie oft darauf ab, die Künstler in der digitalen Kunst zu „Ingenieuren des 21. Jahrhunderts" umzuwandeln. Wirtschaftliche Partner würden oft dazu neigen, die künstlerische Kreativität einzuschränken. K-1 drückt sich ähnlich aus. Er sagt, dass er wisse, wovon er spreche, weil er neben seiner künstlerischen Tätigkeit EDV-Anwendungen entwickle, um Mehrwert zu innovativen digitalen Produkten hinzuzufügen. In solchen Mitarbeiten mit der Wirtschaft stecke eine „versteckte Ausbeutung": „Also wir sind in der perfekten Ausbeutungsmaschinerie gelandet und von dem her muss ich mir ja nichts kaufen, sondern ich beute mich ja nur selbst aus und muss das. Die kriegen ja den Mehrwert nicht durch den Betrag, den ich überweise, sondern dadurch, dass ich mich ja damit beschäftige". K-3 zeigt sich ebenfalls kritisch gegenüber den wirtschaftlichen Märkten, selbst wenn er seine Kritik anders formuliert. Nach K-3 bestimmen die wirtschaftlichen Märkte der digitalen Ökonomie den Ablauf des technischen Fortschritts und seine eigene künstlerische Praxis: „was meine Arbeit beeinflusst, ist natürlich die Hardware-Entwicklung und auch die Software-Entwicklung, die immer weiter geht und ich kann eben zum Beispiel bei den Landschaften, war es vor zehn oder vor fünfzehn Jahren noch nicht möglich (.) Pflanzen einzusetzen in die Landschaften, weil einfach die Hardware ja nicht ausgereicht hat, um diese komplexen Modelle darzustellen und mit zunehmender Entwicklung der Hardware wurde das einfach möglich und dadurch konnte ich auch damit arbeiten". In diesem Sinn denkt K-3, dass es sicherlich eine Form „des Diktates der Wirtschaft" für die digitale Kunst gebe, weil die Wirtschaft den Rhythmus von künstlerischen Projekten bestimme. Aber damit trägt sie auch „zur Originalität" – manchmal auch zur „fehlenden Originalität" – der künstlerischen Produktion in der digitalen Kunst bei.

Die Antworten der deutschen Künstler sind interessant, weil sie ambivalent sind, und diese Ambivalenz den Unterschied zwischen Diskurs und Praxis widerspiegelt. Selbst wenn also diese Künstler einen kritischen Diskurs über die wirtschaftlichen Märkte der digitalen Ökonomie pflegen, müssen sie in der Praxis dennoch mit Partnern auf diesen Märkten zusammenarbeiten: Sei es, um Zugang zur notwendigen Infrastruktur zu erhalten oder um die Finanzierung ihrer Arbeit sicherzustellen. Zwar bleibt diese Zusammenarbeit noch schwierig, und sie bildet einen Randbereich innerhalb der Tätigkeiten der Künstler – aber sie wird von den deutschen Künstlern im Vergleich zu den französischen Künstlern mehr unterstützt, selbst wenn sie hiervon nicht unbedingt begeistert sind.

Im Unterschied zu den Künstlern, zeigen sich die französischen und die deutschen Vermittler offener für eine solche Partnerschaft mit den wirtschaftlichen Märkten der digitalen Ökonomie. Zwar unterstreichen die französischen Vermittler, dass diese Art von Partnerschaft weder dazu führen darf, „Künstler zu verkaufen" (I-3), noch sich selbst zum Lobbyisten zu machen. Auf einer gesunden Grundlage bilde die Zusammenarbeit mit wirtschaftlichen Märkten der digitalen Ökonomie allerdings eine Gelegenheit für die Vermittler, Profite zu erzielen – nicht unbedingt wirtschaftlicher Natur, sondern immateriell in dem Sinne, eine Position zwischen den Künstlern und den wirtschaftlichen Sektoren zu beziehen oder diese zumindest zu entwickeln. Für die französischen Vermittler bedeutet dies, ihren Tätigkeitsbereich auszudehnen, indem sie z.B. in Infrastrukturen wie die *Fablabs* oder in *events* wie *Hackers' day* investieren, die als Treffpunkt von Künstlern der digitalen Kunst mit wirtschaftlichen Partnern konzipiert sind und die die Forschung im Bereich der digitalen Kunst stimulieren. Für die deutschen Vermittler sieht es ähnlich aus. Nach V-4 muss der Vermittler darüber nachdenken, wie er die Künstler dazu bringt, eine hybride Position zu beziehen: zwischen der Praxis seiner Kunst und der „Entwicklung von Infrastrukturen oder von Instrumenten", welche die Bedürfnisse der digitalen Ökonomie oder des wirtschaftlichen Sektors adressieren. Dies setze viel Arbeit voraus, deren Modalitäten noch entwickelt werden müssen. Zwar ist „die Zusammenarbeit mit der Wirtschaft wichtig", aber „man darf nicht vergessen, dass die digitale Kunst vor allem Kultur ist [...] Es hat auch Vorteile, dass es bei uns so ist, weil die Kultur dadurch gestärkt wird und nicht immer das dritte Rad am Wagen ist" (V-3).

Schließlich beziehen die Förderer eine entschieden positive Haltung gegenüber den wirtschaftlichen Märkten der digitalen Ökonomie. Zudem sehen sie den Sinn ihrer Tätigkeit in der Notwendigkeit, eine Position gegenüber der digitalen Ökonomie zu beziehen, um ihre eigenen Aktivitäten auf diesem Gebiet zu mehren. Die digitale Ökonomie ist für sie die vielversprechende Zukunft. Es ist ein „Phänomen, das sich gerade voll entwickelt" (E-1; F-1), und für die Förderer ist es gut, dabei zu sein. Die Förderer denken, dass diese Annäherung von Kunst und digitaler Ökonomie zu mehr Wettbewerb zwischen Unternehmen/Firmen und Galerien führen kann, die das Werk digitaler Künstler ebenfalls fördern und verkaufen können. Daraus entstehen möglicherweise viele neue Möglichkeiten und damit verbundene Aktivitäten, von denen für die befragten Förderer oft das Überleben ihres eigenen Unternehmens oder ihrer Galerie abhängt.

4.4 Schlussbetrachtung

In diesem Kapitel haben wir ein Beispiel gezeigt, wie Topic-Modell-Verfahren auf Interviews angewendet werden können, die in unterschiedlichen Sprachen durchgeführt wurden. Ziel dieser Anwendung war es, Befragte in unterschiedlichen sozioökonomischen und kulturellen Konstellationen vergleichen zu können und dabei die Vielfalt der Unterschiede zwischen den Befragten zu bewahren. Das Beispiel, das wir vorgestellt haben, behandelt entsprechend die besondere Frage der beruflichen Karriere von Künstlern der digitalen Kunst in Frankreich und in Deutschland auf der Grundlage von Interviews, die nicht nur mit Künstlern durchgeführt wurden, sondern auch mit anderen Akteuren, die zum Karriereaufbau dieser Künstler beitragen (in unserem Fall Vertreter von öffentlichen und privaten Institutionen sowie Vertreter von Unternehmen und Firmen). In diesem Kapitel haben wir die Analyse von zwei der sieben Kategorien unseres Leitfadens, nämlich die Kategorien „Kunstmarkt" und „Wirtschaftliche Märkte der digitalen Ökonomie", vorgestellt, weil ihnen im Rahmen unserer Untersuchung eine große Bedeutung hinsichtlich der Frage zukam, wie sich die befragten Gruppen von Akteuren prinzipiell die berufliche Entwicklung der Künstler in der digitalen Kunst vorstellen.

Unser Topic-Modell-Verfahren zur Kategorie „Kunstmarkt" zeigt, dass die französischen Befragten die Bedeutung des Kunstmarktes für die digitale Kunst hervorheben. Demgegenüber sind die deutschen Befragten eher zurückhaltend. Sie erwähnen die Verbindung mit dem Kunstmarkt weniger, der für sie nicht im Vordergrund ihrer Praxis der digitalen Kunst steht, und der ihre Arbeit begrenzt und manchmal verhindert. Gerne würden sich die deutschen Befragten vom Kunstmarkt trennen, wenn es eine zuverlässige wirtschaftliche Alternative zu diesem Markt gäbe. Ein ähnlicher Unterschied zwischen französischen und deutschen Befragten ergibt sich aus unserem Topic-Modell-Verfahren zur Kategorie „Wirschaftliche Märkte der digitalen Ökonomie". Die französischen Befragten sind gegenüber diesen Märkten kritischer eingestellt als die deutschen. Die deutschen Befragten, insbesondere die Vermittler und die Förderer, sind diesbezüglich weniger zurückhaltend: sie versuchen, Beziehungen zu den wirtschaftlichen Märkten der digitalen Ökonomie zu knüpfen oder zu stärken, weil sie diese oft als eine Chance wahrnehmen, ihre Tätigkeiten zu erneuern und auf neue Gebiete auszuweiten (für ähnliche Ergebnisse mit anderen Befragten in der Sekundärliteratur, vgl. Scheiffele 2016, Menger 2014).

Die *heatmaps*, die wir benutzt haben, um unsere Ergebnisse abzubilden, zeigen, dass es keinen Konsens unter den Befragten gibt. Tatsächlich gibt es wenige Akteure, die eine vergleichbare Position zu den Themen beziehen, die wir in diesem Kapitel vorgestellt haben. Dies ist den wenigen Akteuren geschuldet, die wir befragen konnten, was wiederum davon abhängt, dass die digitale Kunst als Tätigkeitsbereich relativ neu und daher wenig besetzt ist. Entsprechend ist er relativ offen für Akteure mit sehr unterschiedlichen Hintergründen und Lebenswegen, was ihre verstreute Positionierung zu den Themen unserer Analyse gut widerspiegelt.

Literaturverzeichnis

Blei, D., A. Ng und M. Jordan. 2003. „Latent dirichlet allocation". *Journal of Machine Learning Research* 3:993–1022.

Blei, David M. 2012. „Probabilistic Topic Models". *Commun. ACM* (New York, NY, USA) 55, Nr. 4 (April): 77–84. ISSN: 0001-0782. doi:10.1145/2133806. 2133826. http://doi.acm.org/10.1145/2133806.2133826.

Bourdieu, P. 1992. *Les règles de l'art. Genèse et structure du champ littéraire.* Paris: Seuil.

Chiapello, E. 1998. *Artistes versus managers. Le management culturel face à la critique artiste.* Paris: Métaillé.

Dittmar, N. 2002. *Transkription. Ein Leitfaden mit Aufgaben für Studenten, Forscher und Laien.* Opladen: Leske + Budrich.

Fourmentraux, J.-P. 2010a. „Le public à l'œuvre. Arts numériques et médias praticables". *Les Cahiers du Numérique* 6 (2): 83–98.

———. 2010b. „Linking art and sciences, an organizational dilemma. About Hexagram consortium". *Creative Industries Journal* 3 (2): 137–150.

———. 2013. *L'œuvre virale. Net art et culture Hacker.* Bruxelles: La Lettre Volée.

Fourmentraux, J.-P., F. Millerand, C. Papilloud und G. Vidal. 2014. *Net Art et autoproduction. Acteurs et enjeux de la recherche: reconnaissance, créativité et industries du numérique.* https://archivesic.ccsd.cnrs.fr/sic_01119765.

Francastel, P. 1970. *Études de sociologie de l'art.* Paris: Gallimard.

Grün, B., und K. Hornik. 2011. „topicmodels: An R Package for Fitting Topic Models". *Journal of Statistical Software* 40 (13). https://www.jstatsoft.org/index. php/jss/article/view/v040i13/v40i13.pdf.

Guéranger, D. 2009. „A propos de trois problèmes pratiques de l'écriture sociologique". *Enjeux (et) pratiques de l'écriture en sciences sociales* HAL ID: halshs-394465. https://halshs.archives-ouvertes.fr/halshs-00394465v2.

Hearst, M. A. 2003. *What is Text Mining?* http://people.ischool.berkeley.edu/~hearst/text-mining.html.

Heinich, N. 2001. *Sociologie de l'art.* Paris: La Découverte.

Kane, C. 2010. „Digital Art and Experimental Color Systems at Bell Laboratories, 1965-1984: Restoring Interdisciplinary Innovations to Media History". *Leonardo* 43 (1): 53–58.

Kisseleva, O. 2011. *Double vie.* Dijon: Les Presses du Réel.

Kohli, M. 1978. „'Offenes' und 'geschlossenes' Interview: Neue Argumente zu einer alten Kontroverse". *Soziale Welt* 29:1–25.

Leveratto, J.-M. 2000. *La mesure de l'art. Sociologie de la qualité artistique.* Paris: La dispute.

Mayring, Ph. 2010. *Qualitative Inhaltsanalyse: Grundlagen und Techniken.* Weinheim: Beltz.

Menger, P.-M. 2014. *The Economics of Creativity. Art and Achievement under Uncertainty.* Cambridge: Harvard University Press.

Moulin, R. 2000. *Le marché de l'art: Mondialisation et nouvelles technologies.* Paris: Flammarion.

Reckwitz, A. 2012. *Die Erfindung der Kreativität.* Berlin: Suhrkamp.

Sapsed, J., und F. Tschang. 2014. „Art is long, innovation is short: Lessons from the Renaissance and the digital age". *Technological Forecasting & Social Change* 83:127–141.

Scheiffele, P. 2016. „Talent und Misere. Die Produktion und Inszenierung von sozialer Ungleichheit in der Kulturindustrie. E-Mail-Interview mit Pierre-Michel Menger von Peter Scheiffele". In *Kritik der Kreativität,* herausgegeben von G. Raunig und U. Wuggenig, 357–371. Wien: Transversal.

Scott, S., T. Hinton-Smith, V. Harma und K. Broome. 2013. „Goffman in the Gallery: Interactive Art and Visitor Shyness". *Symbolic Interaction* 36 (4): 417–438.

Sonal. http://www.sonal-info.com/.

Strübing, J. 2010. „Theoretisches Sampling". In *Hauptbegriffe qualitative Sozialforschung,* herausgegeben von R. Bohnsack, W. Marotzki und M. Meuser, 154–155. Opladen: Budrich.

Team, R. Core. 2015. *R: A language and environment for statistical computing.* Wien: R Foundation for Statistical Computing. https://www.R-project.org/.

Thacker, E. 1999. „net.art 101: Entry points into digital culture". *American Book Review* 20 (5): 1–5.

Tremblay, G. 2008. „Industries culturelles, économie créative et société de l'information". *Global Media Journal – Canadian Edition* 1 (1): 65–88.

Vidal, G. 2008. „Le Net Art, critique, technologie ou création". *Terminal. Net Art, technologie ou création?* 101:9–19.

———. 2011. „Les rapports art et sciences de l'information et de la communication". *Les Cahiers de la SFSIC* 6:15–18.

Vidal, G., und C. Angé. 2005. „Art & Web. Enquête sur les usages de douze sites d'artistes". *Communication* 24 (1): 38–63.

Vidal, G., und C. Papilloud. 2015. *Les artes numériques: visibilité et positionnement. Une comparaison franco-allemande.* Paris: Labex ICCA.

Welker, C. 2013. „Early History of French CG". *Leonardo* 46 (4): 376–385.

Witte, R., und J. Müller. 2006. *Text Mining. Wissensgewinnung aus natürlichsprachigen Dokumenten.* http://digbib.ubka.uni-karlsruhe.de/volltexte/documents/3230.

Kapitel 5
Postkarten. Topic-Modell-Analyse von freien Texten

Seit einigen Jahren bekommen populistische Bewegungen in Deutschland und in Europa Rückenwind und sie versuchen, sich im politischen Leben sowie in der Gesellschaft als Alternative zu traditionellen Parteien und mit entsprechenden Diskursen zum gemeinsamen Leben zu etablieren. Dagegen konstituieren sich nicht nur politische Initiativen, sondern auch zivilgesellschaftliche Bewegungen und Netzwerke, die für eine offene und inklusive Gesellschaft werben. In Deutschland benutzen diese Initiativen manchmal Postkarten, die wie *Flyer* benutzt werden, um eine Botschaft an die Öffentlichkeit zu senden und mögliche Personen, die sich von dieser Botschaft angesprochen fühlen, zu mobilisieren.[1] Eine solche Initiative hat das Netzwerk *Gelebte Demokratie* in der ostdeutschen Mittelstadt Dessau-Roßlau im Jahr 2016 gestartet (vgl. Gelebte Demokratie 2017). Dieses Netzwerk wurde im Jahr 2009 mit dem Ziel gegründet, die Beteiligung der Bürger in Dessau-Roßlau an einem demokratischen Alltag und gegen jegliche Form von Segregation und Gewalt zu fördern. Das Netzwerk ist seitdem in unterschiedlichen Projekten tätig, die sich thematisch im Spektrum politischer Bildung und Aufklärung der Bürger in Dessau-Roßlau bewegen. Mit der Postkartenaktion zielte das Netzwerk darauf ab, nicht nur eine Botschaft an die Öffentlichkeit zu bringen, sondern die Bürger in Dessau-Roßlau zum Thema *Toleranz* zu befragen, um zu erfahren, was Toleranz für sie bedeutet. Auf dieser Grundlage sollte eine *Charta der Toleranz für Dessau-Roßlau* entstehen, die Auskunft darüber geben sollte, wie Toleranz und Demokratie in Dessau-Roßlau von den Bürgern „gelebt" wird, um entsprechend für die Lebensqualität an diesem Standort zu werben.

Im Rahmen dieser Postkartenaktion wurden wir vom Netzwerk *Gelebte Demokratie* gebeten, den Inhalt der Postkarten auszuwerten. Entsprechend hatten wir beim Netzwerk Hintergrundinformationen gesammelt, um mehr darüber zu erfahren, wie die Postkartenaktion organisiert wurde. Die Postkarten wurden mit Sam-

---

[1] Es gibt zahlreiche Beispiele von solchen Postkartenaktionen, wie z.B. von *Pro Asyl* für die Integration von Asylsuchenden (vgl. Pro Asyl 2017), vom *PEN Zentrum Deutschland* für die Freiheit und die Gleichheit (vgl. PEN Zentrum Deutschland 2017), oder von *ver.di* für die Lohngleichheit zwischen Männern und Frauen (vgl. ver.di 2017).

© Springer Fachmedien Wiesbaden GmbH, ein Teil von Springer Nature 2018
C. Papilloud und A. Hinneburg, *Qualitative Textanalyse mit Topic-Modellen*,
Studienskripten zur Soziologie, https://doi.org/10.1007/978-3-658-21980-2_5

melboxen an unterschiedliche Orten in Dessau-Roßlau – insbesondere bei Partnern des Netzwerkes dieser Aktion – aufgestellt. Sie standen den Bürgern zur freien Verfügung, um eine Postkarte zu nehmen und auszufüllen. Nach unserem Gespräch mit den Personen im Netzwerk, die für die konkrete Sammlung der Stimmen der Bürger verantwortlich waren, war diese Postkartenaktion so gedacht, dass die Bürger frei in der Gestaltung beim Ausfüllen der Postkarten hinsichtlich ihres Antwortverhaltens sein sollten (vgl. Abbildungen 5.1 und 5.2).

Abb. 5.1: Vorderseite einer Postkarte, die im Rahmen der Postkartenaktion verwendet wurde

Das Netzwerk hat keine sozio-demographischen Indikatoren mit den Postkarten aufgenommen und entsprechend keine Kontrolle über das Ausfüllen der Postkarten

5 Postkarten. Topic-Modell-Analyse von freien Texten

Abb. 5.2: Rückseite einer Postkarte, die im Rahmen der Postkartenaktion verwendet wurde

ausgeübt, um eine möglichst große Beteiligung der Bürger zu erreichen. Die einzigen Indikatoren, die wir zur Verfügung hatten, waren die Zeiten, zu denen die Sammelboxen eingesammelt wurden und die Orte, an denen die Sammelboxen für die Bürger bereit gestellt wurden. Von einem methodologischen Standpunkt aus bedeutet dies Folgendes:

- die Postkarten wurden freiwillig von Personen ausgefüllt, ohne dass diese Personen im Voraus kontaktiert wurden; es wurde nicht kontrolliert, wer die Postkarten wo ausgefüllt hat; Postkarten in Fremdsprachen (z.B. auf Arabisch, Französisch, Spanisch) wurden bis jetzt nicht übersetzt, so dass nur Postkarten auf Deutsch analysiert werden konnten;
- es kann nicht ausgeschlossen werden, dass Personen mehrere Postkarten am gleichen Ort oder an unterschiedlichen Orten ausgefüllt haben;
- die Orte, an denen die Sammelboxen und die Postkarten aufgestellt worden sind, sind, wir haben es erwähnt, häufig Orte von Partnern des Netzwerkes (z.B. die Sparkasse Dessau-Roßlau, die Deutsche Angestellten-Akademie, Kirchengemeinden), von denen manche nur von bestimmten – und nicht von allen möglichen – Bürgern besucht worden sind; dies bedeutet, dass das Bild der *Toleranz*, das wir bekommen, wahrscheinlich nicht für alle Bürger von Dessau-Roßlau gelten kann, sondern nur für einen Teil davon.

Trotz dieser methodologischen Schwierigkeiten bleibt es vom Standpunkt einer Topic-Modell-Analyse interessant, diese Postkarten auszuwerten. Tatsächlich haben wir mit diesen Postkarten keine stark strukturierten Texte, sondern nur freie Texte, manchmal mit Sätzen und manchmal nur mit Stichwörtern. Es stellt sich dann die Frage, ob eine Topic-Modell-Analyse bei einer solchen Textquelle sinnvolle Ergebnisse produzieren kann. Dazu kommt eine weitere Bedingung, die wir bei unserer Analyse berücksichtigen mussten. Die Textquellen haben wir nicht komplett erhalten, sondern in drei Chargen zu drei unterschiedlichen Zeitpunkten im September 2017. Anfang September haben wir 432 transkribierte Postkarten erhalten. Mitte September haben wir 184 transkribierte Postkarten bekommen. Ende September kamen weitere 30 transkribierte Postkarten hinzu. Bei unserer Analyse werden wir diese drei Zeiten additiv benutzen. Dies gibt uns die Möglichkeit, die Stabilität der Ergebnisse unseres Topic-Modell-Verfahrens nachzuprüfen und entsprechend mögliche Variationen zu beobachten, die zusätzliche Postkarten zu den bestehenden Postkarten hinzufügen können. Die Postkarten wurden ab November 2016 gesammelt. Die Postkartenaktion ging bis Dezember 2017. In diesem Kapitel stellen wir nun die Ergebnisse vor, die wir für Postkarten erhalten, die von November 2016 bis September 2017 gesammelt und transkribiert wurden.

5.1 Topic-Modell-Verfahren – Vorbereitung und Anwendung

Die Programmiersprache *Python* wurde im Rahmen der Analyse von Textquellen und der Herstellung von Topic-Modell-Verfahren in Kapitel 3 eingeführt. Ein Beispiel einer solchen Anwendung mit dem *NMF*-Algorithmus (*Non Negative Matrix Factorization*) wird in Kapitel 6 detailliert beschrieben. In diesem Kapitel geht es erstmal darum, die wesentlichen Schritte zur Vorbereitung und zur Anwendung des Topic-Modells mit *Python* zu beschreiben.

5.1.1 Vorbereitung

Unsere Vorbereitungsmaßnahmen bestehen im Wesentlichem darin, dass wir unsere Textdateien in *Python* laden, und dann Matrizen herstellen, um die Topic-Modell-Analyse konkret durchführen zu können. Um alle Texte in *Python* zu laden, geben wir den Pfad zum Order an, der die Texte enthält, die wir in einer Liste *corpus* speichern. Diese Liste ist ein *Python*-Objekt, das wir als Grundlage für die Bildung der Text-Matrizen qua Begriffe benutzen. Die Verwandlung der *corpus*-Liste in eine Matrix hat allerdings den Nachteil, dass die Namen der Dokumente durch eine Zahl ersetzt werden. Diese Zahlen beziehen sich auf die Dokumente, die wir geladen haben und werden als Index innerhalb der Matrix der Dokumente qua Begriffe benutzt. Wir wollen jedoch die Namen der Dokumente in unserer Matrix behalten, weshalb wir sie in einer separaten Liste speichern, um sie später mit den Index-Zahlen in der Matrix auszutauschen.

5.1 Topic-Modell-Verfahren – Vorbereitung und Anwendung 87

Da wir wenig Text haben, entfernen wir wenige Stoppwörter, um möglichst viele Informationen aus den Postkarten zu behalten. Wir gewichten dann unsere Matrix mit dem *TF-IDF*-Score. Wir bilden auch eine binäre bzw. *dense*-Matrix für die Kreuzvalidierung unseres Topic-Modell-Verfahrens. Diese *dense*-Matrix gibt eine verdichtete Repräsentation der *TF-IDF* Matrix wieder, indem die *TF-IDF*-Scores auf 1 gesetzt werden, wenn sie nicht Null sind, und auf 0, wenn sie Null sind. In unserem Fall werden wir eine solche *dense*-Matrix benutzen, um die optimale Anzahl der Topics zu bestimmen, mit der wir dann Topic-Modell-Analysen durchführen und bestimmen.

Bei dieser Untersuchung möchten wir eine Kreuzvalidierung der Ergebnisse des *NMF* Algorithmus erhalten, weshalb wir hierfür auf eine weitere Klassifikationsmethode, die *Cluster*-Analyse, die auch als *KMeans*-Analyse bezeichnet wird, zurückgreifen (vgl. Kapitel 2). *KMeans*-Analysen gehören zur Familie der *Cluster*-Analysen, die Texte nach thematischen Gruppen, d.h. nach *Clustern*, auf Basis der Dokumente klassifizieren. *KMeans*-Analysen zeichnen sich dadurch aus, dass sie geeignet sind, *Cluster* von gleichwertiger Varianz zu bilden. Zudem eignen sie sich gut für eine große Anzahl an Fällen, was deren Eignung für die semiautomatisierte Analyse von umfangreichen Textsammlungen unterstreicht. Schließlich bieten *KMeans*-Analysen im Rahmen der *Cluster*-Analyse ein Pendant zur Partitionierung von Daten mit dem *NMF* Algorithmus an, so dass dieses Analyseinstrument oft im Kontext der Kreuzvalidierung von Topic-Modell-Verfahren nach dem *NMF* Algorithmus benutzt wird (vgl. Bishop 2006, Gautam und Shrestha 2010).

5.1.2 Anwendung

Bei unserer Anwendung berechnen wir zwei bis *n Cluster* von Dokumenten, wobei *n* die Anzahl der *Cluster* bezeichnet, die wir selbst bestimmen. Das Ergebnis der Berechnung wird in einer Graphik wiedergegeben, so dass wir die assoziierten Werten für jedes *Cluster* erhalten, was wiederum Aussagen darüber zulässt, welche *Cluster*-Anzahl möglichst optimal für die Untersuchung erscheint. Diesen Wert berechnen wir mit dem *Bayesian Information Criterion* (*BIC*) nach Zhao Zhao, Hautamaki und Fränti 2008.[2] Auf dieser Grundlage entscheiden wir, wieviele Topics wir in unserem Verfahren aufnehmen. Wir führen entsprechend die Berechnung des Topic-Modells durch, die wir mit dem Cophenet Korrelationskoeffizienten kontrollieren. Dieser Koeffizient sagt uns, wieviel Prozent der Dokumente unser Modell am besten klassifiziert. Mit diesen zwei Werkzeugen – *KMeans*-Analyse und Cophenet Korrelationskoeffizient – und mit Kenntnis der Postkarten können wir dann unsere Entscheidung hinsichtlich der optimalen Zahl der Topics festlegen. Die Ergebnisse des Topic-Modell-Verfahrens bearbeiten wir mit der Bibliothek *pandas*, die erlaubt,

---

[2] In unserer Berechnung maximieren wir den *BIC*-Wert, so dass die Kurve nach oben statt nach unten geht.

Python-Objekte in Matrizen umzuwandeln, um sie dann mit geringem Aufwand abzubilden.

Um diese Ergebnisse abzubilden, benutzen wir ein *stacked* Histogramm, das mit der *pandas*-Bibliothek hergestellt wurde. Das Histogramm zeigt, wie die Topics je Sammelbox und in der Zeit verteilt sind. Zusätzlich zum Histogramm stellen wir *heatmaps* mit der *seaborn*-Bibliothek vor. Diese *heatmaps* spiegeln das Bild der Korrelationen zwischen Sammelboxen wider, die eine vergleichbare Verteilung der Topics zeigen.[3] Da die Daten zu unterschiedlichen Zeiten von November 2016 bis September 2017 gesammelt wurden, können wir sie mit einem Zeitstempel bzw. einer Zeitangabe versehen. Dies erlaubt uns dann, den *rolling mean* der *pandas*-Bibliothek zu benutzen, um die Entwicklung unserer Ergebnisse in der Zeit beobachten zu können.

Wir kommen nun zur Vorstellung der Ergebnisse der Analyse und beginnen mit der ersten Gruppe von Postkarten, die wir erhalten haben, welche die Zeit von November 2016 bis August 2017 abbilden.

5.2 Erste Gruppe von Postkarten

Der *BIC*-Wert für die erste Gruppe von Postkarten zeigt nach dem Ellbogenkriterium, dass eine Lösung mit 4 Topics die beste Lösung ist, um die Inhalte der Postkarten nach Gemeinsamkeiten bzw. gemeinsamen Themen zusammenzustellen (vgl. Abbildung 5.3). Eine Kontrolle durch die Anwendung des Cophenet-Korrelationskoeffizienten ergibt, dass diese 4 Topics 85% der Informationen richtig wiedergeben, die diese Postkarten enthalten. Im Vergleich zu dieser Lösung gibt eine mit 5 Topics klassifizierte Lösung nur 76% der Information richtig wieder, die die Postkarten enthalten. Wir nutzen also die Lösung mit 4 Topics.
Diese 4 Topics werden aus den folgenden Begriffen gebildet – hier zeigen wir nur die 20 wichtigsten Begriffe je Topic:

- *Topic 0*: menschen akzeptieren toleranz leben für meinung achtung gegenüber egal herkunft achten mensch religion respekt hautfarbe gegenseitige vorurteile mitmenschen liebe glauben
- *Topic 1*: zuhören können ernst gemeinschaft meinungen reden nachbarn hören gelten ertragen gerne ändern dessau menschen verständnis toleriert achtung ehrlichkeit versuchen entgegen
- *Topic 2*: freiheit frieden für toleranz friedliches leben akzeptanz duldung menschen miteinander führen weiß bekommt grenze gönnen gelassenheit person schwer lange ziel
- *Topic 3*: aussehen gut verstehen zuhören akzeptieren fremden meinung angst vielfalt tolerieren gemeinsam zusammenleben recht zulassen unterschiedliche konflikten leuten versuchen menschenrechte mitbürgern

---

[3] Ein anderes Beipiel dieser Korrelationen findet sich in Kapitel 7. Dort wird *qdap* in *R* benutzt, um diese Korrelationen abzubilden. Die *heatmaps* erfüllen hier die gleiche Funktion.

5.2 Erste Gruppe von Postkarten

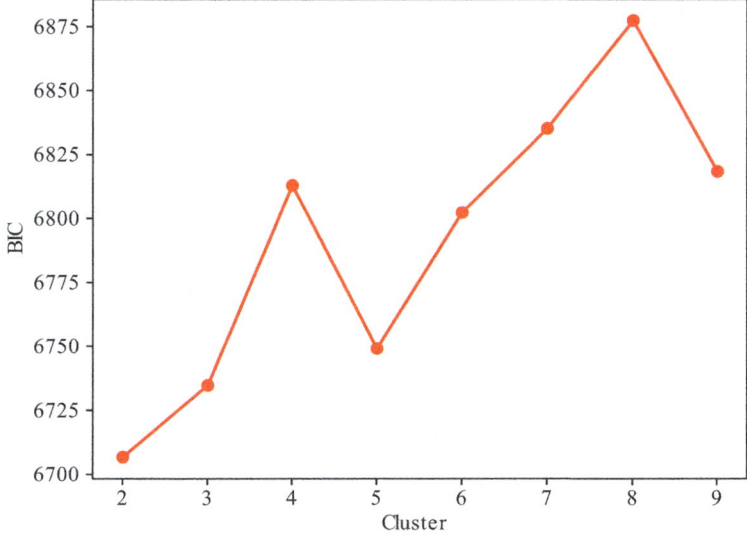

Abb. 5.3: BIC-Wert

Wir können diese Topics dann wie folgt interpretieren:

- *Topic 0*: Menschen akzeptieren, egal welcher Herkunft oder Hautfarbe und auf ihre Meinung achten; dieses Thema ist mit der Bedeutung der Religion, der Liebe und des Glaubens eng verbunden;
- *Topic 1*: dieses Topic hebt die Bedeutung des Redens und Zuhörens im Kontext der Gemeinschaft/der Nachbarschaft hervor; hier wird auch die Bedeutung der Herzlichkeit, des Entgegenkommens unterstrichen, allerdings mit der Andeutung, dass diese Werte in Dessau nicht immer vorhanden sind, was sich ändern sollte;
- *Topic 2*: dieses Topic hebt die Werte Freiheit und friedliches Leben hervor, die mit der Akzeptanz von anderen Menschen verbunden werden sollten – dies ist sowohl im Sinne der Duldung als auch im Sinne der Grenzen und der Schwierigkeit einer solchen Akzeptanz gedacht; in diesem Zusammenhang wird erwähnt, dass Toleranz auch Zeit braucht und schwer sein kann;
- *Topic 3*: Toleranz bedeutet Verstehen, Akzeptanz, Zuhören, Vielfalt, was Ängste und Konflikte zwar nicht ausblendet, denen aber durch gemeinsames Miteinander aller Bürger entgegengewirkt werden kann.

Um zu wissen, wie diese Themen von den unterschiedlichen Sammelboxen unterstützt werden, bilden wir sie mit einem *stacked* Histogramm je Sammelbox ab (vgl. Abbildung 5.4).

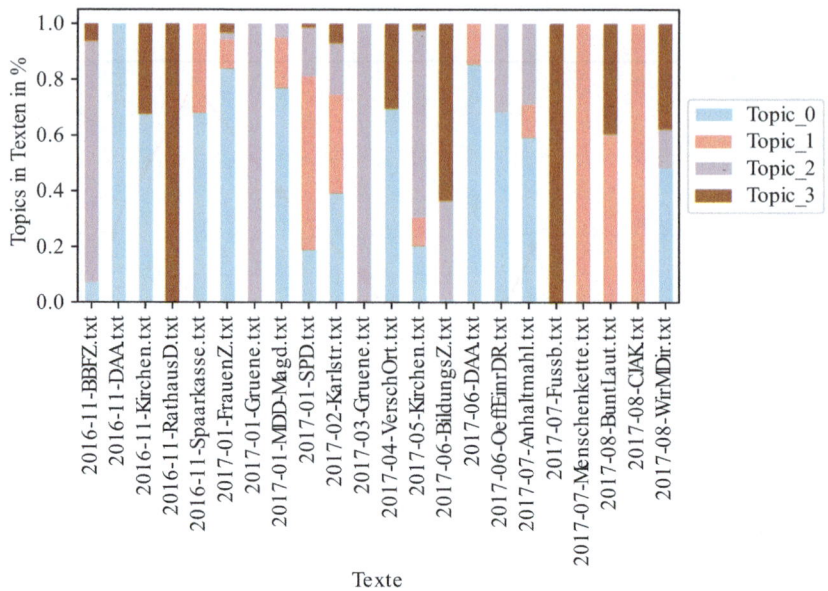

Abb. 5.4: Verteilung der Themen nach Sammelboxen

Die Abbildung 5.4 zeigt eine Vorherrschaft der Topics 0 und 1. Wir beobachten auch, dass die Sammelbox *2016-11-RathausD.txt* am Rathaus und *2017-07-Fussb.txt* beim Fussballverein in Dessau-Roßlau dem *Topic 3* allein zugeschrieben wurden. Dies zeigt uns, dass wir ähnliche Themen in den Sammelboxen finden, selbst wenn die Postkarten nicht zur gleichen Zeit ausgefüllt und in diesen Sammelboxen deponiert wurden. Abgesehen von der Zeit gibt es dann Sammelboxen, von denen vorausgesetzt werden kann, dass sie die Themen vergleichbar unterstützen. Um herauszufinden, welche Sammelboxen es sind, bilden wir Korrelationen zwischen den unterschiedlichen Sammelboxen ab (vgl. Abbildung 5.5).
Wir stellen fest, dass es die stärksten (i.e. $p > 0.9$) Korrelationen zwischen den folgenden Sammelboxen gibt:

- Sammelboxen, die beim Büro vom Bündnis 90/Die Grünen und dem BBFZ Mehrgenerationenhaus Dessau standen (Dateien 2016-11-BBFZ.txt, 2017-03-Gruene.txt, 2017-01-Gruene.txt);
- Sammelboxen, die bei der Deutschen Angestellten-Akademie, beim Frauenzentrum Dessau, im Rahmen der „Meile der Demokratie" in Magdeburg und bei der Sparkasse Dessau standen (Dateien 2016-11-DAA.txt, 2017-06-DAA.txt, 2017-01-MDD-Magd.txt, 2017-01-FrauenZ.txt, 2016-11-Sparkasse.txt);

5.2 Erste Gruppe von Postkarten

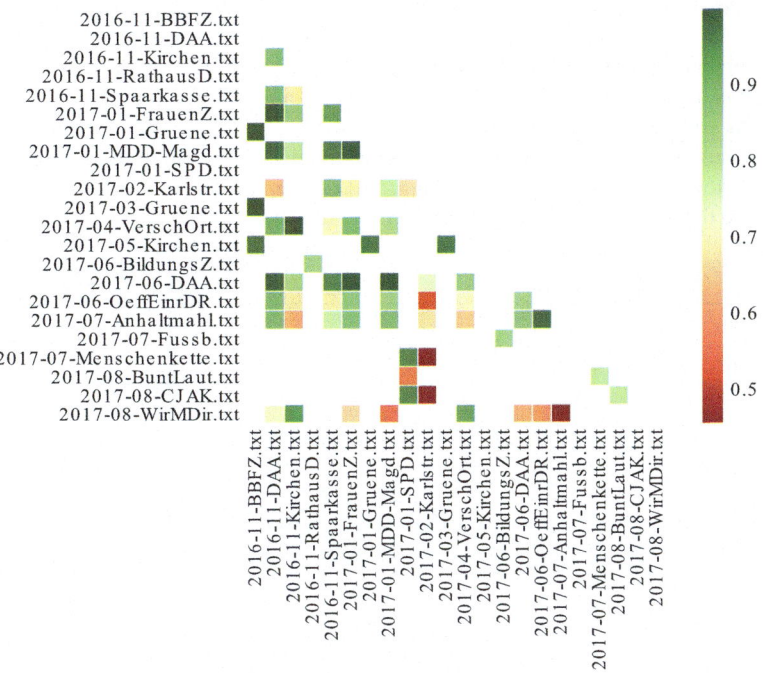

Abb. 5.5: Vergleichbare Sammelboxen

- Sammelboxen, die bei unterschiedlichen Kirchen, verschiedenen Orten in Dessau und beim Bündnis 90/Die Grünen standen (Dateien 2016-11-Kirchen.txt, 2017-04-VerschiOrt.txt, 2017-03-Gruene.txt, 2017-01-Gruene.txt);
- Sammelboxen, die beim Anhaltmahl und in öffentlichen Einrichtungen in Dessau standen (Dateien 2017-07-Anhaltmahl.txt, 2017-06-OeffEinrDR.txt).

Wenn wir nun diese Korrelationen mit den Histogrammen vergleichen, können wir beobachten, welche Topics diese Sammelboxen am meisten unterstützen. Die Sammelboxen BBFZ Mehrgenerationenhaus Dessau und Bündnis 90/Die Grünen unterstützen am meisten das *Topic 2*. Die Sammelboxen der Deutschen Angestellten-Akademie, des Frauenzentrums Dessau, von der „Meile der Demokratie" in Magdeburg und der Sparkasse Dessau unterstützen insbesondere das *Topic 0* und zu einem geringeren Anteil das *Topic 1*. Die Sammelboxen der Kirchen und der verschiedenen Orte unterstützen das *Topic 0* und das *Topic 3*. Schließlich repräsentieren die Sammelboxen beim Anhaltmahl und in öffentlichen Einrichtungen in Dessau insbesondere das *Topic 0* und zu einem geringeren Anteil auch das *Topic 2*.

Interessant sind hier die Sammelboxen der Kirchen und der verschiedenen Orte in Dessau, weil sie mit den Sammelboxen vom BBFZ Mehrgenerationenhaus Dessau und Bündnis 90/Die Grünen korrelieren. Anders gesagt zeigt uns die Topic-

Modell-Analyse, dass das *Topic 2* oder die Topics 0 und 3 zu vertreten eine ähnliche thematische Bedeutung hat. Was diese ähnliche Bedeutung ausmacht, ist die besondere Ambivalenz, die wir im *Topic 2* finden – Freiheit und Akzeptanz vs. Duldung und Schwierigkeiten – und die in der Zusammenstellung der Topics 0 und 3 auch auftaucht – Akzeptanz vs. Konflikte.

Bis jetzt haben wir die Sammelboxen unabhängig von der Zeit ausgewertet. In der nächsten Abbildung (vgl. Abbildung 5.6) zeigen wir jetzt eine Trendlinie je Topic, die für die Zeit von November 2016 bis August 2017 gilt.

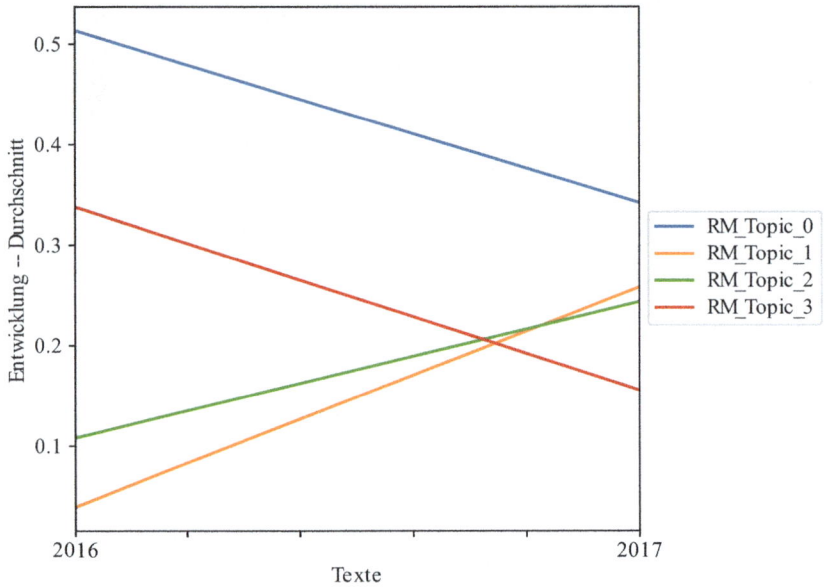

Abb. 5.6: Trend von November 2016 bis August 2017

Die Abbildung 5.6 führt zu zwei wichtigen Elementen. Zuerst beobachten wir, dass die Topics 0 und 3 im November 2016 wichtiger als die Topics 2 und 1 sind bzw. dass sie deutlich mehr unterstützt wurden. Aber im Laufe der Zeit verlieren die Topics 0 und 3 an Bedeutung. Dagegen nehmen die Topics 1 und 2 zu, so dass wir im August 2017 eine andere Reihenfolge erhalten. Der *Topic 0* wird durchgängig stärker als die anderen Topics unterstützt, aber dann kommen die Topics 1 und 2. Das *Topic 3* hat dagegen im Laufe der Zeit an Bedeutung verloren. Von November 2016 bis August 2017 herrscht dann in den Postkarten eine Bedeutung der Toleranz vor, die vor allem mit christlichen Werten verbunden wird, selbst wenn diese Bedeutung der Toleranz weniger Unterstützung im Laufe der Zeit seitens der Bürger bekommt. Dagegen gewinnen die Themen der kritischen Auseinandersetzung mit Mitbürgern sowie der Duldung und Schwierigkeiten an Bedeutung für die Bestimmung dessen, was Toleranz in Dessau-Roßlau bedeutet. Das Thema von *Topic 3*, das einerseits am meisten ambivalent war und das andererseits solidarisches Engagement mit den Mitbürgern hervorrief, bestimmt die Bedeutung der Toleranz deutlich weniger im Laufe der Zeit.

Wir beobachten nun, wie sich diese Ergebnisse verändern, wenn wir die zweite Gruppe von Postkarten zur ersten Gruppe hinzufügen. Diese zweite Gruppe addiert 184 neu transkribierte Postkarten zu den 432 Postkarten, die wir vorher analysiert haben.

5.3 Zweite Gruppe von Postkarten

Wir wenden ein identisches Topic-Modell-Verfahren an, wie wir es für unsere erste Gruppe von Postkarten entwickelt haben. Wir berechnen zuerst den *BIC*-Wert, der uns einen Ellbogen bei 5 zeigt, der nahelegt, dass eine Modellanalyse mit 5 Topics die beste Lösung wäre, um die Inhalte der Postkarten nach Gemeinsamkeiten bzw. gemeinsamen Themen zusammenzustellen (vgl. Abbildung 5.7).

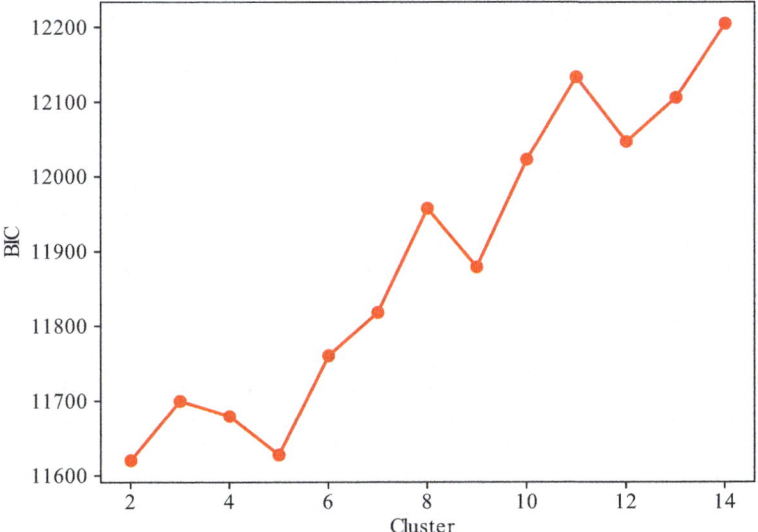

Abb. 5.7: BIC-Wert

Eine Kontrolle durch die Anwendung des Cophenet-Korrelationskoeffizienten bestätigt eine Lösung mit 5 Topics. Sie zeigt, dass 4 Themen lediglich 84%, 5 Themen dagegen 88% der Information richtig wiedergeben, die die Postkarten enthalten. Die Inhalte der Topics sind die Folgenden:

- *Topic 0*: menschen akzeptieren toleranz für leben meinung gegenüber achtung egal herkunft achten religion vorurteile hautfarbe mensch respekt gegenseitige respektieren akzeptanz mitmenschen
- *Topic 1*: zuhören hören können gelten meinungen ertragen ernst gerne gespräch entwickeln ändern reden nachbarn dessau meinigen gemeinschaft toleriert eigene menschen nächstenliebe
- *Topic 2*: freiheit für frieden friedliches toleranz leben duldung akzeptanz menschen weiß miteinander bekommt führen gönnen gelassenheit möglichkeit schwer ziel grenze gelebt
- *Topic 3*: zuhören aussehen verstehen gut akzeptieren meinung entgegen werte fremden ehrlichkeit akzeptanz zunehmen geduld versuchen gegenseitiges verständnis ernst akzeptiert achtung menschen
- *Topic 4*: vielfalt gegenseitig auszuhalten meinungsäußerung mitbürgern angst heißt neugierig nazis menschenrechte umgang tolerieren intoleranz fremden augenhöhe recht grenzen respekt toleranz über

Dieses Ergebnis hat eine wichtige Bedeutung im Rahmen unserer Untersuchung. Tatsächlich zeigt unsere Kreuzvalidierung, dass die letzten Postkarten im September unsere ersten Ergebnisse verändern. Was sind die Folgen für die thematische Bedeutung der Topics? Wenn wir die 5 Topics betrachten, dann können sie wie folgt interpretiert werden:

- *Topic 0*: Menschen unabhängig von ihrer Herkunft oder Hautfarbe akzeptieren und auf ihre Meinung achten; dieses Thema ist mit der Bedeutung der Religion, der Liebe und des Glaubens eng verbunden und es ändert sich inhaltlich im Vergleich zu den ersten Ergebnissen nicht;
- *Topic 1*: Dieses Topic hebt die Bedeutung des Redens und Zuhörens im Kontext der Gemeinschaft/der Nachbarschaft hervor; Gespräche müssen in diesem Zusammenhang ernst genommen werden, allerdings mit der Erwähnung der Toleranz im Kontext dessen, was man erleiden oder konzedieren muss; dieses Topic hat sich also im Vergleich zu den ersten Ergebnissen inhaltlich verändert;
- *Topic 2*: Dieses Topic hebt die Werte Freiheit und friedliches Leben hervor, die mit der Akzeptanz von anderen Menschen verbunden werden sollten – dies ist sowohl im Sinne der Duldung als auch im Sinne der Grenzen und der Schwierigkeit einer solchen Akzeptanz gedacht; in diesem Zusammenhang wird erwähnt, dass Toleranz auch Zeit braucht und schwer sein kann; dieses Thema hat sich im Vergleich zu den ersten Ergebnissen inhaltlich nicht verändert;
- *Topic 3*: Dieses Topic enthält einen Teil der Aussagen, die in den ersten Ergebnissen dem Topic 1 zugeschrieben wurden; es betont insbesondere das Zuhören, das Verstehen und die Akzeptanz von Menschen und besonders von Fremden, was mit Ernst und mit Geduld gemacht werden sollte; dieses Thema ist neu im Vergleich zu den ersten Ergebnissen;

- *Topic 4*: Toleranz bedeutet Verstehen, Akzeptanz, Zuhören, Vielfalt, was Ängste und Konflikte zwar nicht ausblendet, denen aber durch gemeinsames Miteinander aller Bürger entgegengewirkt werden kann. Dieses Thema war mit dem Topic 3 bei den ersten Ergebnissen verbunden.

Es gibt also tatsächlich eine inhaltliche Veränderung der Themen, die vor allem durch das neue *Topic 3* verursacht wurde. Das aktuelle neue Thema, das mit diesem Topic verbunden ist, ergibt sich aus der Teilung von *Topic 1* bei unseren ersten Ergebnissen in zwei Topics (1 und 3). Die neuen Postkarten haben die Ambivalenz im ehemaligen *Topic 1* geklärt und die zwei Themen in diesem Topic getrennt, von denen das erste (mit dem jetzigen *Topic 1* verbunden) eher eine „Toleranz mit Vorsicht" und das zweite (mit dem jetzigen *Topic 3* verbunden) eine Toleranz im Sinne der vollen Akzeptanz von Menschen und insbesondere von Fremden ausdrücken.

Wir bilden nun die Histogramme und die *heatmap* der Korrelationen zwischen Sammelboxen für diese 5 Themen ab (vgl. Abbildungen 5.8 und 5.9).

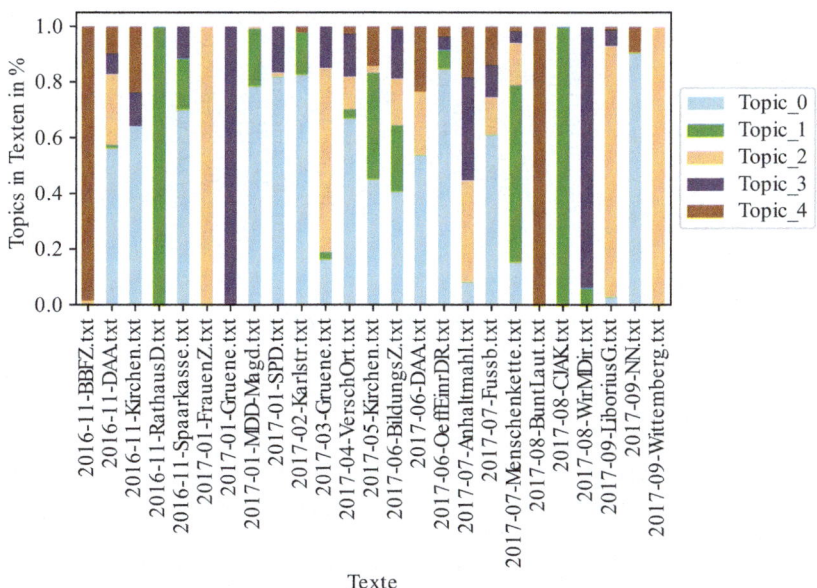

Abb. 5.8: Verteilung der Themen nach Sammelboxen

Durch die neuen Postkarten und die anschließende neue Klassifikation sind es drei Sammelboxen, deren Interpretation nun verändert bzw. präzisiert wird, nämlich 2016-11-BBFZ.txt (vom *Topic 2* zu *Topic 4*), 2017-01-FrauenZ.txt (vom *Topic 0* zu *Topic 2*) und 2017-01-Gruene (vom *Topic 2* zu *Topic 3*). Die Gemeinsamkeit zwischen diesen Sammelboxen bildet das ambivalente *Topic 2*. Die Klassifikation mit

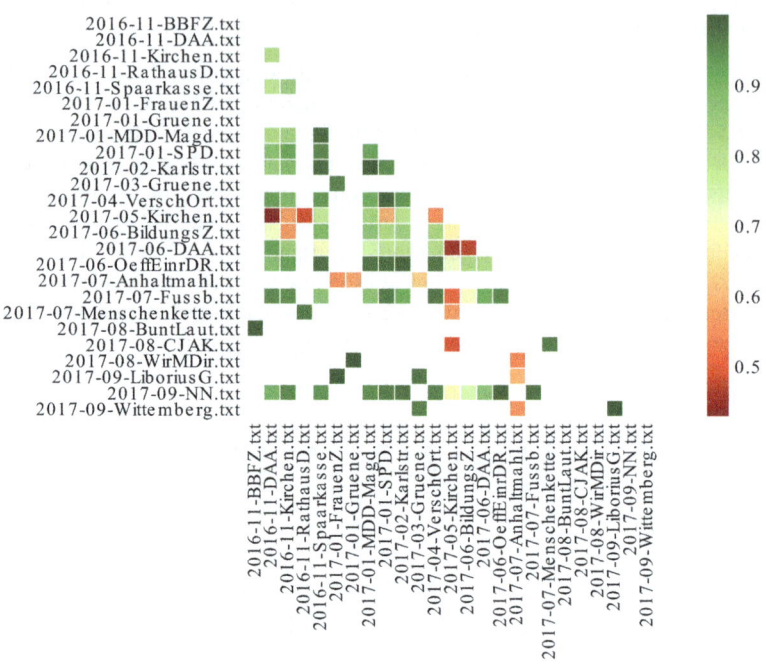

Abb. 5.9: Vergleichbare Sammelboxen

5 Topics zeigt, dass die meisten Postkarten der Sammelboxen 2016-11-BBFZ.txt und 2017-01-Gruene.txt eher die positive Seite der Ambivalenz im *Topic 2* unserer ersten Ergebnisse unterstützt haben. Es ist dann nicht überraschend, sie in der neuen Klassifikation mit 5 Themen bei weniger ambivalenten Themen (*Topic 4* und *Topic 3*) zu finden. Dagegen sind die Aussagen in der Sammelbox 2017-01-FrauenZ.txt, die in unserer ersten Auswertung mehrheitlich dem *Topic 0* zugeschrieben wurden, jetzt ausschließlich beim ambivalenten *Topic 2*, was dafür spricht, dass die Postkarten in dieser Sammelbox schwieriger zu klassifizieren sind.

Wir stellen fest, dass die zweite Gruppe von Postkarten unsere ersten Ergebnisse inhaltlich verändert hat. Ergibt sich daraus eine Veränderung des Trends, den wir in unseren ersten Ergebnisse festgestellt hatten? Um dies zu erfahren, berechnen wir erneut eine Trendlinie mit allen Postkarten (vgl. Abbildung 5.10).

Wir interpretieren diese Trendlinie je Topic und wir fangen mit den Topics an, die sich im Vergleich zu unseren ersten Ergebnissen inhaltlich nicht verändert haben und sich in der zweiten Untersuchung in den Topics 0, 2 und 4 wiederfinden. Das

5.3 Zweite Gruppe von Postkarten

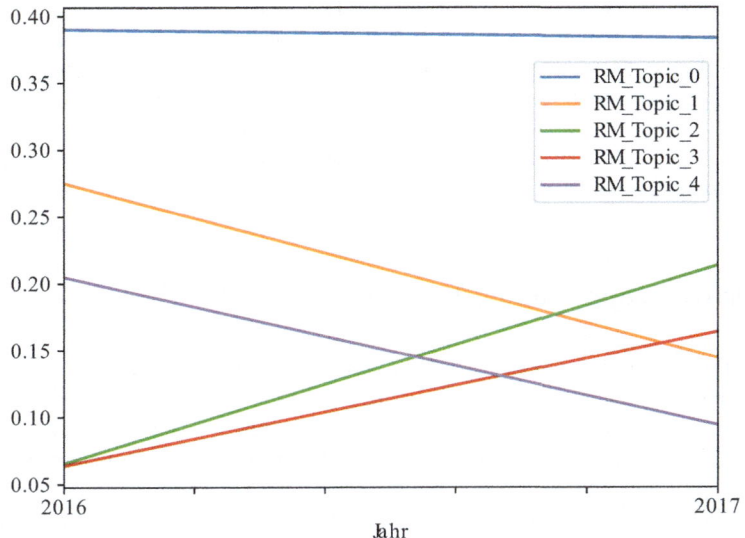

Abb. 5.10: Trend von November 2016 bis September 2017

Topic 0 wird durch die neuen Postkarten gestärkt, und es vermindert seine Bedeutung deutlich langsamer im Vergleich zu unseren ersten Ergebnissen. Das *Topic 2* steigert seine Bedeutung weiter und ist sogar leicht stärker im Vergleich zu unseren ersten Ergebnissen. Das *Topic 4* sinkt weiter, selbst wenn es weniger stark im Vergleich zu unserer ersten Analyse abnimmt. In diesen drei Fällen können wir die Tendenz unserer ersten Analyse bestätigen. Wir sehen auch, dass die neuen Postkarten Aussagen liefern, die dazu beitragen, dass die entsprechenden Themen zu diesen Topics in ihrer Bedeutung weniger stark zurückgehen bzw. eine starke Unterstützung in unseren neuen Postkarten finden. Wir kommen jetzt zu den zwei Topics, die sich im Vergleich zu unserer ersten Untersuchung verändert haben, den Topics 1 und 3.

Durch die Spaltung unseres ehemaligen *Topic 1* ergeben sich zwei Tendenzen. Die erste wird im jetzigen *Topic 1* abgebildet und betrifft die „Toleranz mit Vorsicht". Die Bedeutung dieses Topics sinkt deutlich mit der Zeit. Dagegen steigt die Bedeutung der Toleranz, die mit der vollen Akzeptanz von Menschen und insbesondere von Fremden verbunden ist und die in unserer jetzigen Untersuchung mit dem *Topic 3* verbunden wird. Wir stellen fest, dass trotz der inhaltlichen Veränderungen, die die neuen Postkarten bringen, unser Ergebnis nicht grundsätzlich verändert wird. Die vorherrschenden Themen bleiben stark mit den Topics 0 (christliche Werte) und 2 (Wunsch nach Freiheit und zum Frieden vs. Umgang mit Belästigungen und Störungen) verbunden. Das neue Topic 3 (Fremden-Problematik) kommt allerdings an dritter Position hinsichtlich der Bedeutung der Topics für die inhaltliche Bestimmung der Toleranz in Dessau-Roßlau. Dagegen verlieren die Topics 1 und 4 an Bedeutung. Wie in unseren ersten Ergebnissen aufgezeigt, sind die Themen bürgerlichen Engagements für die Toleranz in Dessau-Roßlau diejenigen Themen, die am wenigsten zur inhaltlichen Bedeutung der Toleranz beitragen.

Ende September 2017 haben wir eine zusätzliche Gruppe von 30 Postkarten bekommen. Wir können jetzt sehen, ob diese zusätzlichen Postkarten unsere bisherigen Ergebnisse verändern.

5.4 Dritte Gruppe von Postkarten

Wir reproduzieren das gleiche Verfahren, das wir bis jetzt für unsere zwei anderen Analysen benutzt haben. Wir berechnen zuerst den *BIC*-Wert für alle Postkarten, die wir haben, der zeigt, dass die beste Lösung eine Lösung mit 5 Topics ist (vgl. Abbildung 5.11). Eine Kontrolle durch den Cophenet-Korrelationskoeffizienten zeigt, dass 4 Topics 84% und 6 Topics 83% der Information richtig wiedergeben, die in den Postkarten enthalten sind. Dagegen geben 5 Topics 88% der Information richtig wieder, die in den Postkarten zu finden sind. Wir akzeptieren deshalb die Lösung mit 5 Topics. Diese 5 Topics werden inhaltlich wie folgt bestimmt:

- *Topic 0*: menschen akzeptieren toleranz für leben meinung gegenüber achtung egal herkunft achten religion vorurteile hautfarbe mensch respekt gegenseitige respektieren akzeptanz akzeptiert
- *Topic 1*: zuhören hören gelten meinungen ertragen können gerne ernst gespräch entwickeln ändern nachbarn reden meinigen gemeinschaft dessau toleriert eigene menschen nächstenliebe
- *Topic 2*: freiheit friedliches für toleranz frieden duldung leben akzeptanz menschen miteinander weiß bekommt gelassenheit gönnen führen möglichkeit schwer ziel gelebt fragt
- *Topic 3*: vielfalt gegenseitig auszuhalten meinungsäußerung mitbürgern angst heißt neugierig nazis menschenrechte umgang tolerieren fremden intoleranz augenhöhe grenzen recht toleranz respekt über
- *Topic 4*: zuhören aussehen verstehen gut akzeptieren meinung entgegen werte fremden zunehmen ehrlichkeit versuchen geduld akzeptanz gegenseitiges verständnis ernst akzeptiert achtung menschen

Wie wir feststellen, verändern sich die 5 Topics inhaltlich und im Vergleich zu unserer zweiten Analyse nicht und sie erhalten die gleiche Interpretation wie in unserer letzten Analyse (vgl. Unterkapitel 5.3). Wir bilden dann anschließend die Histogramme und die *heatmap* für diese 5 Topics (vgl. Abbildungen 5.12 und 5.13).

Die neuen Postkarten kommen ausschließlich von der Deutschen Angestellten-Akademie. Sie haben keine bedeutende Wirkung auf die Verteilung der Themen in

5.4 Dritte Gruppe von Postkarten

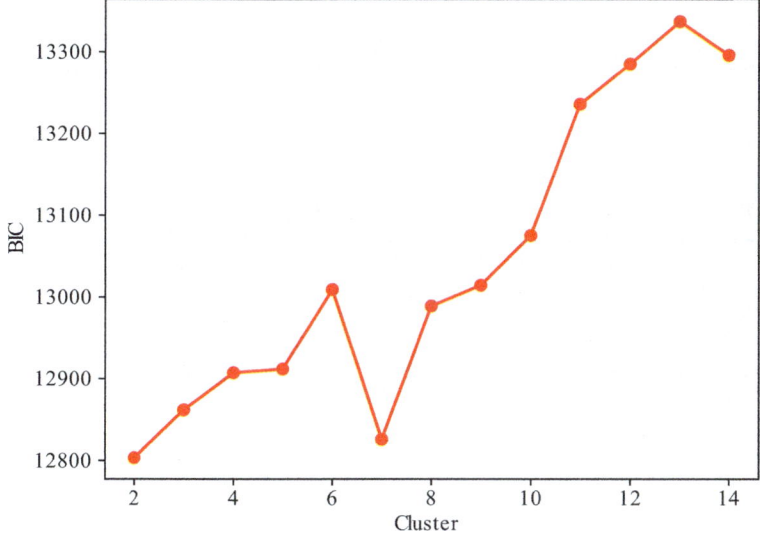

Abb. 5.11: BIC-Wert

den unterschiedlichen Sammelboxen gehabt. Wir beobachten jedoch einige Veränderungen, insbesondere im *Topic 3*, die dazu beitragen, die Bedeutung des Themas „Fremden-Problematik" zu relativieren. Ansonsten gelten hier die Bemerkungen, die wir schon im Rahmen unserer zweiten Analyse gemacht haben. Wir bilden dann eine Trendlinie für die gesamte Zeit von November 2016 bis Ende September 2017, um zu sehen, ob wir hier Veränderungen beobachten können (vgl. Abbildung 5.14). Wir sehen, dass das *Topic 0* stabil bleibt bzw. dass die neuen Postkarten der Deutschen Angestellten-Akademie Aussagen liefern, die das damit verbundene Thema nicht verändern. Das gleiche gilt für das *Topic 1*. Die Bedeutung von *Topic 2* steigt dagegen weiter und wird sogar leicht stärker im Vergleich zu unserer zweiten Analyse. Die Topics 3 und 4 verhalten sich auch leicht unterschiedlich im Vergleich zu unserer zweiten Analyse. Das *Topic 3* steigt jetzt weniger stark und das *Topic 4* sinkt dagegen weniger stark in seiner jeweiligen Wichtigkeit. Die Veränderungen unserer Trendlinie im Vergleich zur zweiten Analyse (vgl. Abbildung 5.10) sind geringfügig und bestätigen die Ergebnisse, die wir in unserer zweiten Analyse erhalten haben. Die vorherrschenden Themen in den Postkarten bleiben weiter stark mit den Topics 0 (christliche Werte), 2 (Wunsch nach Freiheit und zum Frieden vs. Umgang mit Belästigungen und Störungen) und 3 (Fremden-Problematik) verbunden. Die Topics 1 (Gespräch in der Nachbarschaft/Gemeinschaft) und 4 (Mitmachen als Mitbürger)

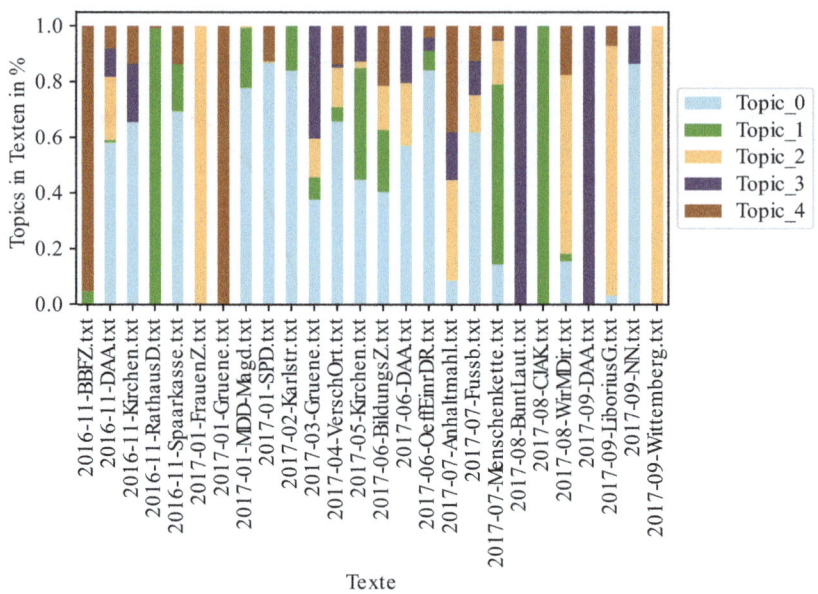

Abb. 5.12: Verteilung der Themen nach Sammelboxen

verlieren an Bedeutung. Im Vergleich zur zweiten Analyse ist hier insbesondere das *Topic 3* geschwächt worden. Wir kommen nun zur Schlussbetrachtung.

5.5 Schlussbetrachtung

In diesem Kapitel wurden die Ergebnisse einer Analyse im Auftrag des Netzwerkes *Gelebte Demokratie* in Dessau-Roßlau vorgestellt. Dieses Netzwerk hat eine Postkartenaktion Ende 2016 gestartet, die ein Jahr dauern sollte. Postkarten wurden den Bürgern in der Öffentlichkeit zur freien Verfügung gestellt, die sich zum Satz „Toleranz bedeutet für mich ...", der auf diesen Postkarten stand, schriftlich äußern konnten. Um eine möglichst umfangreiche Teilnahme der Bürger zu gewährleisten, wurden methodologische Maßnahmen nicht berücksichtigt. Dies hatte zur Folge, dass die Ergebnisse nicht für alle Bürger in Dessau-Roßlau repräsentativ sind, sondern wahrscheinlich nur für einen Teil davon. Die Berücksichtigung der Orte in Dessau-Roßlau, an denen die Postkarten und die Sammelboxen aufgestellt worden sind, spiegelt dies teilweise wider. In unseren *heatmaps* haben wir z.B. gesehen, dass Sammelboxen beim Büro von Bündnis 90/Die Grünen, beim BBFZ Mehrgenerationenhaus Dessau, bei der Deutschen Angestellten-Akademie, beim Frauen-

5.5 Schlussbetrachtung

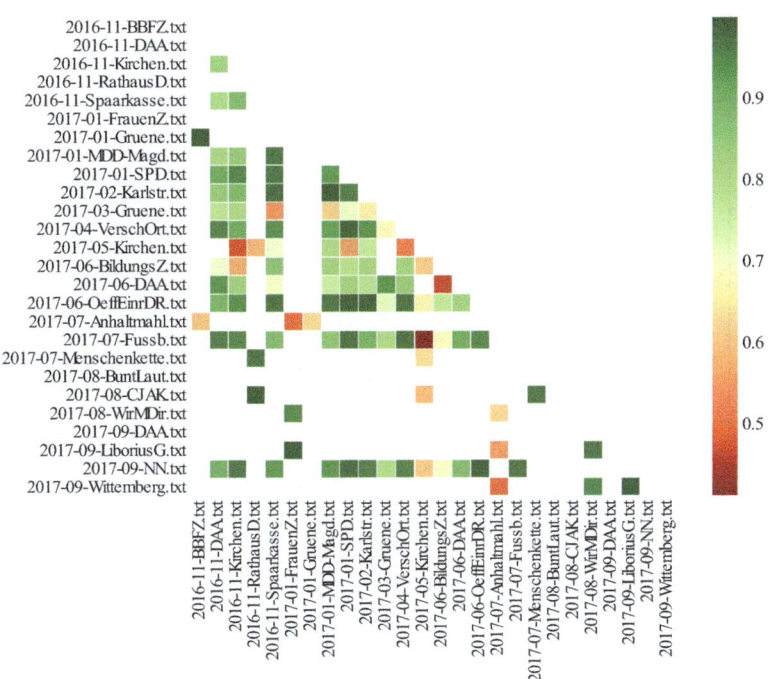

Abb. 5.13: Vergleichbare Sammelboxen

zentrum Dessau und bei Kirchengemeinden stark korrelieren, was wahrscheinlich kein Zufall ist. Hier haben wir es mit einem bestimmten Teil und nicht mit einem repräsentativen Teil der Bürger in Dessau-Roßlau zu tun.

Das Ziel dieser Aktion war es, ein Bild des Toleranzverständnisses der Bürger zu erhalten, die sich an dieser Aktion beteiligt haben, um später eine *Charta der Toleranz für Dessau-Roßlau* zu verabschieden. Diese Charta muss deutlich machen, wie Toleranz und Demokratie in Dessau-Roßlau von den Bürgern „gelebt" wird. Sie ist gleichzeitig ein Werbemittel, das die Lebensqualität an diesem Standort hervorheben soll, und ein pädagogisches Mittel, das darauf abzielt, die Bürger in Dessau-Roßlau politisch und zivilgesellschaftlich aufzuklären. Diese Postkarten haben wir zu drei Zeiten erhalten und in unserer Untersuchung zeigte sich, wie sich die Ergebnisse des Topic-Modell-Verfahrens im Laufe dieser drei Zeiten ändern bzw. wie sie durch die Berücksichtigung von zusätzlichen Postkarten verändert werden. Wir haben bemerkt, dass die zweite Gruppe von Postkarten, die wir erhalten haben, unsere Analyse der ersten Postkarten inhaltlich verändert haben. Dagegen verändern die letzten Postkarten die Ergebnisse unserer zweiten Analyse nicht grundsätzlich.

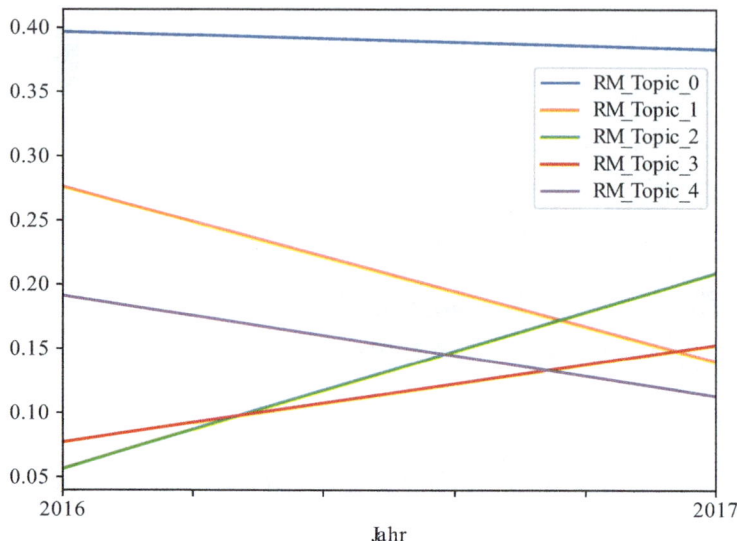

Abb. 5.14: Trend von November 2016 bis September 2017

Gleichwohl kann hinsichtlich unserer drei Analysen festgestellt werden, dass christliche Werte eine starke Rolle für die Bürger spielen, die die Postkarten ausgefüllt haben. Diese Werte haben mehr Bedeutung als liberale – gleichzeitig auch ambivalente – Werte, um das Bild der Toleranz in Dessau-Roßlau inhaltlich zu füllen. Ein letztes Thema, das in unserer Analyse deutlich auftaucht und die Berücksichtigung von Fremden betrifft, spielt auch eine Rolle für das Bild der Toleranz in Dessau-Roßlau, weil einerseits dieser Inhalt ein Topic bildet und dieses andererseits im Zeitverlauf in seiner Bedeutung schwankt. Dagegen verlieren die Themen, die die Verhältnisse zwischen Bürgern in Dessau-Roßlau betreffen – die kritische Auseinandersetzung mit Mitbürgern, um Toleranz in der Stadt zu bewahren, sowie das solidarische Engagement der Bürger für Toleranz – in den zwei Schritten unserer Analyse an Bedeutung. Im Gespräch mit dem Netzwerk *Gelebte Demokratie* haben wir erfahren, dass diese letzte Tendenz mit ihrer Beobachtung übereinstimmt. In Dessau-Roßlau stellen die Mitglieder des Netzwerks Schwierigkeiten im Bereich der Mobilisierung von Bürgern und der Kooperation der Bürger miteinander in gemeinsamen Projekten fest, was ihre Aufgabe manchmal erschwert. Hier lässt sich eine Arbeitshypothese bilden, die mit der folgenden Frage verbunden wäre: wieso verbinden die Bürger, die an dieser Postkartenaktion teilgenommen haben, Toleranz insbesondere mit abstrakten Werten und mit dem Thema *Fremde* und dagegen deutlich weniger mit den Themen der Auseinandersetzung und dem Engagement für andere Mitbürger? Oder allgemeiner formuliert: wieso macht Toleranz insbesondere Sinn in Bezug auf Themen, die fern vom Alltag der Bürger sind und weniger in Bezug auf Themen, die nah an diesem Alltag sind?

Literaturverzeichnis

Bishop, C. 2006. *Pattern Recognition and Machine Learning.* New York: Springer.

Gautam, B. P., und D. Shrestha. 2010. „Document Clustering Through Non-Negative Matrix Factorization: A Case Study of Hadoop for Computational Time Reduction of Large Scale Documents". In *Proceedings of The International MultiConference of Engineers and Computer Science (IMECS2010), IAENG, VI,* 570–575.

Gelebte Demokratie. 2017. http://www.gelebtedemokratie.de/.

PEN Zentrum Deutschland. 2017. *Postkartenaktion Für das Wort und die Freiheit.* http://www.pen-deutschland.de/de/postkartenaktion-fuer-das-wort-und-die-freiheit-banner/.

Pro Asyl. 2017. *Postkarten-Set: „Ich verteidige..."* https://www.proasyl.de/material/postkarten-set-ich-verteidige/.

ver.di. 2017. *Gleiches Geld.* https://frauen.verdi.de/themen/gleiches-geld/.

Zhao, Qinpei, Ville Hautamaki und Pasi Fränti. 2008. „Knee Point Detection in BIC for Detecting the Number of Clusters". In *Advanced Concepts for Intelligent Vision Systems,* herausgegeben von Jacques Blanc-Talon, Salah Bourennane, Wilfried Philips, Dan Popescu und Paul Scheunders, 664–673. Berlin, Heidelberg: Springer Berlin Heidelberg. ISBN: 978-3-540-88458-3.

Kapitel 6
Textsammlung. Ein Beispiel aus der Geschichte der Soziologie

In diesem Kapitel stellen wir eine Anwendung von Topic-Modell-Verfahren auf das Werk des französischen Soziologen Gaston Richard (1860 – 1945) vor. Von diesem Werk gibt es 527 Texte unterschiedlicher Natur – Bücher, Aufsätze, Rezensionen – in digitaler Form, die entweder im Internet zur freien Verfügung stehen oder die aus dem Bestand von Archiven und Bibliotheken stammen und von uns digitalisiert wurden. Diese Textsammlung erschöpft die Produktion von Richard nicht. Tatsächlich wurden im Laufe unserer Forschung weitere Texte von ihm entdeckt, die vorher verschollen waren. Dennoch bilden diese 527 Texte ungefähr 70% des Gesamtwerkes Richards und enthalten die wichtigsten Werke des Autors, so dass man mit dieser Sammlung ein gutes Bild der Themen bekommen kann, die für Richard in seiner wissenschaftlichen Laufbahn wichtig waren.

Diese Texte entstanden zwischen 1892 und 1948 – es gibt einen Text über Raoul Allier, der posthum im Jahr 1948 erschienen ist (vgl. Richard 1948). Die zeitliche Dimension ist bei unserer Untersuchung wichtig. Sie gibt uns die Möglichkeit sowohl die Variationen von Themen im Zeitverlauf als auch deren Bezug zum geschichtlichen Kontext des Werks Richards zu beobachten und zu interpretieren. Unsere Topic-Modell-Analyse wird deshalb diese zeitliche Dimension im Einklang mit einer theoretischen Annahme berücksichtigen, die insbesondere in der Geschichtswissenschaft seit den 1970er Jahren an Bedeutung gewonnen hat. Sie besagt, dass Begriffe nicht nur eine Geschichte haben, sondern auch von der Geschichte – und somit von den Gesellschaften und Kulturen – geprägt werden, so dass ihr Sinn und ihre Bedeutung in der Zeit variieren können (vgl. Koselleck 1972, Steinmetz 2008). Im Rahmen unserer Untersuchung bedeutet diese Annahme, dass die Variationen im Werk Richards in Bezug auf Variationen im Umfeld Richards interpretiert werden sollten oder zumindest, dass eine solche Verbindung zwischen dem Werk des Autors und seinem wissenschaftlichen Kontext geprüft werden sollte. Dieser Kontext ist derjenige der Gründung der französischen Soziologie als einer akademischen Disziplin, zu der Richard mit einem eigenen Konzept der Solidarität beitragen wollte. Entsprechend nehmen wir als Gegenstand der Untersuchung Richards Begriff der Solidarität unter die Lupe.

Wir möchten zuerst wissen:

- mit welchen Themen im Werk von Richard sein Begriff der Solidarität am meisten verbunden ist; diese erste Arbeit erfordert, dass eine Topic-Modell-Analyse des Gesamtwerks Richards geführt wird, um die thematischen Kontexte von Solidarität zu bestimmen;
- da die zeitliche Dimension bei dieser Analyse von besonderer Relevanz ist, soll anschließend untersucht werden, welche Bandbreite thematischer Kontexte der Solidaritätsbegriff in seiner zeitlichen Entwicklung berührt und/oder beinhaltet.

Die Solidarität bei Richard ist ein wichtiger Begriff. Es kann vorausgesetzt werden, dass dieser Begriff eine Struktur hat, die sich auch zeitlich entwickeln kann. Wir können dann die zwei Stufen einer Analyse wiederholen, aber anstatt sie auf alle 527 Texte Richard anzuwenden, werden nur diejenigen Texte in die Untersuchung eingebunden, die im Werk Richards für die Konzeption von Solidarität typisch sind. Um diese Texte auszuwählen, benutzen wir nicht nur den Begriff der Solidarität – als Wort –, sondern auch weitere Begriffe, mit denen der Solidaritätsbegriff verbunden ist. Dies erlaubt dann weiterhin, nicht nur Texte zu behandeln, in denen Richard Solidarität wörtlich erwähnt, sondern auch zusätzliche Texte, in denen Solidarität nicht unbedingt wörtlich vorkommt, die aber Begriffe enthalten, die mit der Solidaritätskonzeption oft verbunden sind und die ihren Kontext darstellen. Dies operationalisieren wir wie folgt:

- zuerst bilden wir den Kontext von Solidarität im Werk Richards und entsprechend selektieren wir die damit verbundenen Texte;
- anschließend führen wir eine Topic-Modell-Analyse anhand dieser Texte durch; die Topics, die wir hieraus erhalten, bestimmen dann die internen Dimensionen von Richards Solidaritätskonzept;
- schließlich untersuchen wir diese Dimensionen in der Zeit um zu sehen, wie sie sich im Werk Richards verändern.

Dieser Übergang von einer Topic-Modell-Analyse auf der Ebene von allen Texten zu einer Topic-Modell-Analyse auf der Ebene von Texten, die dem semantischen Feld eines Begriffes entsprechen, bezeichnet also den Übergang von den äußeren zu den inneren Kontexten der Solidarität.

Wir schließen unsere Analyse mit der Diskussion eines Ergebnisses ab, das uns im Rahmen unserer Topic-Modell-Analysen überraschte: Die relativ schwache Bedeutung des konflikhaften Verhältnisses zwischen Richard und Emile Durkheim in Bezug auf das Konzept Solidarität. Diese Diskussion veranschaulicht darüber hinaus, wie eine Verbindung zwischen der Topic-Modell-Analyse und dem geschichtlichen Kontext von Richards Werk erstellt werden kann. Um unsere Analysen durchzuführen, benutzen wir die Programmiersprache *Python* in der Version 2.7.13 (vgl. Python Software Foundation, Rossum 1995).

6.1 Topic-Modell-Verfahren – Vorbereitung und Anwendung

Die Programmiersprache *Python* im Rahmen der Analyse von Textquellen und der Herstellung von Topic-Modell-Verfahren wurde in Kapitel 3 eingeführt. In diesem Paragraph erklären wir, wie wir *Python* für die Vorbereitung und die Anwendung unseres Topic-Modell-Verfahrens benutzt haben. Die *Python*-Programmskripte für unsere Analyse sind frei verfügbar.[1] Wir beginnen mit einer Beschreibung der Vorbereitungsmaßnahmen, die wir angewendet haben.

6.1.1 Vorbereitung

Unsere Vorbereitungsmaßnahmen wurden bereits in Kapitel 5 beschrieben. Wir laden die Textdateien in *Python* ein, wir stellen die Matrizen von Texten qua Begriffen her, die die Grundlage unserer Topic-Modell-Analyse bilden. Im Unterschied zu Kapitel 5 möchten wir aus unseren Texten die Stoppwörter entfernen, deren Informationsgehalt gering ist. Hier folgen wir dem Verfahren, das in Kapitel 2 vorgestellt wurde. Wir bilden eine Liste von Stoppwörtern, die wir *stops* nennen, um sie dann bei der Bildung der Matrix von Dokumenten qua Begriffe einzusetzen. Die Bildung dieser Matrix erfolgt in einem zusätzlichen und letzten Schritt. Mit *Python* lesen wir alle Dokumente in einer Schleife und wenden die *TfidfVectorizer*-Funktion der Bibliothek *scikit-learn* auf sie an, um unsere Texte zu bereinigen. Anschließend bilden wir eine Matrix der *TF-IDF*-Scoren für alle Begriffe in den Texten. Wir werden eine *dense*-Matrix wie in Kapitel 5 benutzen, um die optimale Anzahl der Topics zu bestimmen, mit der wir dann die Topic-Modell-Analyse durchführen und bestimmen. Diese Operationen lassen sich in den folgenden drei Code-Zeilen zusammenfassen:

```
1 vectorize = TfidfVectorizer(min_df=2, max_def=0.95,
    encoding='utf-8', sublinear_tf='True',
    analyzer='word', ngram_range=(1,1),
    stop_words=stops)
2 tf_matrix = vectorize.fit_transform(corpus)
3 dense = tf_matrix.todense()
```

Die erste Code-Zeile gibt die Möglichkeiten, Optionen je nach Bedarf zu verändern, um eine gewünschte Matrix zu erhalten.[2] Die folgenden Optionen haben wir gewählt:

- *min_df=2*: wir schließen Begriffe aus, die nur einmal in den Texten auftauchen; dies erlaubt, sehr seltene Begriffe aus der Analyse zu entfernen;

---

[1] https://gitlab.informatik.uni-halle.de/qualitative-forschung-mit-topic-modellen/r-python-code
[2] Weitere Optionen sind möglich, die in der Dokumentation zur *TfidfVectorizer* erklärt werden (http://scikit-learn.org/stable/modules/generated/sklearn.feature_extraction.text.TfidfVectorizer.html).

- *max_df=0.95*: wir schließen Begriffe aus, die zumindest in 95% der Texte auftauchen; anders gesagt, schließen wir sehr häufige Begriffe aus;
- *encoding='utf-8'*: wir wollen Begriffe mit Sonderzeichen (hier insbesondere Akzente der französischen Sprache) korrekt aufnehmen;
- *sublinear_tf='True'*: statt die Frequenz der Wörter als Wert für die Berechnung des *TF-IDF*-Scores zu benutzen, nehmen wir 1 + den Logarithmus dieser Frequenz;
- *analyzer='word'*: die Grundeinheit für unsere Analyse ist das Wort (und z.b. nicht der Buchstabe);
- *ngram_range=(1,1)*: wir wollen Einzelbegriffe in unserer Matrix haben und keine Assoziationen zwischen *n* Begriffen;
- *stop_words = stops*: wir benutzen unsere Liste von Stoppwörtern so, dass Begriffe in dieser Liste von der Matrix entfernt werden.

Der Ausschluss von seltenen und häufigen Begriffen aus der Matrix entspricht einer üblichen Maßnahme in der semi-automatisierten Analyse von Textquellen, da gewährleistet werden muss, dass nur Begriffe berücksichtigt werden, die einen für die Analyse nützlichen Informationsgehalt besitzen. Die Option *ngram_range* ist besonders interessant, weil sie erlaubt, Matrizen von *n* zusammen auftauchenden Begriffen zu bilden, was besonders nützlich ist, wenn man nach syntaktischen Assoziationen sucht. In diesem Kapitel werden wir jedoch Assoziationen zwischen Begriffen mit einem anderen Werkzeug untersuchen, da uns nicht nur zusammen auftauchende Begriffe, sondern auch Assoziationen zwischen Begriffen interessieren, die nicht unmittelbar nebeneinander in einem Satz stehen.

Eine letzte Vorbereitungsmaßnahme betrifft die Texte, die wir analysieren. Wir wollen die zeitliche Dimension berücksichtigen, und zu diesem Zweck platzieren wir das Erscheinungsjahr des jeweiligen Textes am Anfang des Datei-Namens jedes Dokuments. Später werden wir die Matrizen der Ergebnisse sortieren, was dann die Dokumente nach Jahren gruppiert und uns ein chronologisches Bild unserer Ergebnisse liefert bzw. die Entwicklung von Tendenzen im Werk Richards in der Zeit zeigen wird. Unsere Daten und unsere Matrizen sind jetzt fertig vorbereitet. Wir können das Topic-Modell-Verfahren auf unsere Texte anwenden.

6.1.2 Anwendung

Bei dieser Untersuchung haben wir den *Non-negative Matrix Factorization* (*NMF*) Algorithmus benutzt, den wir in Kapitel 3 vorgestellt haben. Wir führen wie in Kapitel 5 eine Kreuzvalidierung mit einer *Cluster*-Analyse und dem *kmeans++*-Algorithmus durch, deren Ergebnisse wir mit dem *Bayesian Information Criterion* (*BIC*) nach Zhao (Zhao, Hautamaki und Fränti 2008) bestimmen und die wir mit dem Cophenet-Korrelationskoeffizienten kontrollieren. Anschließend bilden wir die Ergebnisse der Topic-Analyse für die beste Anzahl an Topics ab, die wir im Rahmen unserer Kreuzvalidierung erhalten haben.

In diesem Beispiel interessieren uns besonders die zeitliche Dimension und die Veränderungen von Richards Solidaritätskonzept in der Zeit, weshalb wir die Ergebnisse der Analyse mit dem *rolling mean* der *pandas*-Bibliothek abbilden werden. Wir kommen jetzt zu unseren Ergebnissen.

6.2 Ergebnisse

Unsere erste Frage an das Werk Richards betrifft die Themen in seinem Werk, die mit seinem Solidaritätsbegriff am häufigsten verbunden sind. Wir haben es hier mit einer typischen Anwendung von Topic-Modell-Verfahren zu tun: die Analyse berücksichtigt alle Texte und liefert die Topics, die diese Texte klassifizieren. Wenn Solidarität ein wichtiger Begriff im Werk Richard ist, sollten auch die Topics dies widerspiegeln.

6.2.1 Themen im Werk Richards, die mit dem Konzept Solidarität verbunden sind

Wir beginnen mit der Bestimmung der besten Anzahl von Topics für das Werk Richards. Wir benutzen den *kmeans++* Algorithmus von *scikit-learn*, den wir auf unsere *dense*-Matrix anwenden. Für eine Anzahl von 2 bis 15 möglichen *Clustern* ergibt sich aus der *KMeans*-Analyse das folgende Bild (Abbildung 6.1):

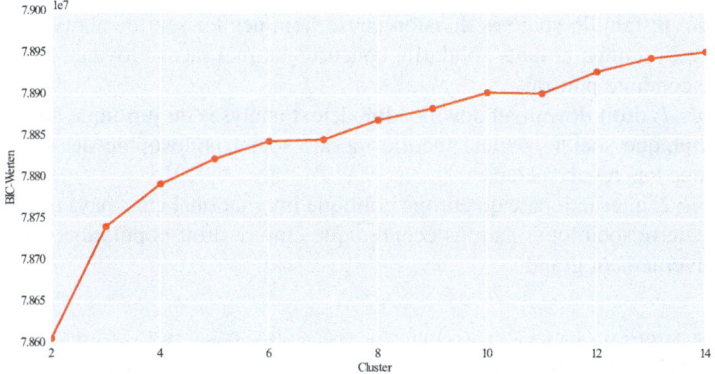

Abb. 6.1: Cluster für alle Texte im Werk Richards

Die Abbildung 6.1 zeigt eine Kurve, die zwischen den Werten 6 und 7 deutlich flacher wird.[3] Diese abgebildete Kurve lässt darauf schließen, dass die optimale Anzahl an Topics für unsere Dokumente um 6 sein soll. Wir führen dann eine Topic-Modell-Analyse mit 4, 5, 6 und 7 Topics durch und vergleichen die Ergebnisse der Klassifikation der Texte mit dem Cophenet Korrelationskoeffizienten (vgl. Tabelle 6.1):

Tabelle 6.1: Cophenet Korrelationskoeffizient für 4 bis 7 Topics

Anzahl der Topics	Cophenet
4 Topics	0.54625123722173274
5 Topics	0.52196847067344743
6 Topics	0.49802232454511386
7 Topics	0.47726361984127558

Die Lösung mit 4 Topics ist diejenige mit dem besten Ergebnis im Sinne der Klassifizierung unserer Dokumente, wobei allerdings darauf hinzuweisen ist, dass die Lösung mit 4 Topics die Variabilität der Topics sowie die entsprechenden Themen im Werk Richards einschränkt und so einen geringeren Inhaltsreichtum wiedergibt. Dagegen ist die Lösung mit 5 Topics diejenige, die die Dokumente im Vergleich zu der Lösung mit 4 Topics noch gut klassifiziert und die zudem einen Topic mehr und damit höhere inhaltliche Variabilität anbietet. Beobachten wir den Inhalt der Topics für die Lösungen mit 4 und mit 5 Topics – hier begrenzen wir den Inhalt auf diejenigen 20 Begriffe, die die wichtigsten Begriffe im Sinne des *TF-IDF*-Scores für den jeweiligen Topics sind:

- Mit 4 Topics:
  - *Topic 0*: famille sociétés division cause hommes loi sentiments type causes progrès femme enfants solidarité concurrence mal races croyances domestique conduite pourrait
  - *Topic 1*: droit download downloadmodetext analyses qu juridique auteur philosophique sociale société théorie morale social philosophie del 680 conscience lois revue sociaux
  - *Topic 2*: internationale qu europe politique international etats pays revue france guerre sociologie nations économique empire droit population etat siècle gouvernement grand

---

[3] Der optimale *BIC*-Wert wird nach der Ellbogen-Methode bestimmt. Diese visuelle Methode ist die älteste Methode zur Bestimmung von *Clustern* und sie setzt voraus, dass der Prozentsatz der erklärten Varianz eine Funktion der Anzahl an *Clustern* ist (vlg. Bholowalia und Kumar 2014). Die Interpretation mit der Ellbogen-Methode ist intuitiv – wo die Kurve besonders stark abflacht, ergibt sich die optimale Anzahl an *Clustern*. Aber es ist manchmal zweideutig, wo genau die Kurve abbricht, so dass diese Methode oft durch andere Methoden – im Fall von *KMeans*-Analysen beispielsweise mit der Silhouette-Methode oder der *gap* Statistik – ersetzt bzw. ergänzt wird (vgl. dazu Kaufman und Rousseeuw 1990; Tibshirani, Walther und Hastie 2001).

6.2 Ergebnisse

- *Topic 3*: qu science sociologie philosophie histoire pensée problème vie critique esprit morale sciences société livre durkheim conscience notion sociale étude humaine

• Mit 5 Topics:

- *Topic 0*: famille sociétés hommes loi cause progrès division type causes criminalité travail solidarité sentiments peine enfants femme pourrait mal concurrence
- *Topic 1*: internationale qu politique europe sociologie international revue france pays etats guerre nations professeur histoire siècle institut empire université grand congrès
- *Topic 2*: cb34349223n 12148 ark contributeur texte download downloadmodetext format 1876 identifiant document éditeur reconnaissance bnf description fr date 684 affiché généré
- *Topic 3*: religion religieuse durkheim totémisme religions pensée the métaphysique magie el chrétienne reli croyance dieu philosophie primitive qu science suicide religieuses
- *Topic 4*: droit qu philosophie sociologie sociale science théorie société auteur morale conscience juridique downloadmodetext download histoire critique social philosophique vie objet

Die Lösung mit 5 Topics bietet zwar einen Topic mehr – hier als *Topic 2* gekennzeichnet – als die Lösung mit 4 Topics. Aber dieses *Topic 2* bezieht sich auf die Merkmale unserer Dokumente und nicht auf den Inhalt der Texte im Werk Richards. Wir können daraus schließen, dass für unsere Fragestellung das *Topic 2* in der Lösung mit 5 Topics keinen weiteren Informationsgewinn im Vergleich zur Lösung mit 4 Topics bringt.

Dennoch zeigt die Lösung mit 5 Topics im Vergleich zur Lösung mit 4 Topics eine Umverteilung der Begriffe zwischen einigen Topics. Tatsächlich können wir beobachten, dass das *Topic 3* in der Lösung mit 4 Topics nicht mehr so deutlich in der Lösung mit 5 Topics auftaucht. Stattdessen wird sein Inhalt nun zwei Topics zugeschrieben – den Topics 3 und 4. Diese Umverteilung lässt sich als eine Trennung zwischen zwei Diskursen von Richard interpretieren. Die Lösung mit 5 Topics zeigt im Vergleich zur Lösung mit 4 Topics, dass der Diskurs Richards über Durkheim insbesondere in Bezug auf die Religionssoziologie berücksichtigt werden sollte. Gehen wir jetzt weiter und stellen die Lösung mit 6 Topics vor, die wir als optimale Lösung für unsere Topic-Modell-Analyse nach der *KMeans*-Analyse bezeichnet haben:

• Mit 6 Topics:

- *Topic 0*: sociétés croyances famille races religieuse civilisation hommes âge sauvages humanité tantôt pu religion division institutions primitive simple croyance cité loi
- *Topic 1*: qu philosophie droit sociologie science sociale théorie société histoire morale auteur critique conscience sciences vie objet juridique étude problème esprit

- *Topic 2*: internationale qu politique europe international sociologie revue pays france etats guerre nations professeur siècle empire institut histoire congrès économique grand
- *Topic 3*: durkheim religieuse totémisme religion suicide religions reli el métaphysique the môme dur kheim r1 gieuse geste if cadavéreux 743 croyance
- *Topic 4*: cb34349223n ark 12148 contributeur texte format downloadmodetext download 1876 identifiant document éditeur reconnaissance bnf description fr date issn téléchargement affiché
- *Topic 5*: crime criminelle criminel criminalité pénal pénale peine délit criminels download downloadmodetext délinquant crimes statistique qu droit responsabilité morale sociale social

Obwohl diese Lösung mit 6 Topics unsere Texte weniger gut als die Lösungen mit 4 und 5 Topics klassifiziert, bringt sie uns eine zusätzliche Information, die sich auf das *Topic 0* in den Lösungen mit 4 und mit 5 Topics bezieht. Dieses *Topic 0* wird in der Lösung mit 6 Topics verändert, indem einige Begriffe, die diesem Topic zugeschrieben wurden, jetzt ein selbständiges Topic bilden – hier das *Topic 5*. Dieses *Topic 5* zeigt, dass Richard eine Soziologie der Kriminalität anbietet, die ein wichtiges Thema in seinem Werk bildet, das wir von seinen übrigen Diskursen über Familie, Religion, Gesellschaften usw. trennen können. Weitere Lösungen mit mehr Topics verursachen weitere Teilungen der Dokumente, die aber im Vergleich zum Ergebnis der Partitionierung mit *KMeans-Cluster* weniger effizient sind bzw. weniger neue Grundthemen, dafür aber mehr Subthemen liefern. In diesem Sinne behalten wir die Lösung mit 6 Topics. Zwar klassifiziert sie die Dokumente weniger gut als die Lösungen mit 4 und 5 Topics, aber sie ist näher an den Dimensionen des Werkes Richards, wie es auch die *KMeans*-Analyse nahelegt. Diese 6 Topics lassen sich wie folgt interpretieren:

- *Topic 0*: dieses Topic entspricht der sozio-historischen Soziologie Richards und in diesem Zusammenhang seiner Auseinandersetzung mit dem Organizismus, den Richard in unterschiedlichen Zusammenhängen diskutiert – wie z.B. in Bezug auf Themen der Arbeitsteilung und der Wirtschaft, der Familie, der Rassen usw.;
- *Topic 1*: dieses Topic entspricht der erkenntnistheoretischen Grundlage der Soziologie Richards, die sich aus der Rechtsphilosophie, der Geschichte, der Moral und der Psychologie entwickelt;
- *Topic 2*: dieses Topic bezeichnet die politische Soziologie Richards (mit Diskursen über Nationen, Europa, Krieg, das internationale Recht), die er insbesondere in der Zeit vor und nach dem Ersten Weltkrieg und dann später in seiner Zeit als Leiter der von René Worms gegründeten *Revue Internationale de Sociologie* entfaltet hat;
- *Topic 3*: dieses Topic ist mit dem Diskurs von Richard über Durkheim und insbesondere über Durkheims Religionssoziologie und den Selbstmord verbunden;
- *Topic 4*: hier handelt es sich ausschließlich um technische Merkmale der Dokumente, die für unsere Analyse nicht wichtig sind;

- *Topic 5*: dieses Topic bezeichnet Richards Soziologie der Kriminalität und den damit verbundenen Diskurs Richards über das Strafrecht.

In den Topic-Modellen mit 4 und 5 Topics sehen wir zudem, dass der Begriff „solidarité" als einer der 20 bedeutendsten Begriffe im *Topic 0* auftaucht, der in beiden Lösungen und im Vergleich zum Modell mit 6 Topics die Themen der historischen Soziologie Richards mit seiner Soziologie der Kriminalität und des Rechtes (insbesondere des Strafrechtes) verbindet. Mit der Verfeinerung der Klassifikation im Modell mit 6 Topics verschwindet der Begriff der Solidarität aus der Liste der 20 bedeutendsten Begriffe. Aber wir können diesen Begriff in der Lösung mit 6 Topics trotzdem herausfinden und seinen *TF-IDF*-Score je Topic abrufen um herauszufinden, zu welchen der 6 Topics er am meisten beiträgt:

Tabelle 6.2: TF-IDF-Score für „solidarité" in den 6 Topics

Topics	Cophenet
Topic 0	0.019433244003057706
Topic 1	0.002550438444408973
Topic 2	0.021843605512922446
Topic 3	0.0
Topic 4	0.0
Topic 5	0.0

Wir sehen hier, dass bei ihm Solidarität als Begriff seine wichtigste Bedeutung im *Topic 2*, dann im *Topic 0* und schließlich im *Topic 1* hat, was dafür spricht, dass Richard seine Konzeption der Solidarität insbesondere in Bezug auf die Themen entwickelt, die diesen drei Topics entsprechen. Es sind genau die Themen, die für die Solidaritätskonzeption in den Lösungen mit 4 und 5 Topics ebenfalls wichtig waren. Anders gesagt, verliert der Solidaritätsbegriff im Übergang von der Lösung mit 4, mit 5 bis zur Lösung mit 6 Topics seine thematische Verbindung nicht.

Wir gehen jetzt zu unserer zweiten Frage – wie entwickeln sich diese Themen in der Zeit? *pandas* bietet die Möglichkeit, einen *rolling mean* für einen ganzen Datensatz zu berechnen und auf den wir zurückgreifen, um uns ein Bild von der Entwicklung der Topics anhand der chronologisch geordneten Texte zu machen. Diesen *rolling mean* berechnen wir zuerst mit einem Fenster von 2. Dies bedeutet, dass wir die Zahlen des Topic-Anteils in den zwei ersten Texten nehmen, um je Topic einen ersten Durchschnittswert zu berechnen, der die Grundlage für die Berechnung vom nächsten Durchschnittswert zwischen den Texten 2 und 3 bildet usw. bis zum letzten Text. Die Ergebnisse werden nach den Texten berechnet, aber da wir nicht die gleiche Anzahl der Texte je Jahr haben, berechnen wir einen weiteren Durchschnittswert je Jahr, so dass wir dann die Topics je Jahr miteinander vergleichen können (vgl. Abbildung 6.2).

Das Fenster kann verändert werden, um die Ergebnisse ein bisschen mehr voneinander zu trennen und Trends besser sehen zu können – in dieser Hinsicht zeigen wir die gleichen Ergebnisse mit einem Fenster von 40 Texten (vgl. Abbildung 6.3).

114 6 Textsammlung. Ein Beispiel aus der Geschichte der Soziologie

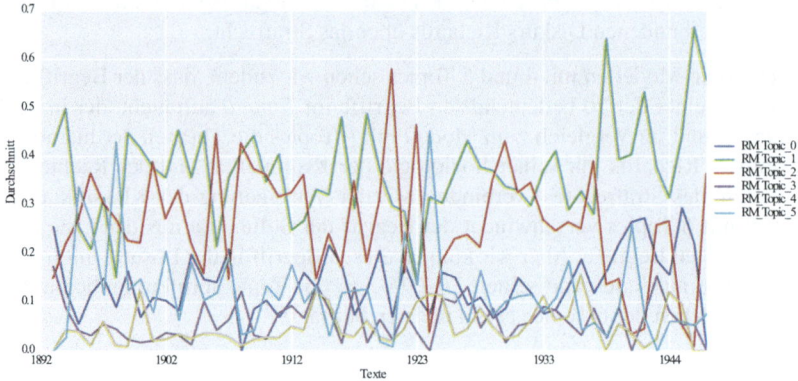

Abb. 6.2: Entwicklung der Topics im Werk Richards (Fenster 2)

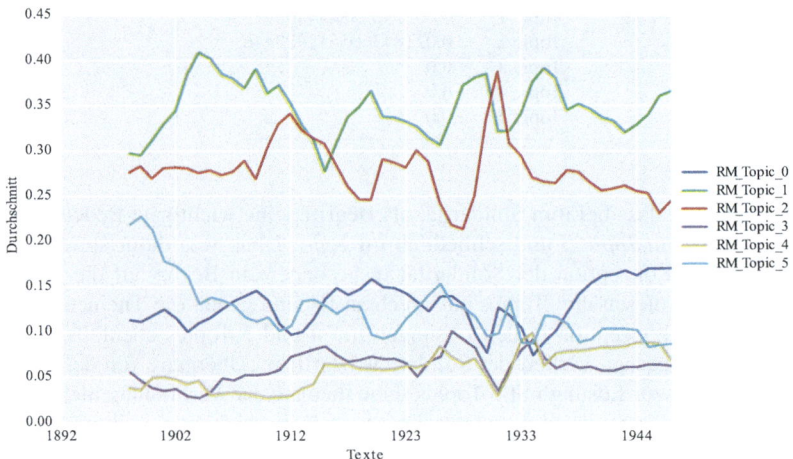

Abb. 6.3: Entwicklung der Topics im Werk Richards (Fenster 40)

Die Abbildungen 6.2 und 6.3 zeigen für die Zeit von 1892 bis 1948 eine deutliche Vorherrschaft der Topics 1 und 2. Sie bezeichnen die Themen, die im Werk Richards die größte Bedeutung haben. Von diesen zwei Topics ist das *Topic 2* das wichtigste Topic für die Entwicklung seiner Konzeption der Solidarität, und es ist mit seiner politischen Soziologie und seiner Soziologie des Rechtes verbunden. Das *Topic 0*, das für Richards Solidaritätskonzept ebenfalls wichtig ist, taucht hier nach dem *Topic 5* als viertwichtigstes Topic auf. Dies zeigt, dass Richards Solidaritätskonzept auch in einem thematischen Kontext entwickelt wurde, der in seinem Werk und im Vergleich zu den Topics 1, 2 und 5 weniger vorherrschend ist, nämlich dem Thema der sozio-historischen Soziologie. Die Entwicklung der Topics in der Zeit im Werk Richards führt uns zum Schluss, dass die Themen, die für die Solidarität Richards wichtig sind, mit den vorherrschenden Themen seiner politischen Soziologie, seiner Soziologie des Rechtes und seiner sozio-historischen Soziologie sowie mit dem weniger vorherrschenden Thema der erkenntnistheoretischen Grundlage der Soziologie verbunden sind.

Bis jetzt haben wir eine Makroanalyse der Solidarität Richards durchgeführt, weil wir diesen Begriff als Ausgangspunkt für die wichtigsten Themen im Werk Richards gesetzt haben. Gehen wir einen Schritt weiter und führen die Topic-Modell-Analyse auf der Ebene des Begriffes der Solidarität durch, um die wichtigsten Dimensionen dieses Begriffes herauszufinden. Im Vergleich zur Analyse der äußeren Kontexte der Solidarität, die wir vorgestellt haben, gelangen wir im Folgenden zur Analyse der inneren Kontexte der Solidaritätsvorstellung Richards.

6.2.2 Die inneren Kontexte der Solidarität

Um die inneren Kontexte der Solidarität darstellen zu können, brauchen wir eine Sammlung von Begriffen, die unmittelbar oder mittelbar mit der Solidarität verbunden sind. Die Bibliothek *gensim* bietet eine Gruppe von Modellen unter der Bezeichnung *word2vec* an, die Thomas Mikolov entwickelt hat (Mikolov u. a. 2013) und die in der Lage ist, Wörter nach syntaktischen und semantischen Eigenschaften zusammenzustellen. Die Zusammenstellung der Wörter erfolgt nach dem Prinzip der Familienähnlichkeit. Wir nehmen ein Beispiel.

Eines Tages möchten wir einen Obstsalat mit ausschließlich roten Früchten machen. Rote Früchte sind für uns z.B. Erdbeeren und Himbeeren. Weitere Früchte können noch in Frage kommen, aber wir wissen nicht, ob sie wirklich rot gefärbte Früchte sind, wie Brombeeren oder Cranberries. Auch Tomaten könnten beispielsweise als Früchte gelten, da sie die Eigenschaft oft rotfarben zu sein, erfüllen, sich aber nur bedingt für einen Obstsalat eignen. An diesem Tag treffen wir dann eine Entscheidung: wir bereiten unseren Obstsalat mit Erdbeeren, Himbeeren und Brombeeren zu, die zu diesem Zeitpunkt der Kategorie der rotfarbenen Früchte zugeordnet werden. Dürfen wir dann behaupten, dass für uns ein Obstsalat mit rotfarbenen Früchten immer Erdbeeren, Himbeeren und Brombeeren umfasst bzw. voraussetzt? Um dies herauszufinden, lassen wir uns ein Jahr lang von Forschern beobachten, die sich die roten Früchte notieren, die wir einkaufen, wenn wir einen Obstsalat zubereiten wollen. Am Ende des Jahres kommen die Forscher zu dem Ergebnis, dass Brombeeren sehr oft in unserem Obstsalat mit anderen roten Früchten gemischt wurden. Dies bedeutet, dass für uns die Kategorie „Obstsalat mit roten Früchten" oft auch Brombeeren voraussetzt, die dazu gehören, obwohl sie nicht hundertprozentig das Kriterium „rot zu sein" erfüllen. Was unsere Forscher mit der Analyse des Obstsalates unternehmen, macht *word2vec* mit Begriffen in Texten. Begriffe werden zusammengestellt, nicht nur weil sie oft nebeneinander vorkommen, sondern auch weil sie oft zusammen in einem breiteren Kontext wie in einem Satz gemeinsam vorkommen. Die Idee, die dahinter steckt, ist die des Sinnzusammenhangs: *word2vec* versucht den Sinnzusammenhang von einem gegebenen Begriff zu rekonstruieren, der es ermöglicht, die entsprechenden Texte wieder zu finden, in denen ein solcher Sinnzusammenhang vorkommt.

In der Praxis erfolgt die Benutzung von *word2vec* in *Python* dank der *gensim* Bibliothek relativ unmittelbar. Die Textsammlung muss zuerst nach Sätzen abgeschnitten werden, da *word2vec* dieses Format benutzt, um die Texte Richards mit *NLTK* zu bearbeiten. Dann wird ein Modell aufgebaut, das die Zusammenhänge von ähnlichen Begriffen enthält. In unserem Fall bilden wir ein dreigliedriges Modell für das Werk Richards mit Zusammenhängen, die jeweils 300 Begriffe groß sind, für Begriffe, die zumindest viermal im Werk Richards vorkommen und für Begriffe, die sich in einem Intervall von 1 bis 10 Wörtern voneinander entfernt befinden. Wenn wir das Modell gebildet haben, können wir es benutzen, um nach Begriffen zu suchen, die der Solidarität am meisten ähnlich sind. Dieser Schritt beeinflusst die Ergebnisse, die wir dann erhalten, wenn wir die Topic-Modell-Analyse durchführen.

Tatsächlich spielt hier die Anzahl an Begriffen, die wir als semantischen Kontext der Solidarität betrachten, eine wichtige Rolle bei der Topic-Modell-Analyse, weil wir nicht alle Begriffe benutzen wollen, die mit Solidarität verbunden sind, sondern nur die besten Begriffe behalten bzw. die Begriffe, die mit der Solidarität am meisten verbunden sind. Aber welches sind diese Begriffe? Hier hilft uns der *TF-IDF*-Score, so dass wir eine bedeutende Anzahl an Begriffen auswählen können, die wir dann nach dem *TF-IDF*-Score sortieren, um anschließend die entsprechenden Kontexte der Solidarität in unserem Topic-Modell-Verfahren zu benutzen. In unserem Beispiel haben wir zuerst die 1000 besten Begriffe ausgewählt, die mit der Solidarität verbunden waren. Von diesen Begriffen haben wir nur diejenige behalten, deren *TF-IDF*-Score größer als 0.4 war. Diese Begriffe benutzen wir, um die Texte im Werk Richards auszuwählen, die diese Begriffe enthalten. In unserem Fall sind es 520 von 527 Texten, was bestätigt, dass Solidarität als Begriff und als Sinnkontext eine transversale Dimension im Werk Richards bildet. Wir führen entsprechend unsere Topic-Modell-Analyse nach den gleichen Schritten wie oben durch (vgl. 6.2.1).

Wir beginnen mit der Bestimmung der bestmöglichen Anzahl an Topics mit dem *kmeans++* Algorithmus für 2 bis 15 Cluster. Der *BIC*-Wert zeigt nach dem Ellbogenkriterium eine Lösung um 8 Cluster (Abbildung 6.4):
Der Cophenet Korrelationskoeffizient zeigt uns folgende Werte für Modelle mit 6, 7, 8 und 9 Topics:

Tabelle 6.3: Cophenet Korrelationskoeffizient für 6 bis 9 Topics

Anzahl der Topics	Cophenet
6 Topics	0.72473311312309519
7 Topics	0.63278767175851169
8 Topics	0.78464177504313193
9 Topics	0.74013835410828577

6.2 Ergebnisse

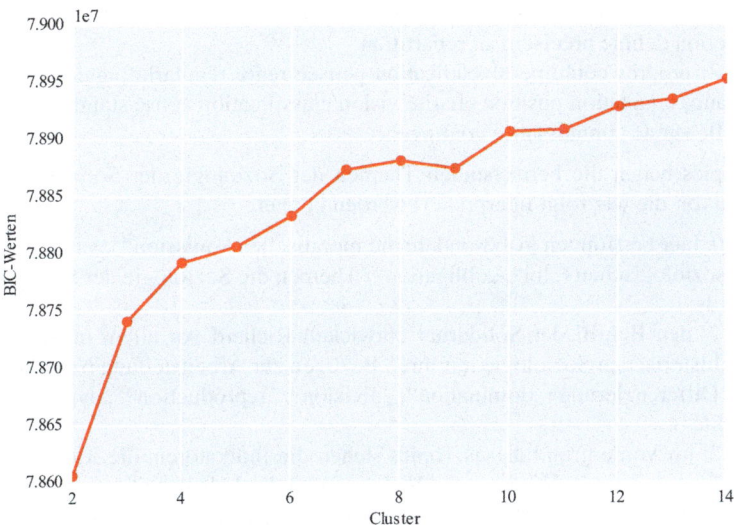

Abb. 6.4: Cluster für die Solidarität Richards

Nach dem *BIC*-Wert und den Cophenet Korrelationskoeffizienten ist die Lösung mit 8 Topics tatsächlich als die beste Lösung einzustufen. Diese Topics bestehen aus den folgenden Begriffen:

- *Topic 0*: sociaux mission valeur loi respon voie sexuelle obligation expérience opération sympathiser régularité rapports relativité classe cons stratification fatalité correspondance complication
- *Topic 1*: empirique morale curiosité prévoyance norme domination phénomènes sonnalité forme satisfaction permanence conscience division recherche constatation reproduction fusion dynamique spécification hérédité
- *Topic 2*: prière dition confusion pénale réfléchie sécurité relations soumise pudeur satisfaction consciente discipline collective seconde pondérance classification possession donnée sexualité synthèse
- *Topic 3*: disposition pondérance sensibilité confusion fidé soumise relations toujours discussion destruction donnée absolue perfection causalité position prétention passive différence cons certaine
- *Topic 4*: pondérance soumise prière rapports cience absolue classification donnée prétention principe consciente certaine conflit coexistence relativité relations rité pénale finalité destruction
- *Topic 5*: solida situation communion complexité suite socialite respect fréquence réelle diversité finalité pensée seconde conflit variété conditions cédés opération caractère

- *Topic 6*: donc manière réalité darité marche tutelle souffrance logique connaissance sentiments vision psychologie déduction spécification polygamie origine action définie précisément répartition
- *Topic 7*: progrès coutume revendication pensée règle régularité agglomération croissance adaptation position charité vision classification consé stabilité cellule mutuelle sûreté connaissance contingence

Diese Topics heben die herrschenden Themen der Soziologie der Solidarität Richards hervor, die wie folgt interpretiert werden können:

- *Topic 0*: hier bestimmen insbesondere die moralischen („mission", „valeur") und rechtssoziologischen („loi", „obligation") Themen die Soziologie der Solidarität Richards;
- *Topic 1*: den Begriff der Solidarität entwickelt Richard vor allem im Rahmen seiner historischen Soziologie mit ihren Bezügen zur Arbeitsteilung bzw. zur sozialen Differenzierung („domination", „division", „reproduction", „dynamique", „hérédité");
- *Topic 2*: im Vordergrund dieses Topics stehen die Indikatoren, die Richards soziales Engagement in Vereinen zur Verbesserung der Lebensbedingungen armer Bevölkerungsschichten betreffen und sich insbesondere gegen Alkoholismus und Prostitution richten („pudeur", „pondérance", „discipline", „sexualité");
- *Topic 3*: in diesem Topic herrschen die Themen vor, die um den Aspekt der Individualität im Werk Richards kreisen und in Beziehung zu seiner Solidaritätskonzeption stehen („disposition", „sensibilité", „perfection", „position", „différence");
- *Topic 4*: im Topic 4 stehen insbesondere die Elemente der relationalen Soziologie Richards im Vordergrund („classification", „relativité", „relations", „conflit", „coexistence", „destruction");
- *Topic 5*: dieses Topic hebt den Relativismus Richards hervor, der mit seinem Relationismus verbunden ist („communion", „complexité", „socialité", „diversité", „variété");
- *Topic 6*: im Topic 6 haben wir eine Erwähnung der Psychologie, die für Richards Überlegungen zur Solidarität eine wichtige Rolle spielt („connaissance", „sentiments", „psychologie"), und die hier mit Elementen seiner Theorie des Leidens („souffrance") und der sozialen Differenzierung („spécification", „répartition") verbunden ist;
- *Topic 7*: dieses letzte Topic enthält Elemente der Fortschrittsvorstellung Richards („progrès", „coutume", „revendication", „adaptation", „charité").

Wir sehen also, dass die Solidarität als Begriff und in Bezug auf weitere Begriffe, die ihren Sinnzusammenhang konstituieren, ein komplexer Begriff ist, der folgende Dimensionen miteinander verbindet:

- eine gesellschaftlich relationale Dimension, die mit einer individuellen bzw. psychologischen Dimension verbunden ist;
- eine moralische und rechtssoziologische Dimension, die in einem Spannungsverhältnis zwischen sozialen Pathologien und individuellem Fehlverhalten *versus* sozialer und persönlicher Entwicklung steht;

6.2 Ergebnisse

- eine historische Dimension – die (auch konflikthafte) Veränderungen der Solidarität und der damit verbundenen moralischen sowie rechtlichen Regeln berücksichtigt, die wiederum die Kooperation der Akteure in der Gesellschaft stimulieren soll;
- ein Fortschrittsgedanke – die Verbesserung des sozialen Lebens und die Bewahrung der menschlichen Würde.

Diese Lösung mit 8 Topics soll jetzt in Hinblick auf ihren zeitlichen Verlauf geprüft werden (vgl. Abbildung 6.5), wie wir es oben für die Beschreibung des äußeren Kontextes der Solidarität bereits entwickelt hatten. Die Abbildung (vgl. Abbildung 6.5) wurde mit einem Fenster von 40 Texten gebildet, so dass die Trendlinien besser zu erkennen sind: Die inneren Kontexte der Solidarität Richards, die eine

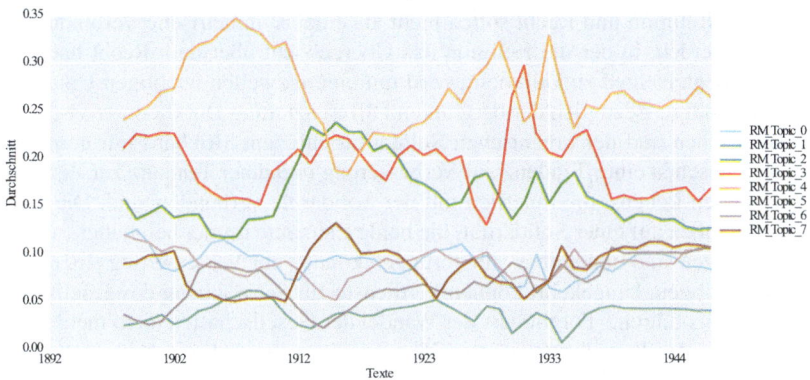

Abb. 6.5: Entwicklung der Topics der Solidarität im Werk Richards

starke Bedeutung in seinem Werk bekommen bzw. sehr oft auftauchen, sind diejenigen, die mit den Topics 4, 3 und 2 verbunden sind. Es sind die Topics, die die Frage der Solidarität insbesondere im Rahmen der relationalen Soziologie Richards, der Haltung von sozialen Akteuren in der Gesellschaft und das soziale Engagement Richards behandeln und die mit seiner Konzeption einer Soziologie als angewandte wissenschaftliche Erkenntnis verbunden sind. Diese Ergebnisse können dann in Bezug auf den geschichtlichen Kontext von Richards Werk interpretiert werden. In diesem Kapitel möchten wir ein Beispiel einer derartigen Interpretation geben und wählen aus den Ergebnissen dasjenige aus, das wir nicht erwartet hatten und mit der folgenden Frage zusammenfassen: Wieso spielt die Debatte zwischen Richard und Emile Durkheim keine wichtigere Rolle für die Solidaritätskonzeption, die Richard in seinem Werk entwickelt? Hiermit beziehen wir uns ausschließlich auf den äußeren Kontext der Vorstellung von Solidarität bei Richard.

6.3 Diskussion

In der Sekundärliteratur zur Solidarität ist der Bezug zu Durkheim zahlreich und unmittelbar, so dass Durkheim bis heute als der zentrale Vertreter dieses Begriffes im soziologischen Umfeld gilt.[4] Kritiken an seinem Solidaritätsbegriff wurden oft erwähnt.[5] Dagegen hat die Kritik Richards an Durkheims Solidaritätsbegriff wenig Aufmerksamkeit gefunden und sein konkurrierendes Angebot – eine Soziologie der Solidarität in Frankreich als alternatives Programm zur Soziologie der Durkheim-Schule – wurde kaum rezipiert.

Richard, der an der *L'Année Sociologique* zwischen 1898 und 1907 mitarbeitete, erwähnt den Begriff der Solidarität ab seiner Dissertation von 1892.[6] Nach Richard muss Solidarität sowohl in Bezug zur Religion, als auch in Bezug zum Recht verstanden werden, die Richard als miteinander verbunden sieht. Diese Verbindungen zwischen Religion und Recht sollen nicht als eine asymmetrische Verbindung verstanden werden, in der die Religion das Übergewicht über dem Recht hätte. Dieser erste Unterschied zu Durkheim wird mit einem zweiten wichtigen Unterschied vervollständigt. Bezüglich der berühmten Differenzierung Durkheims zwischen der mechanischen und der organischen Solidarität entgegnet Richard mit dem Unterschied zwischen einer Tendenz zur Verbesserung und einer Tendenz zur Zerstörung des sozialen Lebens, die innerlich mit der Solidarität verbunden sind. Die Gesellschaften ruhen auf einer Solidarität, die beide Elemente immer beinhaltet,[7] und diese Tendenzen sind umkehrbar. Zerstörungen können zur Verbesserung einer Gesellschaft beitragen. Umgekehrt können Verdienste zur Schwächung des gesellschaftlichen Lebens führen.[8] Folglich ist der Wandel der Gesellschaften nicht mehr in einer Konzeption des Fortschritts zu begreifen – und sei dieser Fortschritt auch der Beleg für die Verwundbarkeit der Sozialstruktur in der Moderne wie bei Durkheim. Der gesellschaftliche Wandel soll anhand der Krisen der Solidarität verstanden werden, die als Spannungsverhältnis zwischen den Tendenzen zur Zerstörung und zur Verbesserung des gesellschaftlichen Lebens gedacht werden.[9] Diese Krisen erge-

---

[4] Vgl. u.a. Aijpert 1939, Nisbet 1965, Nisbet 1974, Hayward 1959, Clark 1973, Lukes 1975, Besnard 1976, Besnard 1979, Filloux 1977, Lacroix 1981, Lukes und Scull 1983. Vgl. ergänzend Hondrich und Koch-Arzberger 1992, Dallinger 2009, Tranov 2010.

[5] Vgl. z.B. Coser 1960, Hawkins 1979, Lindenberg 1983, Chamboredon 1984, Alexander 1989, Tarot 2003, Tarot 2008, Spitz 2005.

[6] In seiner Dissertation definiert Richard die Solidarität wie folgt: „Etre solidaires, c'est être complémentaires, c'est être parties composantes d'un seul tout, c'est donc être unis dans l'unité du tout. Par l'idée de solidarité, ce n'est pas seulement l'expérience qui est rendue harmonique à la logique; c'est le droit qui cesse d'être opposé d'une part à la science, de l'autre à la charité" (Richard 1892, 247 f.).

[7] Vgl. 251. Dieser Denkansatz bleibt bis zu seinem Spätwerk erhalten (z.B. Richard 1925, 261, Richard 1930, 113-126), wie unsere Analyse zeigt.

[8] In seiner Dissertation konstatiert er aus dieser Umkehrbarkeit eine Grundbedingung der Solidarität (Richard 1892, 251; auch Richard 1943a, 37).

[9] Vgl. Richard 1892, 262. Krisen sind normale Ereignisse in der Entwicklung der Gesellschaften, was Richard im Rahmen seiner Soziologie der Kriminalität und in seiner historischen Soziologie zeigt (siehe Richard 1903, 305, Richard 1900, 294).

6.3 Diskussion

ben sich aus der Wirkung einer Generation auf die nachfolgende Generation bzw. auf der Ebene der Weitergabe eines Gesellschaftsmodells von der vorherigen zur nächsten Generation.

Diese Dimensionen tauchen in unseren Topic-Analysen auf und tragen dazu bei, die Bedeutung des Rechts bei Richards Solidarität und seiner Kritik der Religionssoziologie Durkheims hervorzuheben. Für Richard ist es, im Unterschied zu Durkheim, nicht das religiös basierte Kollektivbewusstsein, das das verbindende Element der Solidarität ausmacht, sondern die Verantwortung der Menschen füreinander, die im Recht kodifiziert wird und die er als einen moralischen Anspruch versteht (Richard 1892, 72). Deshalb geht es bei Richard darum, nicht die Solidarität Durkheims als Begriff zu kritisieren, sondern seine Religionssoziologie in Zweifel zu ziehen.

Deswegen sehen wir diese Dimension in unserer Analyse des äußeren Kontextes der Solidarität im *Topic 3* abgebildet (vgl. Unterkapitel 6.2.1). Deshalb ist dieses *Topic 3* im Vergleich zu den anderen Topics weniger wichtig für die Solidarität Richards, obwohl es zwar mittelbar zur Entwicklung der Solidarität Richards beiträgt, sich allerdings nicht immanent mit dem Solidaritätsbegriff Durkheims auseinandersetzt, wodurch anzunehmen ist, dass Richard schlicht ein anderes Angebot in Unabhängigkeit von Durkheim unterbreitet. Schließlich finden wir hier auch eine Erklärung dafür, weshalb bei unserer Analyse des inneren Kontextes der Solidarität Durkheim nicht vorkommt, dagegen aber wohl Begriffe, die kontextuell zu Richards Diskurs über das Recht gehören.

Wenn wir jetzt die Entwicklung von Topic 3 im Zeitverlauf untersuchen – die lilafarbenen Linie des *RM_Topic_3* in den Abbildungen 6.2 und 6.3 –, beobachten wir unterschiedliche Spitzenwerte: zuerst um 1898, dann nach 1902, um 1904, 1907, 1911 bis 1917, nach 1923 bis 1930, und am Ende des Lebens Richards ab 1934-35. Diese Werte bilden die wichtigsten Etappen von Richards Kritik der Religionssoziologie Durkheims ab, und wir können sie in Bezug auf die Geschichte des Verhältnisses von Richard zu Durkheim rekonstruieren.

Richard schreibt die Grundlage seiner Konzeption der Solidarität in seiner Dissertation nieder. Als er sie veröffentlicht, ist Durkheim einer der wenigen französischen Intellektuellen, der ihn unterstützt.[10] Er betont die „remarquable ingéniosité dialectique" und die „qualités logiques" von Richard (Durkheim 1893, 294). Später im Jahr 1897 lobt er Richards Buch über Soziologie und Sozialismus (Durkheim 1897),[11] und als Durkheim mit *L'Année* anfängt, nimmt er ihn als Leiter der Rubrik 4 „Reine Kriminologie" auf (Durkheim 1998, 65). Richard gilt als der treueste und begabteste Mitarbeiter von Durkheim (Essertier 1930b, 365). Aber die gute Beziehung zwischen Durkheim und Richard verschlechtert sich stetig.

Erstens hat Durkheim Richards kritische Rezension über sein Buch *Der Selbstmord* nicht goutiert (Richard 1898a). Dieser Unmut Durkheims äußert sich insbesondere in seinen Rezensionen ab Band 4 der *L'Année*, die er für die Rubrik 4

---

[10] Im Allgemeinen sind die Rezensionen zu Richards Dissertation sehr kritisch (vgl. Pickering 1975, 347). Der Promotionsausschuss betont, dass Richard keine Methode habe (B. 1892). Cadet sagt verschärft, dass Richards Dissertation konfus sei (Cadet 1893).

[11] Vgl. auch dazu Paoletti 1998, 95.

schreibt. Durkheim will die These, die er im *Selbstmord* veröffentlicht hat, geltend machen. Die Schwächung der Solidarität führe zu Kriminalität und zur Zerstörung der Gesellschaft, also nicht – wie Richard denkt – zu ihrer Rekonstruktion (Richard 1898b).

Zweitens ernennt Durkheim Paul Fauconnet zum Vertreter der „étude génétique" (Durkheim 1901, 435), die Richard im 1. Band von *L'Année* als „seine" Methode vorgestellt hatte (Richard 1898a, 392 ff.). Anschließend bietet Durkheim im Jahre 1904 Paul Lapie – dem Freund von Richard und ebenfalls Mitarbeiter bei *L'Année* – seinen ehemaligen Lehrstuhl in Bordeaux an, den Richard vertritt (Lapie 1979, 42). Richard arbeitet weiter in *L'Année*, aber ab 1904 ist er nicht mehr der Leiter der Rubrik 4 von *L'Année* und nach 1902 sinkt die Anzahl seiner Rezensionen, die er in *L'Année* publiziert. Das Kapitel der Durkheim-Schule ist im Jahre 1907 öffentlich abgeschlossen, als der Band 10 von *L'Année* veröffentlicht wird: Der Name von Richard steht nicht mehr auf dem Deckblatt. Er hat *L'Année* und die Durkheim-Gruppe verlassen.[12]

Richard macht den Bruch mit Durkheim im Jahr 1911 und in den Jahren danach in einigen Aufsätzen deutlich, in denen er die Religionssoziologie Durkheims stark kritisiert.[13] In der gleichen Zeit findet Richard bei den protestantischen Aktivisten in Frankreich eine Unterstützung seiner Auffassung der Solidarität. Seine These gegen Durkheims Religionssoziologie wird ebenfalls unterstützt (Richard 1929, 31 f.). Nach dem Ersten Weltkrieg wird er Mitglied des protestantischen Vereins *La Cause* (1923), und setzt sich für die Durchsetzung des Laizismus in Frankreich insbesondere im Ausbildungssystem ein. Er bezieht eine Position in starkem Kontrast zu Durkheims Konzeption der Religion, deren Vertreter und Befürworter wiederum versuchen,[14] diese Vorstellung in der Schule zu etablieren.[15] In den Jahren 1930 bis 1943 bildet Richard u.a. als Leiter der *Revue Internationale de Sociologie* (*RIS*) – er übernimmt sie im Jahr 1926 nach dem Tod von Worms – einen Gegenpol zur Durkheimschen Soziologie.[16] Im biographischen Werk seiner Spätphase (Richard 1943a, 1943b) erwähnt er noch seine Kritik der Religionssoziologie Durkheims und seine Konzeption sowohl der Religion, als auch der Solidarität, um sich von Durkheim klar abzugrenzen. In diesen letzten Jahren ist der Ton der Kritik an Durkheim weniger konflikthaft, aber die Schärfe der Kritik bleibt erhalten, und sie bleibt immer eng mit seinem Engagement in den religiösen Sozialbewegungen der französischen Protestanten verbunden. Nach Richard müssen Solidarität und Religion so konzi-

---

[12] Vgl. hier Essertier 1930a, 244, Moreau 1944, 375, Besnard 1979, 23, Pickering 1975, 345, 353.

[13] Vgl. Richard 1911a, 1911b, 1911c, 1911d.

[14] Vgl. Richard 1923a, 1923b.

[15] Im Jahr 1926 veröffentlicht Richard in der Buchreihe des Vereins *La Cause* den Beitrag „La vraie et la fausse éducation laïque", in dem er seine Allianz mit *La Cause* sowie seine Konzeption des Laizismus im Ausbildungssystem deutlich macht (Richard 1926). Der Beitrag basiert auf einem Vortrag von 1904-1905 und wurde im Jahre 1923 in der Zeitschrift *L'Educateur protestant* veröffentlicht, als Richard Mitglied von *La Cause* wurde.

[16] Die Gegenposition Richards zu Durkheim zeigt sich insbesondere im Jahr 1930 mit Richards Beitrag über „La Pathologie sociale d'Émile Durkheim", den er in der *RIS* veröffentlicht (Richard 1930).

piert werden, dass der Wert und die Rechte der einzelnen Akteure aufbewahrt und anerkannt werden. Dem Zwang der Solidarität können die Akteure widerstehen. Den Dogmen der Religion widerstehen sie ebenfalls, indem sie für sich einen persönlichen Glauben entwickeln, der von der Religion getrennt ist. Dies nennt Richard das Religiöse, dessen Bedeutung er von liberalen Protestanten übernimmt.

In Bezug auf unsere Analysen können wir also feststellen, dass die zeitliche Entwicklung des *Topic 3* in den Abbildungen 6.2 und 6.3 diese wichtigen Daten der Auseinandersetzung Richards mit Durkheim hervorhebt. Diese Ergebnisse können dann weiter in Bezug auf die Entwicklung der inneren Kontexte der Solidarität Richards verglichen und gedeutet werden, was zu weiteren Rekonstruktionsarbeiten führen würde, die darauf abzielen, ein systematisches und diachronisches Bild der Solidarität Richards zu bekommen. In diesem Kapitel wurden Elemente einer derartigen weiterführenden Analyse gezeigt.

6.4 Schlussbetrachtung

In diesem Kapitel wurde eine Topic-Modell-Analyse der äußeren und inneren Kontexte der Solidarität am Beispiel des Werkes des französischen Soziologen Gaston Richard durchgeführt. Wir haben eine Topic-Modell-Analyse auf Basis des ganzen Werks Richards durchgeführt, um die Themen herauszudestillieren, mit denen das Solidaritätskonzept Richards verbunden ist. Die Untersuchung der inneren Kontexte der Solidarität Richards hat ermöglicht, die internen Dimensionen von Richards Solidaritätsbegriff hervorzuheben. Diese Topic-Modell-Analysen wurden mit der *Python* Programmiersprache und mit dem *NMF* Algorithmus durchgeführt. Es wurde eine Methode für die Auswahl von Topics im Rahmen eines Kreuzvalidierungsverfahrens angeboten, das aus der Anwendung einer *KMeans*-Analyse und des Cophenet Korrelationskoeffizienten bestand. Selbst wenn eine solche Methode nur „qualitative" Zahlen vorschlägt, die an sich nicht für eine zuverlässige Bewertung der Anzahl von Topics gehalten werden können, erlaubt sie dennoch – zusammen mit der Kenntnis der Texte –, eine Entscheidung hinsichtlich der besten Partitionierung der Texte in *Cluster* zu treffen.

Da es eine zeitliche Dimension in der verwendeten Textsammlung gab – die Texte wurden von 1892 bis 1948 verfasst und veröffentlicht –, haben wir die Ergebnisse unserer Topic-Modell-Analyse diachronisch vorgestellt. Diese diachronische Darstellung wurde mit der Berechnung eines *rolling mean*, eines Gleitmittelwertes, erhalten, der mit der *pandas* Bibliothek geliefert wird. Diesen Durchnittswert haben wir für den Wert jedes einzelnen Textes für jedes Topic berechnet und anschließend diese Durchnittswerte je Jahr gewichtet. Dies hat uns erlaubt, die äußeren und inneren Kontexte der Solidarität nach ihrer Bedeutung in der Zeit im Werk Richards abzubilden.

Am Beispiel eines ausgewählten Topics, der mit der Kritik Richards an Durkheim und insbesondere an seiner Religionssoziologie verbunden ist, haben wir gesehen, dass die Variationen dieses Topics in der Zeit die wichtigsten Etappen der

Auseinandersetzung zwischen Richard und Durkheim widerspiegeln. Unsere Analysen zeigen, dass dieser Topic eher im Hintergrund im Werk Richards auftaucht. Dies spricht dafür, dass die Auseinandersetzung zwischen beiden Autoren zur Konzeption der Solidarität im Werk Richards mittelbar und nicht unmittelbar beiträgt, was der geschichtliche Kontext der Beziehungen zwischen Richard, Durkheim und der Durkheim-Schule bestätigt. Richard hat schon in seinen ersten Schriften die Grundlage seiner Konzeption der Solidarität vorbereitet. Sie wird von seiner Rechtssoziologie unterstützt, was Richard dazu führt, Durkheims Religionssoziologie als Grundlage der Solidarität abzulehnen und damit Durkheims Verständnis der Religion zu kritisieren. Dies zeigt sich deutlich, als Richard die Durkheim-Schule im Jahr 1907 verlässt, sich mit den französischen protestantischen Sozialbewegungen in Verbindung setzt und später bei der Übernahme der Leitung der *Revue Internationale de Sociologie*.

Auf der Ebene unserer Analysen zeigt dieses Ergebnis die Vielfalt der Verbindungen – und daher der Hypothesen –, die sich aus unseren Modellen ergeben. Es sind nicht nur Relationen zwischen Begriffen und Texten, die abgebildet werden, oder anders gesagt: Durch diese Relationen gelangen wir zur Untersuchung von biographischen, institutionellen und intellektuellen Kontexten, die nicht nur an sich rekonstruiert, sondern auch in Bezug auf ihre Entwicklung in der Zeit verglichen werden können. Auf dieser Grundlage lassen sich weitere Hypothesen formulieren sowie weitere Vergleichsperspektiven entwickeln – wie z.B. transnationale Vergleiche zwischen Soziologen auf der Grundlage ihrer Werke. In dieser Hinsicht kann die Topic-Modell-Analyse zur integrativen Forschung an der Schnittstelle von Soziologiegeschichte und soziologischer Theorie beitragen.

Literaturverzeichnis

Aijpert, H. 1939. *Emile Durkheim and his Sociology*. New York: Columbia University Press.

Alexander, J. 1989. *Structure and Meaning. Relinking Classical Sociology*. New York: Columbia University Press.

B., A.-M. 1892. „Thèses et soutenance de M. Gaston Richard". *Revue de l'Enseignement secondaire et de l'enseignement supérieur* 18 (19): 374–375.

Besnard, P. 1976. „Textes inédits ou inconnus d'E. Durkheim". *Revue française de Sociologie* 17 (2): 165–196.

———. 1979. „La formation de l'équipe de l'Année sociologique". *Revue française de sociologie* 20 (1): 7–31.

Bholowalia, P., und A. Kumar. 2014. „EBK-Means: A Clustering Technique based on Elbow Method and K-Means in WSN". *International Journal of Computer Applications (0975–8887)* 105 (9): 17–24.

Cadet, A.-S. J. 1893. „Gaston Richard – Essai sur l'origine de l'idée de droit". *Études* 4:87–89.

Chamboredon, J.-C. 1984. „Emile Durkheim. Le social, objet de science. Du moral au politique?" *Critique* 60:461–531.

Clark, T. 1973. *Prophets and Patrons. The French University and the Emergence of the Social Science.* Cambridge: Harvard University Press.

Coser, L. 1960. „Durkheim's Conservatism and its Implications for his Sociological Theory". In *Emile Durkheim, 1858-1917,* herausgegeben von K. H. Wolff, 211–231. Columbus: Ohio State University Press.

Dallinger, U. 2009. *Die Solidarität der modernen Gesellschaft.* Wiesbaden: VS-Verlag.

Durkheim, E. 1893. „G. Richard – Essai sur l'origine de l'idée de droit". *Revue philosophique* 18:290–296.

———. 1897. „G. Richard – Le socialisme et la science sociale". *Revue philosophique* 44:199–205.

———. 1901. „Introduction". *L'Année Sociologique* 4:433–436.

———. 1998. *Lettres à Marcel Mauss.* Paris: PUF.

Essertier, D. 1930a. „La sociologie française contemporaine – M. Gaston Richard". *Foi & Vie* 6:364–375.

———. 1930b. *Philosophes et Savants français du XX siècle. V – La Sociologie.* Paris: Alcan.

Filloux, J.-C. 1977. *Durkheim et le socialisme.* Genève, Paris: Droz.

Hawkins, M. J. 1979. „Continuity and Change in Durkheim's Theory of Social Solidarity". *The Sociological Quarterly* 20 (1): 155–164.

Hayward, J. E. S. 1959. „Solidarity: The Social History of an Idea in Nineteenth Century France". *International Review of Social History* 4 (2): 261–284.

Hondrich, K. O., und C. Koch-Arzberger. 1992. *Solidarität in der modernen Gesellschaft.* Frankfurt am Main: Fischer.

Kaufman, L., und P. Rousseeuw. 1990. *Finding Groups in Data.* New York: John Wiley & Sons.

Koselleck, R. 1972. „Einleitung". In *Geschichtliche Grundbegriffe. Historisches Lexikon zur politisch-sozialen Sprache in Deutschland,* herausgegeben von O. Brunner, W. Conze und R. Koselleck, XIII–XXVII. Stuttgart: Klett-Cotta.

Lacroix, B. 1981. *Durkheim et le politique.* Paris: Presse de la Fondation Nationale des Sciences Politiques.

Lapie, P. 1979. „Correspondance reçue par Célestin Bouglé". *Revue française de sociologie* 20 (1): 32–48.

Lindenberg, S. 1983. „Zur Kritik an Durkheims Programm für die Soziologie". *Zeitschrift für Soziologie* 12:139–151.

Lukes, S. 1975. *Emile Durkheim, his Life and Work, a Historical and Critical Study.* New York: Harper & Row.

Lukes, S., und A. Scull. 1983. *Durkheim and the Law.* New York: St. Martin's Press.

Mikolov, Th., K. Chen, G. Corrado und J. Dean. 2013. „Efficient Estimation of Word Representations in Vector Space". *Computer Science. Computation and Language.* https://arxiv.org/abs/1301.3781.

Moreau, J. 1944. „Chronique. Gaston Richard". *Revue des études anciennes* 46:375–376.

Nisbet, R. A. 1965. *Emile Durkheim.* Englewood Cliffs: Prentice Hall.

———. 1974. *The Sociology of Emile Durkheim.* Oxford: Oxford University Press.

Paoletti, G. 1998. „L'Année sociologique et les philosophes: histoire d'un débat (1898-1913)". *L'Année sociologique* 48 (1): 77–114.

Pickering, W. S. F. 1975. „A note on the life of Gaston Richard and certain aspects of his work". In *Durkheim on religion,* herausgegeben von W. S. F. Pickering, 343–359. London: Routledge & Kegan Paul.

Python Software Foundation. *Python Language Reference, version 2.7.* http://www.python.org.

Richard, G. 1892. *L'origine de l'idée de droit.* Neufchâteau: Gontier-Kienné.

———. 1898a. „Avertissement". *L'Année sociologique* 1:392–394.

———. 1898b. „Emile Durkheim, Le suicide. Etude de sociologie". *L'Année sociologique* 1:397–406.

———. 1900. „R. Salillas – El delincuente español. Hampa sociologia picaresca". *Revue philosophique* 50:290–295.

———. 1903. *L'idée d'évolution dans la nature et l'histoire.* Paris: Alcan.

———. 1911a. „Sociologie et métaphysique (1). La distinction du bien et du mal chez Durkheim". *Foi et vie* 14:395–399.

———. 1911b. „Sociologie et métaphysique. A propos de M. Durkheim". *Foi et vie* 14:331–332.

———. 1911c. „Sociologie et métaphysique. Brève histoire des variations de M. Durkheim". *Foi et vie* 14:356–359.

———. 1911d. „Sociologie et métaphysique. La sociologie religieuse de M. Durkheim et le problème des valeurs". *Foi et vie* 14:431–436.

———. 1923a. „L'athéisme dogmatique en sociologie religieuse". *Revue d'histoire et de philosophie religieuses* 3 (2): 125–137.

———. 1923b. „L'athéisme dogmatique en sociologie religieuse". *Revue d'histoire et de philosophie religieuses* 3 (3): 229–261.

———. 1925. „Sociologie religieuse et morale sociologique. La théorie solidariste de l'obligation". *Revue d'histoire et de philosophie religieuses* 5 (3): 244–261.

———. 1926. *La vraie et la fausse éducation laïque*. Neuilly-sur-Seine: La Cause.

———. 1929. *L' Enseignement de la sociologie à l'École normale primaire*. Neuilly-sur-Seine: La Cause.

———. 1930. „La pathologie sociale d'Emile Durkheim". *Revue internationale de sociologie* 38:113–126.

———. 1943a. *De la présomption scientifique à la foi chrétienne*. Carrières sous Poissy et Cahors: Éditions La Cause.

———. 1943b. *Sociologie et théodicée: leur conflit et leur accord*. Paris: Les Presses continentales.

———. 1948. *La vie et l'oeuvre de Raoul Allier, 29 juin 1862 – 5 novembre 1939*. Paris: Berger-Levrault.

Rossum, G. van. 1995. *Python tutorial*. Technical Report. CS-R9526, Amsterdam: Centrum voor Wiskunde en Informatica (CWI).

Spitz, J.-F. 2005. *Le moment républicain en France*. Paris: Gallimard.

Steinmetz, W. 2008. „Vierzig Jahre Begriffsgeschichte – The State of the Art". In *Sprache – Kognition – Kultur. Sprache zwischen mentaler Struktur und kultureller Prägung,* herausgegeben von H. Kämper und L.M. Eichinger, 174–197. Berlin: De Gruyter.

Tarot, C. 2003. *Sociologie et anthropologie de Marcel Mauss*. Paris: La Découverte.

———. 2008. *Le symbolique et le sacré*. Paris: La Découverte.

Tibshirani, R., G. Walther und T. Hastie. 2001. „Estimating the number of clusters in a data set via the gap statistic". *Journal of the Royal Statistical Society: Series B* 63:411–423.

Tranov, U. 2010. *Das Konzept der Solidarität. Handlungstheoretische Fundierung eines soziologischen Schlüsselbegriffs*. Wiesbaden: VS-Verlag.

Zhao, Qinpei, Ville Hautamaki und Pasi Fränti. 2008. „Knee Point Detection in BIC for Detecting the Number of Clusters". In *Advanced Concepts for Intelligent Vision Systems,* herausgegeben von Jacques Blanc-Talon, Salah Bourennane, Wilfried Philips, Dan Popescu und Paul Scheunders, 664–673. Berlin, Heidelberg: Springer Berlin Heidelberg. ISBN: 978-3-540-88458-3.

Kapitel 7
Semantische Indikatoren in quantitativen Umfragen. Ein Beispiel aus der Nanomedizin

In diesem Kapitel stellen wir eine Anwendung von Topic-Modell-Verfahren auf semantische Indikatoren im Rahmen einer quantitativen Umfrage vor, die in Bezug auf Akteure der Nanomedizin in Europa erhoben wurde. Diese Untersuchung wurde im Auftrag der Arbeitsgruppe *Regenerative Medizin* durchgeführt, die zur europäischen Plattform *ETPN* (*European Technology Platform for Nanomedicine*; http://www.etp-nanomedicine.eu) gehört. Die Auftraggeber haben 2016 eine Umfrage mit quantitativen und semantischen bzw. qualitativen Indikatoren vorbereitet, die sie als angehängtes Dokument per E-Mail an die Mitglieder der Arbeitsgruppe *Regenerative Medizin* verschickt haben, um die Aktivitäten ihrer Mitglieder besser verstehen zu können. Deren Tätigkeiten umfassen nicht nur die Forschung dieser Mitglieder in der Nanomedizin, sondern sie betreffen auch ihre Kooperationen mit anderen Akteuren in der Forschung oder in der Wirtschaft sowie ihre Netzwerkaktivitäten innerhalb der *ETPN* und in Bezug auf europäische Instanzen der Forschungsförderung im Bereich Gesundheit. Die Umfrage erfüllt zwei wichtige Aufgaben, die bei der Gründung von *ETPN* im Jahre 2005 vereinbart wurden.

Es ging zunächst darum, den unterschiedlichen Akteuren der Nanomedizin ein Mittel der Informationsbeschaffung an die Hand zu geben, welche privaten oder öffentlichen Institutionen in diesem Bereich tätig sind, welche Projekte beantragt oder bearbeitet wurden, welche Ziele es gab, die diese Akteure erreichen wollten usw. Mit dieser Zielstellung wurde der *Verein Deutscher Ingenieure* (VDI/VDE-IT; https://vdivde-it.de/) beauftragt, eine europäische Karte zu erstellen (http://www.etp-nanomedicine.eu/public/public/european-nanomedicine-map), die es ermöglichen sollte, diese Akteure zu lokalisieren und die wichtigsten Informationen über diese Akteure und ihre Tätigkeiten sowie ihre Produkte zu erhalten. Der VDI/VDE-IT hatte Erfahrung im Umgang mit derartigen Daten. Der *Verein* hatte eine erste Karte für Deutschland im Auftrag des *Bundesministeriums für Bildung und Forschung* (BMBF; http://www.nano-map.de) konzipiert, die möglichst alle Aktivitäten in den verschiedenen Bereichen der Nanotechnologie in Deutschland erfassen sollte.[1] Die-

---

[1] Vgl. Bundesministerium für Wirtschaft und Technologie 2012, 60-69. Das BMBF hat sehr viel getan, um über die Forschung und Wirtschaftsaktivitäten im Bereich der Nanotechnologien zu

se Karte wird gegenwärtig nicht mehr gepflegt, aber sie lieferte eine Grundstruktur, die die Arbeit an der *ETPN*-Karte beeinflusst hat. Abgesehen davon, dass die *BMBF*-Karte nur Deutschland umfasste und die *ETPN*-Karte Europa betraf, zeigt die *ETPN*-Karte noch zwei wichtige Unterschiede zur *BMBF*-Karte. Erstens sollte die *ETPN*-Karte präzise Informationen veröffentlichen, die nur die Nanomedizin betreffen – es ging also nicht darum, dass alle Bereiche der Nanotechnologie erfasst werden sollten, und selbst die Nanomedizin wurde hier enger gefasst. Nehmen wir das Beispiel Deutschland: Während die *BMBF*-Karte 17 Netzwerke in den Bereichen Gesundheit und Pharmazie in Deutschland registriert, zeigt die *ETPN*-Karte nur 6 Netzwerke. Zweitens spielte die *BMBF*-Karte im Wesentlichen eine Rolle als Informationsmedium für die Öffentlichkeit – die *ETPN*-Karte sollte zusätzlich dazu die Koordination von Akteuren stimulieren, die in der Karte auftauchen. Es handelt sich deshalb um eine Karte, die nicht primär für die Öffentlichkeit bestimmt war, sondern zuerst für die Mitglieder der *ETPN*, die sich anhand der Informationen, die die *ETPN*-Karte liefert, besser austauschen können. Dieses Ziel der Koordination der Akteure im Bereich der europäischen Nanomedizin führte zur zweiten Aufgabe, die mit dieser Umfrage verbunden war, nämlich Informationen über diese Koordinationsarbeit zu sammeln, um zu verstehen, ob diese Koordination funktioniert und für den Fall, dass sie nicht funktioniert, wie sie gefördert werden kann.

Man kann sich fragen, wieso das *ETPN* diese Aufgabe übertragen bekommen hat oder wieso dem *ETPN* diese Koordinationsarbeit wichtig ist? Zudem, wenn *ETPN* diese Koordinationsarbeit wichtig ist, wieso befragte *ETPN* nicht alle Akteure, die in der *ETPN*-Karte auftauchen, anstatt nur die Akteure der Arbeitsgruppe *Regenerative Medizin* zu befragen? Um die erste Frage über die Bedeutung der Koordinationsarbeit für das *ETPN* zu beantworten, muss der Begriff der *Translation* erwähnt werden. Mit *Translation* verknüpfen die Leiter von *ETPN* die Vorstellung einer Übertragung der Forschungsergebnisse in die Wirtschaft, so dass diese Ergebnisse nicht nur in Form von Patenten veröffentlicht werden, sondern auch den Gesundheitsmarkt in Form von pharmazeutischen und medizinischen Produkten erreichen (vgl. NanoBioMedizin 2015). Nach *ETPN* ergibt sich daraus die entscheidende Frage, welche Forschungsbereiche geeignet sind, um besonders zu dieser *Translation* beitragen zu können, und wer die entsprechenden Akteure sind, die für dieses Ziel koordiniert werden können. In der Tat hängt von dieser Frage die Entwicklung einer, in den Augen der Leiter von *ETPN*, besseren Medizin ab, also einer Medizin, die schwere Krankheiten präziser, mit geringem Zeitaufwand und weniger Schmerzen für die Patienten heilen kann (vgl. dazu Eaton 2007, Eaton, Levy und Fontaine 2015).[2]

---

informieren. Die Wanderausstellung *Nanotruck* (http://www.nanotruck.de) ist ein Symbol dessen geworden.

[2] In Europa kam 2006 eine Roadmap der europäischen Kommission für die Nanomedizin zustande. Sie entstand nach einer ersten Veröffentlichung über die Erwartungen, die mit der Entwicklung von Nanotechnologien im Bereich der Medizin verbunden sind (vgl. Nanomedicine 2005). Diese Roadmap hatte das Ziel, die Forschung im Bereich der Medizin neu zu strukturieren – d.h. sie nach wichtigen Themen (z.B. nach der Biokompatibilität von miniaturisierten Materialien), nach bevorzugten Techniken (z.B. der Entwicklung von Nanokapseln), nach Problemen, die ge-

Zur zweiten Frage gibt es trotz der bedeutsamen Arbeit an der *ETPN*-Karte eine gewisse Unsicherheit bezüglich der Akteure, die diese Karte erfasst. Zwar ist die Nanomedizin ein viel versprechender Bereich der Forschung und Wirtschaft (Bundesministerium für Bildung und Forschung 2014, 24, 30), von dem erwartet wird, dass er sich in naher Zukunft stark entwickeln wird. Jedoch sind die Akteure in diesem Bereich keine speziellen „Nanomediziner", sondern normalerweise wissenschaftliche Akteure, die aus der Pharmazie, Biologie, Chemie, Physik usw. kommen und in gemeinsamen Projekten zusammenarbeiten. Dies bedeutet, dass diese Akteure sich von einem Thema/Bereich zu einem anderen bewegen und entsprechend nicht ständig auf dem Gebiet der Nanomedizin arbeiten. Deshalb stellt sich für das *ETPN* die folgende Frage: Welches sind die Akteure, die zur Koordinationsarbeit von *ETPN* beitragen möchten bzw. die sich mobilisieren lassen, um die Zusammenarbeit mit anderen wissenschaftlichen Akteuren im Bereich der Nanomedizin zu fördern, um diese produktiv für eine *Translation* weiterzuentwickeln? Dies begründet, warum die Umfrage von *ETPN* zunächst am Beispiel einer geringeren Anzahl von Akteuren durchgeführt wurde,[3] da man sicher sein wollte, dass diese tatsächlich in der Nanomedizin tätig sind und diese Tätigkeit weiterentwickeln wollen. Wer sind diese Befragten?

7.1 Kontext der Befragung

Von 34 aktiven Mitgliedern der Arbeitsgruppe *Regenerative Medizin* haben 27 den Fragebogen ausgefüllt und zurückgesendet. Diese Akteure verteilen sich in ganz Europa und gehören mehrheitlich öffentlichen Institutionen an (23 von 27; vgl. die Tabelle 7.1).

Tabelle 7.1: Die Befragten – *ETPN*-Mitglieder

Institutionen	CH	P	GB	I	DK	RO	NL	ES	LV	FR	CZ	GR	MDA	PL	D
Öffentlich	1	4	2	2	1	1	2	2	1	2	1	1	1	1	1
Privat			1	1	1			1							

Die Umfrage wurde auf Englisch verfasst, und der entsprechende Teil mit den semantischen Indikatoren beinhaltet folgende Elemente:

---

löst werden müssen (z.B. nach der Stabilität der produzierten Nanodispositive) und nach schweren Krankheiten (wie z.B. Krebs, Diabetes, Kreislaufkrankheiten) zu gestalten. Diese erste Roadmap wurde kürzlich im Rahmen des 7. Forschungsrahmenprogramms *Horizon 2020* korrigiert. Neurodegenerative Krankheiten und Inflammationskrankheiten fallen auch in den Rahmen von schweren Krankheiten, die dank der Nanomedizin besser geheilt werden sollen (vgl. Nanomedicine 2013).

[3] Wenn wir von einer „geringeren Anzahl von Akteuren" für die Gruppe *Regenerative Medizin* sprechen, müssen wir gleichzeitig dennoch erwähnen, dass diese Gruppe die größte Gruppe von Akteuren ist, die Mitglieder von *ETPN* sind.

- die aktuellen Forschungstätigkeiten der Befragten in der Nanomedizin: 2 Fragen dazu; die erste Frage bezog sich auf vier Hauptbereiche der Forschungstätigkeiten in der Nanomedizin (*Therapeutics, Diagnostics/Imaging, Regenerative medicine, Targeted pathologies*), die insgesamt mit 25 semantischen Indikatoren detailliert wurden; diese Indikatoren beschreiben, was in jedem Hauptbereich zum Zeitpunkt der Befragung geforscht wird und die Befragten mussten die Indikatoren ankreuzen, die ihrer Forschungstätigkeit in diesem Bereich entsprechen. Die zweite Frage bezog sich auf den aktuellen Kern der Forschungstätigkeit der Befragten und es wurde ihnen die Möglichkeit angeboten, einen freien Text dazu zu schreiben.
- die zukünftigen Forschungsthemen, die die Befragten erforschen möchten: die Befragten konnten einen freien Text dazu schreiben.
- die Technologien, die die Befragten zum Zeitpunkt der Befragung anbieten: die Befragten konnten einen freien Text dazu schreiben.
- die Expertise der Befragten in einem anderen Bereich der Mikro- oder Nanotechnologien: 5 Indikatoren wurden den Befragten angeboten, die sie ankreuzen konnten.
- diejenigen Forschungsthemen in der Nanomedizin, die aus Sicht der Befragten prioritäre Themen darstellen, die im EU-Forschungsrahmenprogramm *Horizon 2020* gefördert werden sollten: die Befragten konnten einen freien Text dazu schreiben.
- die Unterstützung der Koordinationsarbeit von ETPN: die Befragten konnten einen freien Text zum Thema schreiben, wie sich die Koordinationsarbeit von *ETPN* entwickeln sollte.
- die Expertisen, die notwendig/wichtig wären, damit mehr Produkte der Forschung im Bereich der regenerativen Medizin vermarktet werden könnten: die Befragten konnten einen freien Text dazu schreiben.

Abgesehen von den Indikatoren, die den Befragten Listen von semantischen Indikatoren anboten, die sie ankreuzen konnten (jedesmal mit Mehrfachantworten), waren viele dieser Fragen offen gestellt und erlaubten, einen Text in unterschiedlicher Form zu schreiben – z.B. in Form von Listen von Begriffen oder Sätzen. Die Befragten entschieden sich meistens für eine sparsame Lösung und verfassten schlagwortartige Texte bzw. Begriffe. Sowohl bei den von *ETPN* vorgegebenen Indikatoren als auch bei freien Texten, die von den Befragten geschrieben wurden, bekommen wir in beiden Fällen Listen von einzelnen und zusammengestellten Begriffen. Diese Daten sollen nun so vorbereitet werden, dass sie in einem Topic-Modell-Verfahren benutzt werden können.

7.2 Topic-Modell-Verfahren – Vorbereitung und Anwendung

In unserer Untersuchung beinhaltet die Vorbereitung der Daten, dass semantische Indikatoren und Textstellen einheitlich behandelt werden. Das bedeutet, dass für jeden Befragten und jeden Indikator eine Textdatei erstellt wird. Für Indikatoren,

7.2 Topic-Modell-Verfahren – Vorbereitung und Anwendung

bei denen die Befragten eigene Texte geschrieben haben, müssen die Texte in einer Datei gespeichert werden. Für die semantischen Indikatoren, die von den Befragten angekreuzt wurden, übernehmen wir die Antwortitems in die Textdateien, die von den Befragten tatsächlich angekreuzt wurden. Wir haben dann je befragter Person und je Indikator eine Textdatei, entweder mit dem freien Text bzw. mit der Liste von Begriffen, die von den Befragten erzeugt wurden, oder mit den semantischen Indikatoren, die sie angekreuzt haben. Die Topic-Modell-Analyse kann jetzt durchgeführt werden.

Bei dieser Untersuchung benutzen wir *R* und den *LDA*-Algorithmus mit den Hauptmodulen *tm* (Feinerer, Hornik und Meyer 2008) und *topicmodels* (Grün und Hornik 2011), um unsere Analyse durchzuführen (vgl. Team 2015). Die *R*-Programmskripte für unsere Analyse sind frei verfügbar.[4] Wir verarbeiten die Textdateien, indem wir nur übliche Stoppwörter, Sonderzeichen und Zahlen aus den Texten entfernen. Da wir wenig Text haben, ist es unser Ziel, so viele Informationen wie möglich zu behalten, die von den Befragten gegeben wurden. Entsprechend führen wir keine weitere Selektion der Begriffe durch, die in den Textdateien enthalten sind. Alle Begriffe wurden berücksichtigt. Den *TF-IDF*-Score berechnen wir für alle Begriffe unserer Dokumente/Begriffe-Matrix.

Was uns bei dieser Untersuchung besonders interessierte, betrifft die Visualisierung der Ergebnisse. Wir möchten einerseits wissen, wie sich die Befragten auf die Themen beziehen, die für sie wichtig sind. Andererseits möchten wir erfahren, ob wir Ähnlichkeiten zwischen den Befragten finden können, indem sie ähnliche Themen stark vs. weniger stark hervorheben. Schließlich möchten wir herausfinden, ob die regionale Verankerung der Akteure eine Rolle spielt bzw. ob die Themen, die sie fokussieren vs. nicht fokussieren, von der jeweiligen europäischen Region beeinflusst werden, in denen die Befragten ansässig sind. Gibt es Akteure, die ähnliche Themen hervorheben, weil sie in einer gemeinsamen oder benachbarten geographischen Region Europas arbeiten? Gibt es Themen, die eine transregionale Relevanz besitzen? Um diese Fragen zu beantworten, benutzen wir in *R* folgende Module.

Das Modul *qgraph* (Epskamp u. a. 2012) bietet die Möglichkeit, in einer Graphik gleichzeitig Themen und Positionen abzubilden, das heißt die Themen, auf die sich die Befragten im Sinne der Topic-Analyse beziehen, und die Positionen zwischen diesen Befragten. Diese Ergebnisse werden dann auf eine Karte Europas übertragen, um zu prüfen, inwieweit die geographische Lage der Befragten zu diesen Ergebnissen beiträgt. Zu diesem Zweck benutzen wir die Module *maps*, *mapdata*, *maptools*, *mapproj* (Bivand, Pebesma und Gómez-Rubio 2008), *ggmap* (Kahle und Wickham 2013) und *geosphere* (Hijmans 2016) zusammen mit dem *ggplot2*-Modul (Wickham 2009). Diese Module ermöglichen es, geographische Karten abzubilden. Diese Karten können anhand von Shape-Dateien gebildet werden. Die Shape-Dateien für Europa-Karten können *Eurostat* entnommen werden, das diese Dateien zur freien Verfügung im Internet veröffentlicht (vgl. http://ec.europa.eu/eurostat/web/main/home). Eine alternative Lösung zu den Karten von *Eurostat* bietet *Google Maps*. Die Karten von *Google Maps* können in *R*

---

[4] https://gitlab.informatik.uni-halle.de/qualitative-forschung-mit-topic-modellen/r-python-code

geladen und für die Projektion von Ergebnissen benutzt werden. In unserer Untersuchung haben wir diese letzte Lösung benutzt.

Um die Ergebnisse unserer Topic-Analyse auf einer Karte Europas abbilden zu können, müssen wir je Ergebnis der Topic-Modell-Analyse eine neue Textdatei erstellen, die folgende Daten enthält:

- die Namen der befragten Institutionen;
- die geografischen Breitengrade/Längengrade des Standorts der befragten Institution: dies erlaubt, den Standort dieser Institutionen auf einer Karte abzubilden;
- eine Gruppen-Variable, die es ermöglicht, die Befragten nach einer Kategorie zu sortieren; in unserem Fall wird diese Gruppen-Variable aus den Themen gebildet, die unsere Topic-Modell-Analyse liefert.

Diese letzte Datei laden wir in *R*, damit die Institutionen auf der Karte abgebildet werden. Diese Institutionen bekommen eine Farbe, die dem Thema entspricht, das sie am meisten unterstützen. Das Ergebnis dieses Verfahrens zeigen wir jetzt am Beispiel von drei Indikatoren, die für den Auftraggeber wichtig waren.

7.3 Ergebnisse

Für den Auftraggeber war es besonders wichtig, eine Information über drei Indikatoren zu erhalten, die beschreibt:

- in welchem Bereich die Befragten den Kern ihrer Tätigkeiten sehen;
- in welchen Bereichen die Befragten ihre Kompetenz weiterentwickeln wollen;
- welche Art von Zusammenarbeit die Befragten im Rahmen ihrer Mitgliedschaft bei *ETPN* unterstützen möchten.

Diese Indikatoren fassen die Hauptziele zusammen, die *ETPN* mit dieser Umfrage erreichen wollte. *ETPN* möchte zuerst wissen, was die Befragten machen bzw. worüber sie forschen und was für Unterschiede und Gemeinsamkeiten es auf der Ebene der Forschungstätigkeiten zwischen diesen Akteuren gibt. Diese Informationen sollen vom ersten Indikator geliefert werden.

Zweitens will *ETPN* wissen, ob diese Forschungstätigkeiten eine Stufe in einer langfristigen Agenda darstellen oder ob sie zu einer projektbasierten Forschung führen bzw. zu einer Forschungstätigkeit, die sich entsprechend den ausgeschriebenen Projekten verändern würde. Der zweite Indikator ermöglicht es, diese Information von den Befragten zu bekommen.

Drittens möchte *ETPN* herausfinden, ob und wie die Befragten etwas zur *Translation* beitragen bzw. ob ihre Forschungstätigkeiten zur Produkterzeugung für den Gesundheitsmarkt führen werden. Die *Translations*-Agenda setzt für *ETPN* nicht nur voraus, dass die Befragten dieses Ziel von *ETPN* unterstützen, sondern auch, dass sie konkret dazu beitragen, indem sie Kollaborationen auf der Ebene der Forschung hinsichtlich der Vermarktung dieser Forschung entwickeln. Der dritte Indikator soll es ermöglichen, mehr über diese Zusammenarbeit zu erfahren. Wir kom-

7.3 Ergebnisse

men jetzt zur Vorstellung unserer Ergebnisse bezogen auf den ersten Indikator über die Kerntätigkeit der Befragten.

7.3.1 Kerntätigkeit

Die Analyse der Kerntätigkeit der Befragten zeigt eine optimale Anzahl von 5 Themen, was bedeutet, dass diese Themen die Antworten unserer Befragten am besten repräsentieren. Wir bilden dieses Ergebnis mit *qgraph* ab (vgl. Abbildung 7.1).

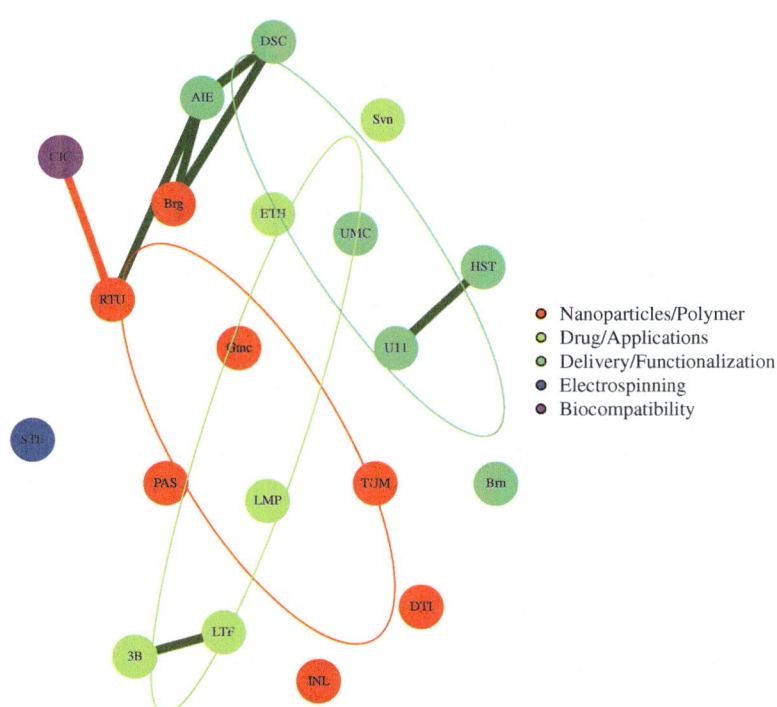

Abb. 7.1: Kerntätigkeit

Die Befragten werden in dieser Abbildung mit farbigen Kugeln dargestellt. Die Farbe entspricht einem Thema, das den Befragten aufgrund ihrer Antworten zugeschrieben wurde. Die Ellipsen zeigen, wie viele Befragte einem Thema zugeordnet sind. Die grüne Ellipse zeigt, dass die Befragten U11, UMC und DSC Antworten geliefert haben, die mit dem Thema „Delivery/Functionalization" assoziiert werden. Die Befragten Brn, AIE und HST sind auch mit diesem Thema verbunden, aber sie befinden sich außerhalb der grünen Ellipse. Dies bedeutet, dass ihre Verbindung zu diesem Thema schwach ist bzw. dass Brn, AIE und HST weniger gute Vertreter des Themas „Delivery/Functionalization" sind, weil sie auch eine ähnlich starke Verbindung mit anderen Themen aufweisen. Dies ergibt sich aus der Matrix (vgl. Tabelle 7.2), die die Befragten (Spalten) und Themen (Zeilen) miteinander verbindet:

Tabelle 7.2: Verteilung der Antworten von AIE, Brn, HST auf die 5 Topics

AIE	Brn	HST	Themen
0.2419355	0.1886792	0.2000000	*Nanoparticles/Polymer*
0.1612903	0.1886792	0.1714286	*Drug/Applications*
0.2580645	0.2075472	0.2142857	*Delivery/Functionalization*
0.1774194	0.2075472	0.2142857	*Electrospinning*
0.1612903	0.2075472	0.2000000	*Biocompatibility*

Wie man hier sieht, ist AIE gut im Thema „Delivery/Functionalization" vertreten. Aber seine Assoziation mit dem Thema „Nanoparticles/Polymer" ist ebenfalls sehr hoch, so dass AIE nicht der beste Vertreter des Themas „Delivery/Functionalization" ist und daher an den Rand der grünen Ellipse geschoben wird. Brn zeigt höchste Assoziationen zu den Themen „Delivery/Functionalization", „Electrospinning" und „Biocompatibility" auf. Der *LDA*-Algorithmus rechnet Brn dem Thema „Delivery/Functionalization" zu. Aber die Tabelle zeigt, dass Brn auch mit den Themen „Electrospinning" und „Biocompatibility" hätte assoziiert werden können, weshalb er sich außerhalb der grünen Ellipse befindet. Ähnlich sieht es bei HST aus, der mit dem Thema „Delivery/Functionalization" verbunden wird, aber sich ebenfalls außerhalb der grünen Ellipse befindet, da er auch mit dem Thema „Electrospinning" stark verbunden ist.

Die gleiche Deutungslogik gilt für die anderen Befragten. DTI, INL, TUM, PAS, Gmc, RTU und Brg werden dem Thema „Nanoparticles/Polymer" zugeschrieben. Dennoch unterstützen INL und Brg dieses Thema weniger als die anderen roten Befragten. Die gelbe Farbe bezeichnet das Thema „Drug/Applications", bei dem ETH, LMP und LTF die besten Vertreter sind. Selbst wenn Svn und 3B auch gelb gefärbt würden, vertreten sie dieses Thema wenig. Schließlich sind es zwei Themen, die nur mit jeweils einem Befragten verbunden sind. Es handelt sich um das Thema „Electrospinning", das nur STE unterstützt und um das Thema „Biocompatibility", das nur CIC vertritt.

Die Positionen der Befragten und der Ellipsen in der Abbildung 7.1 haben keine besondere Bedeutung. Der Algorithmus verteilt die Befragten und die Ellipsen danach, wo er Platz findet, so dass sie am besten abgebildet werden können. Dies führt dazu, dass sich die rote und gelbe Ellipse überlappen, aber diese Überlap-

7.3 Ergebnisse

pung bedeutet nicht, dass die zwei Ellipsen miteinander verbunden sind bzw. dass die Topics korrelieren. Dies entspricht auch den konkreten Beobachtungen, die wir im Rahmen unserer Forschung gemacht haben. Tatsächlich können wir nicht davon ausgehen, dass eine Tätigkeit in der Nanomedizin unbedingt eine andere Tätigkeit voraussetzt bzw. dass bspw. die Forschung im Bereich der Entwicklung von Nanopartikeln und Polymeren unbedingt mit der Herstellung von Medikamenten oder unbedingt mit der Forschung über die Biokompatibilität von Nanopartikeln usw. verbunden ist (vgl. Papilloud 2017). Hierbei handelt es sich um eine allgemeine Schwierigkeit, die *ETPN* lösen möchte, damit die Forschung in der Nanomedizin besser verteilt und gleichzeitig die entsprechenden Forschungsinstitutionen besser vernetzt werden können.

Eine ähnliche Bemerkung kann in Bezug auf die Verbindung zwischen Themen und Befragten gemacht werden. Die Werte, die diese Verbindung kennzeichnen (vgl. unsere Tabelle 7.2), sind keine Korrelationen, sondern es handelt sich um Prozentsätze. Wenn wir z.B. AIE berücksichtigen, sehen wir, dass 24% der Begriffe, die AIE in seiner Antwort auf die Frage der Kerntätigkeit gibt, zum Topic „Nanoparticles/Polymer" beitragen. Weitere 16% der Begriffe von AIE tragen zum Topic „Drug/Applications" bei und 26% der Begriffe von AIE zum Topic „Delivery/Functionalization". Wiederum 18% der Begriffe von AIE tragen zum Topic „Electrospinning" und die restlichen 16% zum Topic „Biocompatibility" bei. Hierbei haben wir es mit einer Konstante der Interpretation von Topic-Modellen zu tun: Bei jedem Befragten tauchen alle Topics auf, aber sie werden von den Befragten unterschiedlich unterstützt.

Wie wir in Abbildung 7.1 sehen, bietet *qgraph* die Möglichkeit, Korrelationen (die *cor*-Funktion) und partielle Korrelationen (die *pcor*-Funktion) zwischen den Befragten abzubilden, die mit grünen (für positive Korrelationen) und roten (für negative Korrelationen) Strichen dargestellt werden. In unserer Abbildung sehen wir die Korrelationen mit geringer Fehlerwahrscheinlichkeit (p-Wert von 0.001 bis 0.05), mit Strichestärken, die ähnlich fett sind. In der folgenden Abbildung zeigen wir die vollständige Korrelationsmatrix, die grüne und rote fette Striche je nach Stärke der (positiven oder negativen) Korrelationen darstellen (vgl. Abbildung 7.2): Diese Korrelationen stellen keine Verbindungen zwischen ähnlichen Befragten aufgrund der Ähnlichkeiten ihrer Antworten dar. Es handelt sich um Verbindungen zwischen Befragten, die vergleichbar sind, weil sie alle 5 Topics ähnlich unterstützen. Dies ist eine wichtige Unterscheidung, die deutlich macht, dass wir hier kein Netzwerk zwischen Akteuren abbilden, sondern die Ähnlichkeit des Gleichgewichts bzw. der Verteilung der Topics in den Antworten unserer Befragten. Nehmen wir zum Beispiel HST sowie U11 und berechnen Korrelationen mit einem p-Wert von 0.001 bis zu einem p-Wert von 0.05 dann wird sichtbar, dass HST und U11 korrelieren. Wenn wir die Verteilung der Antworten von beiden Befragten untersuchen (vgl. Tabelle 7.3), stellen wir fest, dass sie alle 5 Topics ähnlich unterstützen: Beide Befragten werden in der Abbildung 7.1 dem Topic „Delivery/Functionalization" zugeordnet, selbst wenn sie das Topic „Electrospinning" identisch stark unterstützen. Wir sehen weiterhin, dass beide Befragten die anderen Topics ähnlich unterstützen. Wenn wir uns daran erinnern, dass diese Themen die Kerntätigkeit

138   7 Semantische Indikatoren in quantitativen Umfragen. Ein Beispiel aus der Nanomedizin

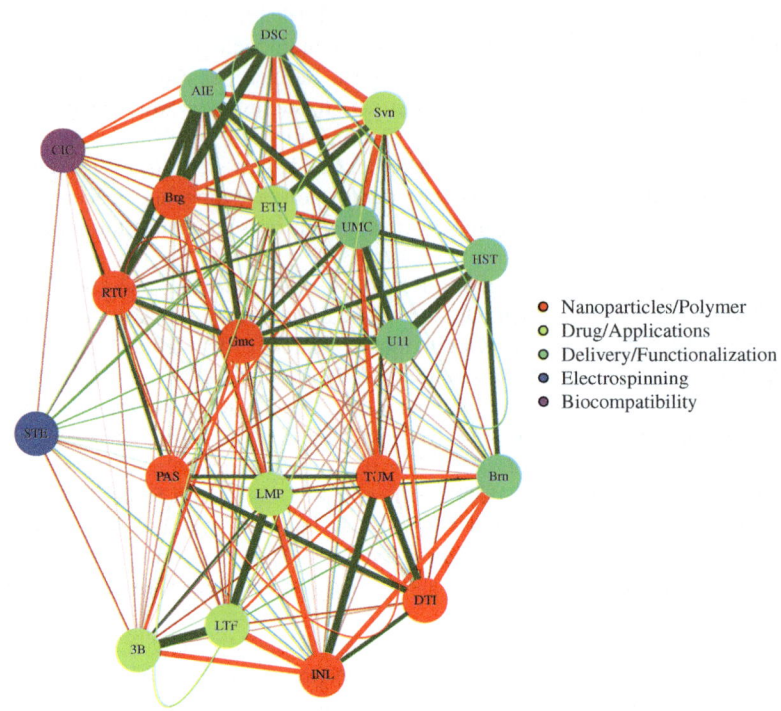

Abb. 7.2: Kerntätigkeit – Alle Korrelationen

Tabelle 7.3: Verteilung der Antworten von HST und U11 auf die 5 Topics

HST	U11	Themen
0.2000000	0.1973684	*Nanoparticles/Polymer*
0.1714286	0.1710526	*Drug/Applications*
0.2142857	0.2236842	*Delivery/Functionalization*
0.2142857	0.2236842	*Electrospinning*
0.2000000	0.1842105	*Biocompatibility*

der Befragten abbilden, dann können wir aus der Korrelation zwischen HST und U11 schlussfolgern, dass U11 ähnlich wie HST eine Kerntätigkeit im Bereich „Delivery/Functionalization" unterstützt, die Erweiterungen zuerst im Bereich „Electrospinning", dann im Bereich „Nanoparticles/Polymer", daran folgend im Bereich „Biocompatibility" und schließlich im Bereich „Drug/Applications" zu verzeichnen

7.3 Ergebnisse

hat. Vergleichen wir jetzt beide Befragte mit dem Befragten UMC, der mit HST und U11 nicht korreliert (vgl. Tabelle 7.4).

Tabelle 7.4: Verteilung der Antworten von HST, U11 und UMC auf die 5 Topics

HST	U11	UMC	Themen
0.2000000	0.1973684	0.2000000	*Nanoparticles/Polymer*
0.1714286	0.1710526	0.1666667	*Drug/Applications*
0.2142857	0.2236842	0.2500000	*Delivery/Functionalization*
0.2142857	0.2236842	0.2000000	*Electrospinning*
0.2000000	0.1842105	0.1833333	*Biocompatibility*

Wir verstehen jetzt mit der Tabelle besser, wieso UMC nicht mit HST und U11 korreliert. Einerseits vertritt UMC den Bereich „Delivery/Functionalization" stärker als HST und U11. Andererseits vertritt UMC die Bereiche „Electrospinning" und „Drug/Applications" weniger stark als HST und U11. Ähnlich lassen sich die anderen Korrelationen zwischen 3B und LTF, DSC, AIE und Brg, sowie AIE und RTU interpretieren. Am Beispiel der Korrelation zwischen AIE und RTU stellen wir fest, dass die Befragten korrelieren können, selbst wenn das Hauptmerkmal ihrer Kerntätigkeit unterschiedlich ist. Dies unterstreicht noch einmal die Tatsache, dass diese Korrelationen nicht zwischen Befragten auftreten, sondern in Bezug auf die Gestaltung ihrer Tätigkeit sinnvoll sind, deren Struktur vom Topic-Modell widergespiegelt wird.

Diese Korrelationen verstärken den Eindruck, dass die Befragten zwar eine Haupttätigkeit im Bereich der Nanomedizin ausüben. Diese Haupttätigkeit ist dennoch mehr oder weniger eng mit weiteren Tätigkeiten verbunden, die diese Haupttätigkeit vervollständigen und/oder erweitern. Eine komplementäre wichtige Erkenntnis ergibt sich aus den Korrelationen in Abbildung 7.1: nur wenige Befragte gestalten ihre Tätigkeit ähnlich. Dies bedeutet, dass die Gestaltung der Tätigkeiten der Befragten einer Forschungspraxis entspricht, die von unterschiedlichen Bedingungen beeinflusst wird. Ist eine dieser Bedingungen mit der europäischen Region verbunden, in der die Befragten ansässig sind? Um dies zu ergründen, übertragen wir die Ergebnisse unserer Analyse auf die folgende Karte Europas (vgl. Abbildung 7.3): Diese Karte zeigt, dass insbesondere die Befragten in Dänemark und Osteuropa diejenigen sind, die ihre Kerntätigkeit im Bereich „Nanoparticles/Polymer" entwickeln. Dagegen entwickelt die Mehrheit der Befragten in Mitteleuropa ihre Kerntätigkeit insbesondere im Bereich „Delivery/Functionalization". In unserer Untersuchung haben wir erfahren, dass diese Spaltung einer Unterscheidung zwischen Grundlagenforschung und Technologietransfer entspricht. Die Kerntätigkeit in Dänemark und in den osteuropäischen Ländern ist mehr mit der Grundlagenforschung über Nanopartikel und Polymere verbunden. In den mitteleuropäischen Ländern ist sie mehr auf die Verbindung zwischen Wissenschaft und Wirtschaft ausgerichtet. Eine Wirkung der Region kann man deshalb als Hypothese angesichts dieser Karte nicht ausschließen. Wenn wir diese Karte mit der Abbildung der stärksten Korre-

140   7 Semantische Indikatoren in quantitativen Umfragen. Ein Beispiel aus der Nanomedizin

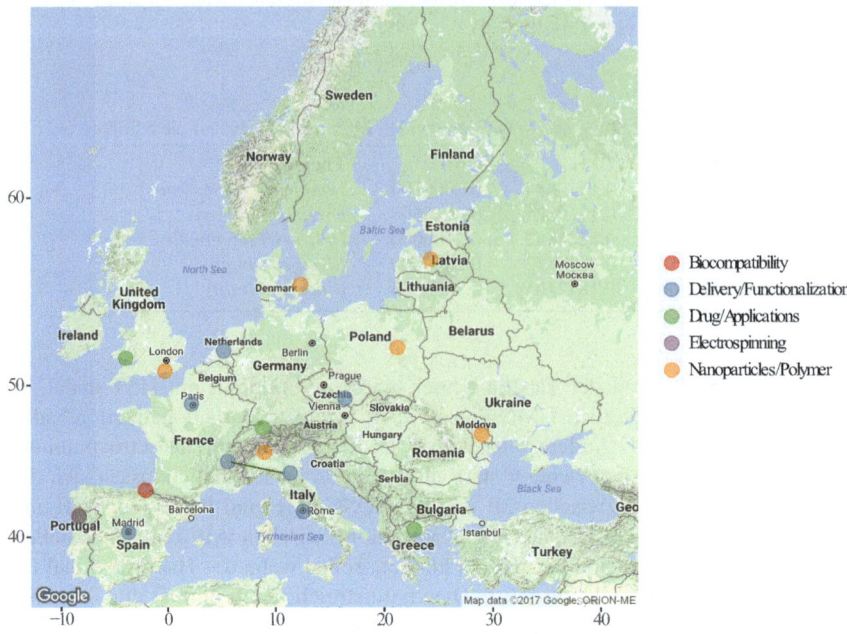

Abb. 7.3: Kerntätigkeit – Europäische Regionen

lationen zwischen den Befragten vergleichen (vgl. Abbildung 7.1), stellen wir fest, dass für beide Regionen nur die Befragten in Grenoble (Frankreich) und Bologna (Italien) eine vergleichbare oder ähnliche Struktur ihrer Kerntätigkeit zeigen. Dies bedeutet, dass neben der europäischen Region weitere länder- oder lokalspezifische Bedingungen zu berücksichtigen sind, die die jeweiligen spezifischen Tätigkeitsstrukturen der Befragten erklären. Wir kommen jetzt zum nächsten semantischen Indikator, der Informationen über die zukünftige Entwicklung der Tätigkeit der Befragten geben soll.

7.3.2 Zukünftige Entwicklung

Um die zukünftige Entwicklung der Tätigkeit der Befragten zu verstehen, verwenden wir das gleiche Verfahren, das wir für die Analyse der Kerntätigkeit der Befragten benutzt haben. Auch in diesem Fall ergibt sich aus der Topic-Modell-Analyse eine optimale Anzahl von 5 Themen, die berücksichtigt werden, um die Antworten der Befragten zu der zukünftigen Entwicklung ihrer Tätigkeiten in der Nanomedizin zu verstehen. Wir bilden die Ergebnisse mit *qgraph* ab und zeigen die positiven sowie negativen Korrelationen für einen p-Wert von 0.001 bis 0.05 (vgl. Abbildung 7.4).

7.3 Ergebnisse 141

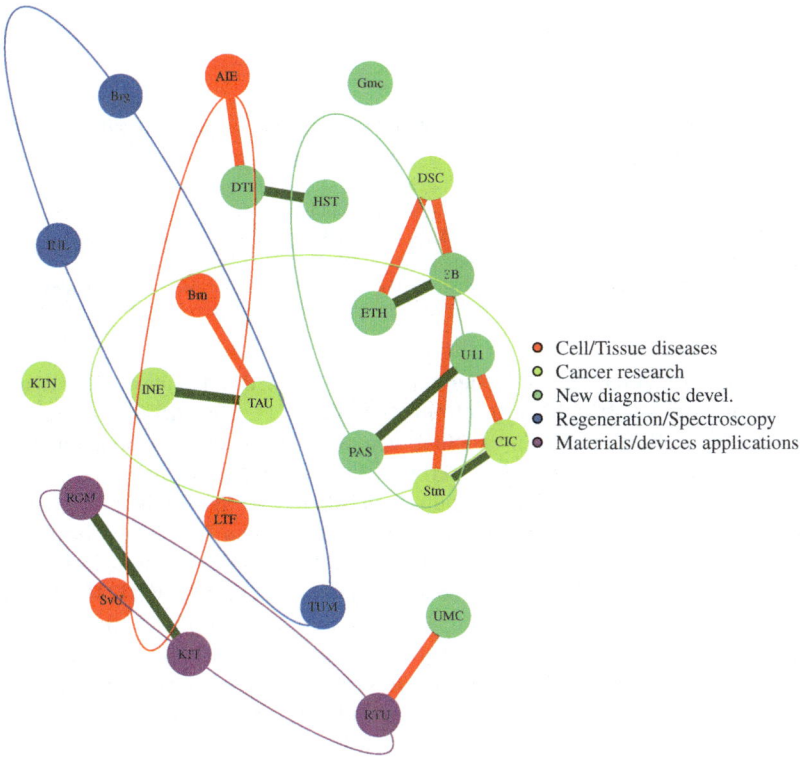

Abb. 7.4: Zukünftige Entwicklung

Im Vergleich zu den Ergebnissen, die wir zur Frage der Kerntätigkeiten der Befragten bekommen haben, sehen wir hier folgende wichtige Veränderungen: Einerseits gibt es mehr Befragte, die diese Frage beantwortet haben. Andererseits sind es verhältnismäßig weniger Befragte, die sich außerhalb der Ellipsen befinden, zu denen sie im Prinzip gehören, und zwar AIE für das Thema „Cell/Tissue diseases", DSC und KTN für das Thema „Cancer research", UMC, DTI, ETH und Gmc für das Thema „New diagnostic devel.". Diese Befragten sind diejenigen, die ihr jeweiliges Thema am schwächsten vertreten, was insbesondere das Thema „New diagnostic devel." anbelangt. Schließlich können wir mehr Korrelationen zwischen den Befragten beobachten, was ein Hinweis darauf ist, dass die betroffenen Befragten die zukünftige Entwicklung ihrer Tätigkeiten in der Nanomedizin ähnlich strukturieren. Dies betrifft am meisten die Befragten, die mit dem Thema „New diagnostic devel." verbunden sind, bei denen wir Paarbildungen zwischen 3B und ETH, PAS und U11 sowie HST und DTI erkennen. Um die Bedeutung dieser Paare zu verstehen und um zu wissen, wie sie sich voneinander unterscheiden, untersuchen wir ihre Verteilung auf die 5 Topics:

Tabelle 7.5: Verteilung der Antworten von 3B, DTI, ETH, HST, PAS und U11 auf die 5 Topics

3B	DTI	ETH	HST	PAS	U11	Themen
0.2058824	0.1764706	0.2000	0.1864407	0.1639344	0.1666667	Cell/Tiss.
0.1764706	0.2205882	0.1625	0.2033898	0.1639344	0.1666667	Cancer
0.2352941	0.2500000	0.2500	0.2372881	0.2459016	0.2727273	New diagnostic
0.1911765	0.1764706	0.1875	0.1864407	0.2295082	0.2121212	Regen./Spectr.
0.1911765	0.1764706	0.2000	0.1864407	0.1967213	0.1818182	Materials/Devices

Die Tabelle 7.5 zeigt, dass U11 der stärkste Vertreter des Themas „New diagnostic devel." ist. Mit PAS bildet U11 ein Paar, weil U11 wie PAS ihre zukünftigen Tätigkeiten im Bereich der Entwicklung von neuen Diagnostikmethoden und Diagnostikverfahren, insbesondere in Verbindung mit der Entwicklung von besseren Werkzeugen und Verfahren im physikalischen Bereich der Spektroskopie, sehen. Sie unterscheiden sich von 3B und ETH, die ihre zukünftigen Tätigkeiten im Bereich der Entwicklung neuer Diagnostikmethoden und Diagnostikverfahren, insbesondere in Verbindung mit Zell- und Gewebekrankheiten, sehen. HST und DTI bilden ein drittes Paar, die ihre zukünftigen Tätigkeiten im Bereich der Entwicklung von neuen Diagnostikmethoden und Diagnostikverfahren, insbesondere in Verbindung mit der Krebsforschung, verorten. Hier können wir noch einmal die Vielfalt der Tätigkeitsstruktur der Befragten beobachten, die sie in Zukunft entwickeln wollen. Spielt hier die regionale Verortung unserer Befragten in Bezug auf die von ihnen gegebenen Antworten eine Rolle (vgl. Abbildung 7.5)?

Die Karte 7.5 zeigt eine Konzentration der antizipierten Tätigkeiten der Befragten im Bereich der Entwicklung neuer Diagnostikmethoden und Diagnostikverfahren, insbesondere in Mitteleuropa. Die Abbildung 7.4 der Korrelationen ergibt aber, dass die geplante Tätigkeit sehr unterschiedlich strukturiert ist, und sie zeigt Verbindungen, die über die Region Mitteleuropa hinaus nach Osteuropa, Westeuropa und Dänemark gehen. Dies relativiert die Idee, dass die europäischen Regionen dazu beitragen, die antizipierten Tätigkeiten der entsprechenden Befragten zu beeinflussen. In diesem Zusammenhang spielt die Orientierung der Befragten an Projektausschreibungen wahrscheinlich eine wichtigere Rolle. Im Vergleich zur Karte 7.3 der Kerntätigkeit der Befragten sehen wir außerdem, dass die Spaltung der europäischen Regionen nach Grundlagenforschung und Technologietransfer nicht mehr zu sehen ist – die Mehrheit der Befragten positioniert sich insbesondere bei Forschungsaktivitäten auf diejenigen, die Beziehungen zwischen Wissenschaft und Wirtschaft unterstützen oder verstärken können. In unserer Karte werden solche Aktivitäten am besten in den drei Bereichen „Materials/devices applications", „New diagnostic devel." und „Regeneration/Spectroscopy" repräsentiert. Das einzige gemeinsame Ergebnis, das wir dem Vergleich zwischen den Karten 7.3 und 7.5 entnehmen können, ist die Bestätigung, dass die Befragten in Mitteleuropa die Beziehung zur Wirtschaft

7.3 Ergebnisse 143

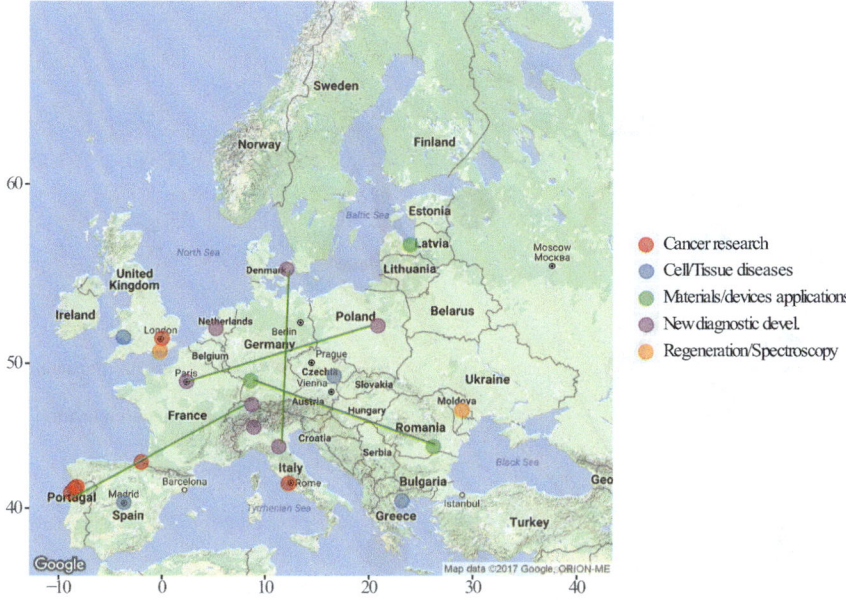

Abb. 7.5: Zukünftige Entwicklung – Europäische Regionen

stark prägen und weiter ausbauen möchten. Wir kommen jetzt zur Frage bezüglich der Zusammenarbeit, die die Befragten hinsichtlich der Ziele von *ETPN* entwickeln möchten.

7.3.3 Zusammenarbeit in Hinblick auf die Ziele von ETPN

Im Fall der Zusammenarbeit ergibt sich aus der Topic-Modell-Analyse eine optimale Anzahl von 3 Themen, die berücksichtigt werden, um die Antworten der Befragten zu diesem semantischen Indikator zu verstehen. Das Thema „Development/Dissemination" betrifft insbesondere die *Transfer*-Dimension, die mit der Forschungsaktivität der Befragten verbunden ist. Das Thema „Networking" drückt am besten die Idee einer Zusammenarbeit im Sinne der Vernetzung mit anderen Partnern aus. Das Thema „Research/Interdisciplinarity" ist eindeutig und betrifft die Forschungsaktivität der Befragten. Ähnlich wie wir es für unsere zwei vorherigen Indikatoren gemacht haben, bilden wir die Ergebnisse mit *qgraph* ab und zeigen die positiven wie negativen Korrelationen an für einen p-Wert von 0.001 bis 0.05 (vgl. Abbildung 7.6).

Aus Abbildung 7.6 ergibt sich eine relativ ausgewogene Verteilung der Befragten auf die drei Themen der Topic-Modell-Analyse. Für die Frage der Zusammenarbeit

144   7 Semantische Indikatoren in quantitativen Umfragen. Ein Beispiel aus der Nanomedizin

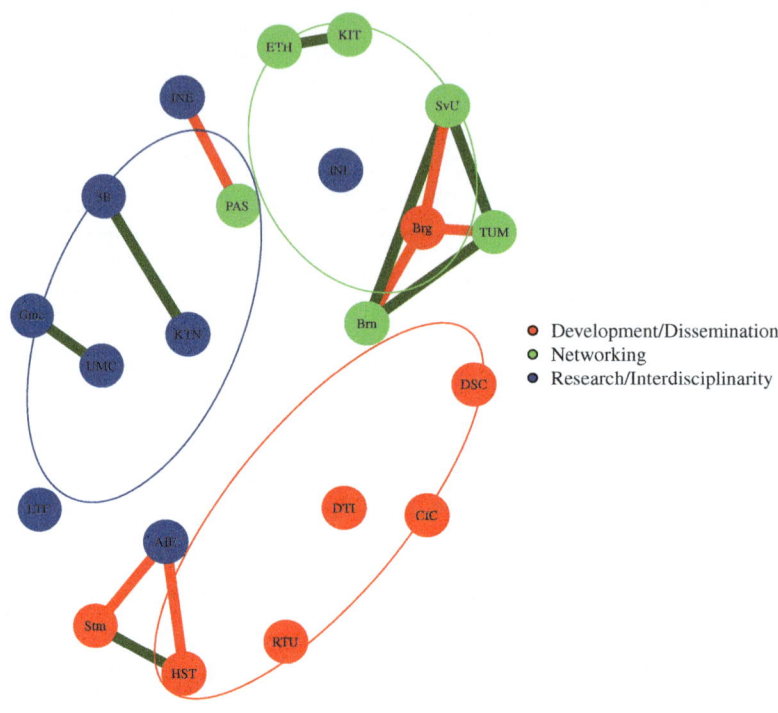

Abb. 7.6: Zusammenarbeit

im Zusammenhang mit den Zielen, die *ETPN* erreichen möchte, ist insbesondere das Thema „Networking" interessant. Wir sehen hier positive Korrelationen, einerseits zwischen ETH und KIT sowie andererseits zwischen Brn, TUM und SvU. Die Bedeutung dieser Korrelationen lässt sich wie folgt interpretieren (vgl. Tabelle 7.6):

Tabelle 7.6: Verteilung der Antworten von Brn, ETH, KIT, SvU und TUM auf die 5 Topics

Brn	ETH	KIT	SvU	TUM	Themen
0.2976190	0.3280423	0.3277778	0.3285024	0.3099415	*Devel./Diss.*
0.4047619	0.3597884	0.3611111	0.3429952	0.3801170	*Networking*
0.2976190	0.3121693	0.3111111	0.3285024	0.3099415	*Res./Interd.*

ETH und KIT unterstützen die Zusammenarbeit im *ETPN* und sie unterstützen außerdem die *Transfer*-Dimension „Development/Dissemination", die für *ETPN* hinsichtlich der Translation wichtig ist. Bei Brn, SvU und TUM sehen wir ebenso eine Unterstützung der Zusammenarbeit mit anderen Forschungseinrichtungen, die für Brn und TUM sogar stärker ausfällt als für die anderen Befragten. Brn, SvU und TUM unterstützen die *Transfer*-Dimension dagegen weniger als ETH und KIT, und sie unterstützen sie nicht mehr und nicht weniger als die Zusammenarbeit auf der Ebene der (interdisziplinären) Forschung. Wir bilden jetzt diese Ergebnisse für alle Befragten auf einer Karte Europas ab (vgl. Abbildung 7.7):

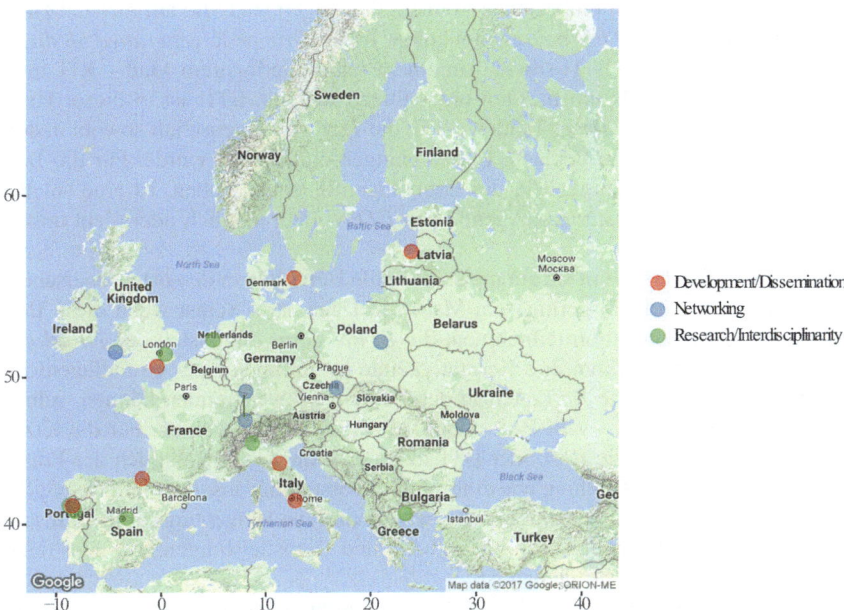

Abb. 7.7: Kollaborationsarbeit – Europäische Regionen

Wir stellen fest, dass die Regionen, in denen die Befragten ansässig sind, keine wesentliche Rolle für die Erklärung der Zusammenarbeit spielen. Tatsächlich finden wir Zusammenarbeiten in Form von „Networking" sowohl in den osteuropäischen als auch in den mitteleuropäischen Ländern oder in Großbritannien. *Transfer*-Tätigkeiten („Development/Dissemination") finden wir in den nordeuropäischen wie den südeuropäischen Ländern. Die Entwicklung von Kollaborationen auf der Ebene der (interdisziplinären) Forschung finden wir in den Ländern West-, Mittel- und Südeuropas. Wenn wir jetzt diese Zusammenarbeit in Bezug auf die *Translation* berücksichtigen, dann stellen wir fest, dass nur zwei Befragte – KIT und ETH – diese Beziehung unterstützen. Die anderen Befragten, die das Thema „Networking" am meisten tragen, machen dies entweder im Sinne der Unterstützung von Vernetzung innerhalb des *ETPN* oder im Sinne einer Vernetzung in der (interdisziplinären) Forschung. Wir vergleichen nun diese Ergebnisse mit den Fragen des Auftraggebers.

7.4 Diskussion

Würden wir die Ergebnisse der Analysen mit einem Satz zusammenfassen, dann könnten wir sagen, dass die Befragten, die eine *Transfer*-Eigenschaft in ihre Kern- und Zukunftstätigkeiten einbeziehen können, diejenigen sind, die am meisten zum *Translationsziel* von *ETPN* beitragen würden. In der Gruppe *Regenerative Medizin* sind dies insbesondere ETH sowie – in einem relativ geringerem Maß – KIT und SvU, die diese Agenda am meisten unterstützen würden. ETH ist in dieser Hinsicht das beste Beispiel dieser Tendenz, weil die *Transfer*-Eigenschaft sowohl in der Kerntätigkeit als auch in geplante Entwicklungen einbezogen wurde. Für die Befragten, die eine Kerntätigkeit in der Grundlagenforschung haben, ist eine solche Unterstützung der *Translations*-Agenda von *ETPN* nicht möglich oder nicht unbedingt erwünscht.

Nicht möglich erscheint sie am meisten für die Befragten in den osteuropäischen Ländern und – in einem geringerem Maß – in Dänemark. Selbst wenn diese Befragten an der Kooperation teilnehmen, die *ETPN* gerne zugunsten der *Translation* fördern möchte, bleiben ihre Kerntätigkeiten im Rahmen einer Grundlagenforschung, von der sich die Befragten in der Zukunft schwer trennen können, selbst wenn einige von ihnen – z.B. PAS oder DTI – dies gerne möchten. Für die letztgenannten Befragten wie PAS oder DTI sehen die Antworten bezüglich der Frage ihrer zukünftigen Entwicklung wie eine Wunschvorstellung aus, da in ihrem Land – entsprechend Polen und Dänemark – die wirtschaftliche Umgebung für die Umsetzung von Forschungsergebnissen in Produkte und Dienstleistungen entweder fehlt oder nicht ausreichend vorhanden ist.

Für die anderen Befragten, d.h. die Befragten in Südeuropa (Griechenland, Italien, Portugal, Spanien), einige Befragte in Osteuropa (Tschechien, Moldawien) und in Mitteleuropa (Großbritannien, Niederlande, Frankreich), muss die Forschungstätigkeit weitere Tätigkeiten im Bereich der Grundlagenforschung unterstützen. In diesen Ländern ist die *Translation* als Idee und Agenda nicht von höchster Priorität bzw. in Bezug auf den jetzigen Stand der Forschung nicht unbedingt erwünscht, selbst wenn die wirtschaftliche Umgebung gegeben wäre. Diese Befragten möchten die wissenschaftliche Arbeit im Bereich der Nanomedizin mehr als die anderen prägen und sie auf einer interdisziplinären Ebene fördern.

Ein weiteres Ergebnis unserer Forschung ist mit dem Konzept einer projektbasierten Forschungstätigkeit in der Nanomedizin verbunden, d.h. einer Forschungstätigkeit, die insbesondere von ausgeschriebenen Projekten abhängig wäre und die sich entsprechend regelmäßig in der Zeit verändern würde. Die Topic-Modell-Analyse gibt uns ein Bild einer solchen Veränderung im Übergang von den Kerntätigkeiten zu den zukünftigen Tätigkeiten der Befragten. Sie zeigt, dass die Kerntätigkeit der Befragten und ihre zukünftige Entwicklung vielfältig sind, was die Vielfalt der Forschungen im Bereich der Nanomedizin widerspiegelt. Diese Vielfalt trägt dazu bei, dass auf der Ebene der Forschungspraxis Kerntätigkeiten zukünftigen Tätigkeiten nicht entsprechen, was zur Interpretation führen könnte, dass wir es im Bereich der Nanomedizin tatsächlich mit einer projektbasierten Forschung zu tun hätten, die dann von Wissenschaftlern gemacht wird, wenn Drittmittel eingeworben werden können. Aber dieser Eindruck täuscht.

Tatsächlich zeigt auch die Topic-Modell-Analyse, wie diese Vielfalt hierarchisiert wird und wie sie dazu beiträgt, eine bestimmte Struktur in den aktuellen und künftigen Forschungstätigkeiten zu skizzieren. Diese Struktur sieht in fast allen Fällen so aus, dass es eine Kontinuität bei der Forschungstätigkeit der Befragten gibt, die bis auf wenige Ausnahmen erwünscht ist bzw. die die Befragten entwickeln möchten. Dies spricht gegen die Interpretation, dass die Ausschreibung von Projekten die Forschungstätigkeiten der Befragten verändern wird, also dass die Forschungslandschaft im Rahmen der *ETPN*-Mitglieder der Gruppe *Regenerative Medizin* allein anhand solcher Ausschreibungen gestaltet werden kann. In dieser Hinsicht spielen die regionalen Bedingungen sowie die wissenschaftliche Kultur der Befragten eine wichtigere Rolle für die Gestaltung der Forschung in der Nanomedizin, so dass eine *Translations*-Agenda nur dann produktiv gefördert werden kann, wenn die Wirkung dieser Bedingungen in Bezug auf die Forschungstätigkeiten der Befragten analysiert wird.

7.5 Schlussbetrachtung

In diesem Kapitel wurde ein Beispiel der Forschung im Bereich der Nanomedizin vorgestellt. Es war eine Forschung im Auftrag von *ETPN*. Die Leiter von *ETPN* wollten am Beispiel einer kleinen Gruppe von Institutionen der nanomedizinischen Forschung – der Gruppe *Regenerative Medizin* – verstehen, wie sie ihre Forschungstätigkeiten ausüben sowie weiterentwickeln und wie diese Forschungstätigkeiten zur *Translations*-Agenda beitragen, die *ETPN* fördern möchte. Zu diesem Zweck hat *ETPN* eine quantitative Umfrage mit teilweise semantischen Indikatoren konzipiert und sie an die Gruppenmitglieder der *Regenerativen Medizin* verschickt. Wir haben diese semantischen Indikatoren mit der Topic-Modell-Analyse ausgewertet und haben die Ergebnisse für drei der wichtigsten semantischen Indikatoren in dieser Umfrage vorgestellt. Diese Indikatoren vermitteln ein Bild der gegenwärtigen Kernforschungstätigkeit der Befragten, der zukünftigen Entwicklung ihrer Forschungstätigkeit und der Zusammenarbeit mit anderen Akteuren der Nanomedizin hinsichtlich der *Translations*-Agenda, die *ETPN* in der Nanomedizin unterstützt.

Die Ergebnisse zeigen, dass die Forschungstätigkeiten der Befragten im Bereich der Nanomedizin vielfältig sind, und dass diese Vielfalt einerseits zur Entwicklung der Grundlagenforschung in der Nanomedizin und andererseits zur angewandten Forschung und zum Technologietransfer beiträgt. Die erste Tendenz zur Grundlagenforschung wird insbesondere in Dänemark und in den osteuropäischen Ländern unterstützt. Die zweite Tendenz zur angewandten Forschung und zum Technologietransfer wird eher in den mitteleuropäischen Ländern betont. In den anderen europäischen Ländern dominiert eine Verbindung dieser zwei Tendenzen miteinander. Diese Unterscheidung zwischen Grundlagenforschung/Transfer nach europäischen Regionen ist bei den Antworten der Befragten auf die Frage der zukünftigen Entwicklung ihrer Forschungstätigkeiten nicht mehr zu finden. Viele Befragte planen eine künftige Forschungstätigkeit eher in Bezug auf eine angewandte Forschung, die die Beziehung zwischen Wissenschaft und Wirtschaft unterstützen/verstärken soll. Dies würde für viele Befragte eine Veränderung ihrer Forschungstätigkeit bedeuten und es lässt die Annahme zu, dass weniger die regionalen oder länderspezifischen Bedingungen und mehr die Projektausschreibungen eine Rolle bei dieser neuen Orientierung spielen. Eine Ausnahme bilden die Befragten in Mitteleuropa – vor allem diejenigen, die eine *Transfer*-Eigenschaft bei ihrer gegenwärtigen Kerntätigkeit aufweisen und die ihre künftige Entwicklung weiter in dieser Richtung entwickeln möchten. In Bezug auf die Frage der Zusammenarbeit und der *Translation*, die diese Zusammenarbeit fördern könnte, kommen nur die drei Befragten ETH, KIT und SvU in Frage, von denen nur ETH das beste Beispiel dafür ist, was *ETPN* gefördert sehen möchte, wenn es sich darum handelt, die *Translation* in der Nanomedizin zu unterstützen. Dieses letzte Ergebnis zeigt, dass die *Translations*-Agenda von *ETPN* relativ wenig von spezifischen Projektausschreibungen beeinflusst wird und vielmehr von der wissenschaftlichen Praxis und der wissenschaftlichen Kultur der Befragten abhängt. Dies bringt die Frage der regional- und länderspezifischen Bedingungen, die im Indikator der zukünftigen Entwicklung der Forschungstätigkeiten der Befragten eher in den Hintergrund geschoben wurden, wieder zum Vorschein.

Die Ergebnisse haben eine Bedeutung für die zwei wichtigen Aufgaben von *ETPN*, die in unserer Einleitung beschrieben wurde und die darin bestehen, Informationen über die europäischen Akteure der Forschung in der Nanomedizin für die Mitglieder des *ETPN* zu Verfügung zu stellen, um ihre Koordination zu fördern. Wenn *ETPN* diese Koordination einerseits fördern möchte, dann sollten die regional- und länderspezifischen Bedingungen der Forschungstätigkeit der Akteure in den Blick genommen und grundsätzlich untersucht werden. Das ist in vielerlei Hinsicht eine bedeutsame Investition, die sich ohne die Kooperation der beteiligten europäischen Länder nicht entwickeln wird. Andererseits wird eine solche Entwicklung Zeit in Anspruch nehmen, was nicht unbedingt im Sinne der *Translations*-Agenda ist. Tatsächlich zeigen die Ergebnisse, dass die Befragten ihre wissenschaftliche Forschung zum großen Teil nicht in Bezug auf die Bedürfnisse des wirtschaftlichen Gesundheitsmarktes entwickeln, sondern eher in Bezug auf ihre eigene wissenschaftliche Agenda. Dies zu verändern, würde für viele Befragten einen mehr oder weniger wichtigen Kulturwandel bedeuten, den nicht alle Befragten umsetzen können oder wollen. Diese Fragen bleiben weiter ein wichtiges Diskussionsthema bei *ETPN*, weil sie bestimmen, wie die Nanomedizin tatsächlich dazu beitragen kann, bessere Gesundheitsleistungen für Patienten zu erbringen.

Literaturverzeichnis

Bivand, R., E. Pebesma und V. Gómez-Rubio. 2008. *Applied Spatial Data Analysis with R.* London, New York, Heidelberg, Dodrecht: Springer.

Bundesministerium für Bildung und Forschung. 2014. *nano.DE-Report 2013. Status quo der Nanotechnologie in Deutschland.* Bonn. http://www.bmbf.de/pub/nano.DE-Report_2013_bf.pdf.

Bundesministerium für Wirtschaft und Technologie. 2012. *Kompetenznetze Deutschland': Die innovativsten Netzwerke im Überblick.* Berlin: Bundesministerium für Wirtschaft und Technologie.

Eaton, M. A. W. 2007. „Nanomedicine: Industry-wise research". *Nature Materials* 6:251–253.

Eaton, M. A. W., L. Levy und O. M. A. Fontaine. 2015. „Delivering nanomedicines to patients: A practical guide". *Nanomedicine: Nanotechnology, Biology, and Medicine* 11:983–992.

Epskamp, S., A. Cramer, L. Waldorp, V. Schmittmann und D. Borsboom. 2012. „qgraph: Network Visualizations of Relationships in Psychometric Data". *Journal of Statistical Software* 48:4. doi:10.18637/jss.v048.i04.

Feinerer, I., K. Hornik und D. Meyer. 2008. „Text Mining Infrastructure". *R. Journal of Statistical Software* 25 (5): 1–54. http://www.jstatsoft.org/v25/i05/.

Grün, B., und K. Hornik. 2011. „topicmodels: An R Package for Fitting Topic Models". *Journal of Statistical Software* 40 (13). https://www.jstatsoft.org/index.php/jss/article/view/v040i13/v40i13.pdf.

Hijmans, R. 2016. *Introduction to the 'geosphere' package (Version 1.5-5).* https://cran.r-project.org/web/packages/geosphere/vignettes/geosphere.pdf.

Kahle, D., und H. Wickham. 2013. „ggmap: Spatial Visualization with ggplot2". *The R Journal* 5 (1): 144–161.

NanoBioMedizin, ProcessNet Temporärer Arbeitskreis. 2015. *NanoBioMedizin. Forschungsbedarf und Randbedingungen zur Integration der Nanotechnologie in biomedizinische Anwendungen.* Frankfurt am Main: DECHEMA – Gesellschaft für Chemische Technik und Biotechnologie.

Nanomedicine, European Technology Platform on. 2005. *Vision Paper and Basis for a Strategic Research Agenda in Nanomedicine.* Luxembourg: European Commission.

———. 2013. *Contribution of Nanomedicine to Horizon 2020.* Grenoble: European Commission.

Papilloud, C. 2017. „La science en action? Luttes d'expansion institutionnelle à l'exemple de la nanomédecine en Allemagne". *Terminal.* doi:10.4000/terminal. 1562.

Team, R. Core. 2015. *R: A language and environment for statistical computing.* Wien: R Foundation for Statistical Computing. https://www.R-project.org/.

Wickham, H. 2009. *ggplot2: Elegant Graphics for Data Analysis.* London, New York, Heidelberg, Dodrecht: Springer.

Kapitel 8
Rück- und Ausblick

In diesem Band haben wir eine Einführung in Topic-Modell-Verfahren am Beispiel von vier Textquellen dargestellt, die in den Sozialwissenschaften häufig vorkommen, nämlich:

- qualitative Interviewtranskripte;
- kurze Antworten auf offene Fragen;
- große veröffentlichte Textsammlungen oder *corpora*;
- Kombination aus Antworten auf geschlossene Fragen und offene Antworten.

Wir haben konkrete Beispiele aus der eigenen Forschung genommen, um zu zeigen, wie solche Verfahren eingesetzt werden können, und welches die Forschungsstrategien sind, die entwickelt werden können, um zuverlässige Ergebnisse zu bekommen, die den Boden für weitere Forschungsarbeiten und Forschungskooperationen im Bereich der qualitativen Interpretation von Textquellen oder im Rahmen von *Mixed Methods* Verfahren bereiten. Um diese Verfahren aufzubauen, haben wir die Anwendungen *R* und *Python* benutzt, die derzeit zwei der interessantesten Lösungen bieten, um solche Verfahren je nach dem Typ von Texten genau zu bestimmen und anzuwenden. Dies ist vorteilhaft, da die Bestimmung von Topic-Modell-Verfahren je nach Textquellen unterschiedlich erfolgt. Aber wir haben auch darauf hingewiesen, dass dieser Vorteil zum Nachteil für die Anwender werden könnte, die mit *R* oder mit *Python* nicht vertraut sind. In unseren Disziplinen fehlen oft noch die notwendigen Fertigkeiten entweder im Bereich der Programmierung von diesen Anwendungen oder im Bereich der Mathematik und der Statistik, um selbständig mit Topic-Modell-Verfahren arbeiten zu können und sie auch mit der notwendigen kritischen Distanz betrachten zu können. Dieser letzte Punkt muss ebenfalls berücksichtigt werden: Topic-Modell-Verfahren sind explorative Methoden, die auf zahlreiche Textquellen angewendet werden können, die die Studenten und Forscher in den Geistes- und Sozialwissenschaften behandeln. Aber es bleiben explorative Methoden, die eingesetzt werden, um Hypothesen für die Interpretation von Texten zu bilden, die der Arbeit an der Theorie dienen, die eine Interpretation und ferner eine Forschung anhand von Textquellen immer voraussetzt. In dieser Hinsicht sollten nicht Erwartungen an Topic-Modell-Verfahren herangetragen werden, die solche

Verfahren nicht erfüllen können und die sie nicht leisten können.[1] Zwei Erwartungen werden oft mit Topic-Modell-Verfahren assoziiert, die nicht unterstützt werden können.

Die erste Erwartung ist mit der Ansicht verbunden, dass Topic-Modell-Verfahren Lösungen zur Überwindung der Unterscheidung zwischen qualitativen und quantitativen Forschungsvorhaben anbieten, weil sie wie quantitative Methoden die Benutzung von Statistik und Mathematik voraussetzen. In diesem Buch haben wir gesehen, dass Topic-Modell-Verfahren eine Arbeit an Texten und somit an dem Sinn von Begriffen und Sprachen voraussetzen. Diese Daten unterscheiden sich von quantitativen Indikatoren stark, indem sie nicht auf eine einzige Bedeutung reduziert, und daher nicht rein quantitativ benutzt und interpretiert werden können. Topic-Modell-Verfahren sind schlecht dazu geeignet, die Komplexität von Textquellen zu reduzieren, selbst wenn sie oft nach diesem Muster verstanden werden. Sie sind umgekehrt dafür gemacht, die Multiperspektivität, die eine Textquelle enthält, nicht zu reduzieren, sondern zu *strukturieren*, so dass analytische Strategien geplant werden können, um diese Textquelle in ihrer Diversität und Komplexität zu analysieren. Statt die Komplexität eines Textes zu reduzieren, laden Topic-Modell-Verfahren umgekehrt dazu ein, diese Komplexität zu erkennen und sie zu vertiefen. Abgesehen davon, können Topic-Modell-Verfahren sehr wohl quantitative Verfahren *begleiten*, die qualitative Daten benutzen, und sie bringen einige Vorteile mit sich im Vergleich zu anderen qualitativen Methoden, wie wir es z.B. in Kapitel 7 gezeigt haben. Aber auf keinen Fall sind sie *de facto* besser als andere qualitative Verfahren und Methoden geeignet, quantitative Verfahren zu begleiten, und auf keinen Fall unterstützen sie die Erwartung, dass sie im Vergleich zu diesen Verfahren zuverlässiger wären, weil sie auf der Basis von Zahlen arbeiten.

Eine zweite Erwartung, die mit Topic-Modell-Verfahren ebenfalls oft verbunden wird, entspricht der Idee, dass Topic-Modell-Verfahren im Vergleich zur objektiven Hermeneutik oder der qualitativen Inhaltsanalyse die Interpretationsarbeit auf ein Minimum reduzieren würden. Zwar haben wir in unserer Einleitung 1 zu diesem Buch gesagt, dass Topic-Modell-Verfahren erlauben, die Subjektivität der Interpretation von Texten zu mindern und das interpretative Verfahren so zu verwenden, dass es leichter und schneller von Dritten geprüft, benutzt oder erweitert werden kann. Das sind Vorteile, die im Vergleich zur objektiven Hermeneutik oder der qualitativen Inhaltsanalyse nicht zu unterschätzen sind, und die die Zusammenarbeit in der Forschung an Texten deutlich fördern können. Aber Topic-Modell-Verfahren bleiben grundsätzlich mit einer menschlichen interpretativen Arbeit verbunden und die Ergebnisse, die sie liefern, hängen auch vom Forscher, seiner Fragestellung und sei-

---

[1] Vgl. Schmidt, der eine Kritik an Topic-Modell-Verfahren liefert (Schmidt 2012). In dieser Kritik zeigt Schmidt anhand von historischen und geographischen Daten, wie Topic-Modelle zu falschen Ergebnissen führen können, wenn sie „blind" angewendet werden, und er plädiert dafür, Topic-Modell-Verfahren in den Geistes- und Sozialwissenschaften mit Vorsicht und kritischer Reflexivität anzuwenden.

8 Rück- und Ausblick

nem theoretischen Rahmen ab.[2] In dieser Hinsicht unterscheiden sich Topic-Modell-Verfahren nicht von anderen qualitativen Methoden.

Das, was vielleicht das Topic-Modell-Verfahren von anderen qualitativen Methoden wesentlich unterscheidet, ist die Lesart von Texten, die ein solches Verfahren fördert. Topic-Modell-Verfahren erlauben, Texte nicht mehr nur sequentiell zu lesen, sondern sie auch parallel zu berücksichtigen. Dies ist eine nicht unwesentliche Veränderung im Verhältnis zu Texten, die Topic-Modell-Verfahren einführen und die wichtige Konsequenzen für die Forschungsarbeit an Texten beinhaltet. Eine davon betrifft sicherlich die Anzahl an Dokumenten, die anhand von Topic-Modell-Verfahren analysiert werden können. Mit Topic-Modell-Verfahren haben wir tatsächlich die Möglichkeit, sehr große Sammlungen von Texten zu berücksichtigen, wie Werke von Autoren (vgl. unser Beispiel im Kapitel 6), unterschiedliche Texte zu einem gegebenen Thema, viele Interviews usw., mehr als mit anderen Verfahren. Dies verändert das Kriterium der relevanten Literatur, die zu einem Forschungsthema berücksichtigt werden kann, um eine Forschung über dieses Thema anzubieten. Allein dieses Kriterium setzt wichtige Veränderungen im Umgang mit Texten in der Forschung voraus – von der Suche nach Textquellen oder der Erzeugung von Textdaten, zu ihrer Organisation im Forschungsprozess und ihrer Analyse –, die die Forschungspraxis deutlich verändern. Diese Veränderung der Forschungspraxis ist wahrscheinlich der Preis für neue Untersuchungen, die dann ermöglichen, entweder Hypothesen zu falsifizieren oder neue Hypothesen zu bilden und diese Arbeit in einem neuen kooperativen Zusammenhang durchzuführen. Dies ist eines der markantesten neuen Merkmale dieses Verfahrens, dass der qualitativen Forschung in den Gebieten der Geistes- und Sozialwissenschaften neue Impulse geben kann, wozu, wie wir hoffen, dieses Buch beiträgt.

---

[2] Zur Diskussion, ob Topic-Modell-Verfahren menschliche Interpretationsarbeit ausschliessen können, indem diese Interpretation zum großen Teil wenn nicht vollständig durch die Ermittlung von statistischen Werten ersetzt werden kann, siehe z.B. Mimno und Blei 2011, Blei 2013, Gelman u. a. 2013. Alle Autoren kommen zu dem Schluss, dass ein statistischer Wert auf keinen Fall ausreicht, um die menschliche Interpretationsarbeit auszuschließen, und dass diese Interpretationsarbeit oft die Qualität der Analyse besser als eine statistische Methode absichert.

Anhang A
Interviews in zwei Sprachen – Leitfaden

Der Leitfaden dient zur Strukturierung von Interviews mit Künstlern, Vermittlern und Förderern. Die Details zu der Fragestellung, der Konstruktion des Leitfadens und der darauf aufbauenden Analyse mit Topic-Modellen sind in Kapitel 4 beschrieben.

KÜNSTLER	VERMITTLER	FÖRDERER
\multicolumn{3}{c}{EINSTIEG}		
Sie arbeiten im Bereich der digitalen Medien. Wie ist es da so? Erzählen Sie mal!	Sie unterstützen Künstler und Projekte im Bereich der digitalen Medien. Wie ist es da so? Erzählen Sie mal!	Sie arbeiten im Bereich der digitalen Medien. Wie ist es da so? Erzählen Sie mal!
NACHFRAGEN		
Wie kann ich mir Ihre Arbeit vorstellen? Was sind für Sie digitale Medien?	Wie kann ich mir Ihre Arbeit vorstellen? Was sind für Sie digitale Medien?	Wie kann ich mir Ihre Arbeit vorstellen? Was sind für Sie digitale Medien?
ERFAHRUNG/BILDUNG		
Wie sind Sie dazu gekommen, im Bereich der digitalen Medien zu arbeiten?	Wie sind Sie dazu gekommen, diese Künstler und Projekte zu unterstützen?	Wie ist es dazu gekommen, im Bereich der digitalen Medien zu arbeiten?
NACHFRAGEN		
Was haben Sie gemacht? Wie ist es gelaufen? Mit wem haben Sie speziell zusammengearbeitet? Wie war das für Sie? Was haben Sie davon behalten/ aus dieser Zeit mitgenommen?	Was haben Sie gemacht? Wie ist es gelaufen? Mit wem haben Sie speziell zusammengearbeitet? Wie war das für Sie? Was haben Sie davon behalten/ aus dieser Zeit mitgenommen?	Was haben Sie gemacht? Wie ist es gelaufen? Mit wem haben Sie speziell zusammengearbeitet? Wie war das für Sie? Was haben Sie davon behalten/ aus dieser Zeit mitgenommen?
ÖFFENTLICHKEIT		
Wie reagiert das Publikum auf Ihre Kunst?	Wie reagiert das Publikum auf die Kunst und ihre Künstler?	Wie reagiert das Publikum auf Ihre Arbeit?

KÜNSTLER	VERMITTLER	FÖRDERER
	KUNSTMARKT	
Wie funktioniert es mit dem Markt der Kunst?	Wie funktioniert es mit dem Markt der Kunst?	Wie funktioniert es mit dem Markt der Kunst?
	NACHFRAGEN	
Ist das wichtig für Sie? Wird Ihre Arbeit gut rezipiert? Was haben Sie davon behalten?	Ist das wichtig für Sie? Wird Ihre Arbeit gut rezipiert? Was haben Sie davon behalten?	Ist das wichtig für Sie? Wird Ihre Arbeit gut rezipiert? Was haben Sie davon behalten?
	KULTURINSTITUTIONEN	
Wie funktioniert die Arbeit mit den Institutionen, die die Kunst und die Kultur unterstützen?	Wie funktioniert die Arbeit mit den Institutionen, die die Kunst und die Kultur unterstützen?	Wie funktioniert die Arbeit mit den Institutionen, die die Kunst und die Kultur unterstützen?
	NACHFRAGEN	
Ist das wichtig für Sie? Wie würden Sie die Zusammenarbeit beschreiben? Wird Ihre Arbeit gut rezipiert?	Ist das wichtig für Sie? Wie würden Sie die Zusammenarbeit beschreiben? Wird Ihre Arbeit gut rezipiert?	Ist das wichtig für Sie? Wie würden Sie die Zusammenarbeit beschreiben? Wird Ihre Arbeit gut rezipiert?
	WIRTSCHAFT	
Wie sehen Sie die Welt der E-Wirtschaft und der digitalen Medien?	Wie sehen Sie die Welt der E-Wirtschaft und der digitalen Medien?	Wie sehen Sie die Welt der E-Wirtschaft und der digitalen Medien?
	NACHFRAGEN	
Arbeiten Sie mit Personen der Medienwirtschaft zusammen? Ist das wichtig für Sie? Wie würden Sie hier die Zusammenarbeit beschreiben? Kommt es manchmal zu Interessenskonflikten? Beeinflusst dies Ihre Arbeit? Was behalten Sie davon?	Arbeiten Sie mit Personen der Medienwirtschaft zusammen? Ist das wichtig für Sie? Wie würden Sie hier die Zusammenarbeit beschreiben? Kommt es manchmal zu Interessenskonflikten? Beeinflusst dies Ihre Arbeit? Was behalten Sie davon?	Arbeiten Sie mit Personen der Medienwirtschaft zusammen? Ist das wichtig für Sie? Wie würden Sie hier die Zusammenarbeit beschreiben? Kommt es manchmal zu Interessenskonflikten? Beeinflusst dies Ihre Arbeit? Was behalten Sie davon?
	ZUKUNFT/PROJEKTE	
Sind digitale Medien eine Mode, oder ist das ein festes Engagement für Sie?	Sind digitale Medien eine Mode, oder ist das ein festes Engagement für Sie?	Sind digitale Medien eine Mode, oder ist das ein festes Engagement für Sie?
	NACHFRAGEN	
Haben Sie derzeit Projekte oder Ausstellungen, auf die Sie besonders stolz sind?	Haben Sie derzeit Projekte, auf die Sie besonders stolz sind?	Haben Sie derzeit Projekte, auf die Sie besonders stolz sind?
	DANKSAGUNG	
Vielen Dank für Ihre Zeit. Möchten Sie noch etwas hinzufügen?	Vielen Dank für Ihre Zeit. Möchten Sie noch etwas hinzufügen?	Vielen Dank für Ihre Zeit. Möchten Sie noch etwas hinzufügen?

The manufacturer's authorised representative in the EU is Springer Nature Customer Service Centre GmbH, Europaplatz 3, 69115 Heidelberg, Germany. If you have any concerns regarding our products, please contact ProductSafety@springernature.com

Printed and bound by CPI Group (UK) Ltd, Croydon, CR0 4YY
25/03/2026
02078188-0015